KB039980

강원랜드 완전정복

강원랜드 완전정복

초판 1쇄 인쇄 2019년 9월 23일
초판 1쇄 발행 2019년 9월 30일

지은이 이영준
펴낸이 정해종

펴낸곳 펌프킨
출판등록 2018년 4월 30일 제2018 – 000126호
주소 서울특별시 마포구 양화로12길 8-9, 2층
전자우편 info@parambook.co.kr **인스타그램** @param.book
페이스북 www.facebook.com/parambook/ **네이버 포스트** m.post.naver.com/parambook
대표전화 (편집) 02 – 2038 – 2633 (마케팅) 070 – 4353 – 0561
펌프킨은 (주)파람북의 생활문화 브랜드입니다.

ISBN 979 – 11 – 90052 – 11 – 5 03690
책값은 뒤표지에 있습니다.

'알파고'로 통하는
승률 1위 플레이어의
강원랜드 사용설명서

강원랜드
완전정복

이영준 지음

펌프킨

모든 사람을 오랫동안 속이는 것이 가능한 곳, 강원랜드

남양주시 집에서 차를 타고 정확히 200킬로미터. 하남 IC에서 고속도로에 접어든 이후 무려 27곳의 과속 단속 구간을 지나고 나면, 해발 800미터가 넘는 강원도 고산지대에 위치한 하이원리조트가 그 위용을 드러낸다. 말도 많고 탈도 많은 강원랜드 카지노가 바로 이곳에 위치해 있다. 도박에 관심이 있든 없든, '강원랜드'라는 네 글자를 들어보지 못한 사람은 아마 드물 것이다.

강원랜드가 어떤 곳인가? 한국인이 출입할 수 있는 유일한 카지노로, 지난 2000년 문을 연 이래 날마다 이용객들로 인산인해를 이루고, 매년 1조 4천억 원이 넘는 수익을 올리는 등 불황을 모르고 갈수록 그 규모와 화려함을 더해가고 있다. 해마다 수많은 사람이 일확천금의 꿈을 안고 강원랜드를 찾아 도전하지만, 그들 중 대부분은 쓰디쓴 실패를 맛보고야 만다. 강원랜드 성공의 이면에 전 재산을 탕진하고 파탄에 이른 사람들의 안타까운 사연이 있다는 것 또한 널리 알려진 사실이다.

세상의 모든 카지노는 본질적으로 도박을 하는 사람에게 불리하지만 강원랜드에서는 그 정도가 특히 심하다. 그 이유는 강원랜드 이용객들이 세계 어디에도 없는 황당무계한 베팅 방법인 '강랜룰'에 따라 베팅을 하기 때문이다. 어디 강랜룰뿐이랴. 바카라 테이블에서 그림을 찾고, 뱅커 또는 플레이어가 연속해서 나올 때는 끝까지 그 결과에 베팅해야 한다고 생각하는 등 강원랜드는 수없이 많은 오해와 착각, 미신이 난무하는 장이다. 그리고 강원랜드 유저들은 그것들을 너무 신봉한 나머지 오히려 정확하게 베팅하고 있는 사람에게 손가락질하거나 그들의 방식에 따라 베팅할 것을 강요한다. 그 결과 강원랜드는 방문객들의 무덤으로 전락한 지 오래다.

링컨은 "모든 사람을 잠깐 동안 속일 수는 있다. 또 몇 사람을 오랫동안 속일 수도 있다. 그러나 모든 사람을 오랫동안 속이는 것은 불가능하다"라고 말했다. 하지만 강원랜드에서는 그 말조차 통용되지 않는다. 그토록 많은 사람이 그토록 오랜 기간 동안, 그토록 엄청난 착각에 심하게 빠진 사례가 과연 인류 역사상 있었나 싶을 정도다. 그리고 이는 고스란히 유저들의 손실과 강원랜드의 폭리로 이어져왔다.

이제 더 이상 이런 상황이 지속되어서는 안 된다. 이제는 강원랜드 유저들도 진실을 깨닫고, 끝없는 손실의 늪에서 벗어나야 한다. 그것이 내가 이 책을 집필하기로 결심한 이유다. 나는 이 책에서 강원랜드에 오랫동안 전해져온 소문들이 얼마나 잘못된 것인지를 파헤치려고 한다. 뿐만 아니라 강원랜드의 모든 게임에 대한 최선의 베팅 전략을 분석하고 강원랜드에서 텍사스 홀덤으로 하루 20만 원 이상의 수익을 올리고 있는 방법에 대해서도 함께 공개할 것이다. 경제적인 손실을 감수하면서까지 이 내용들을 공개하려는 이유는 그만큼 강원랜드의 진실을 세상에 알리는 것이 중요하다고 생각하기 때문이다.

나는 지난 수년간 강원랜드에서 잘못된 방법으로 베팅하여 큰 손해를 보는 사람들을 수없이 목격했다. 그들을 보면서 가장 이해할 수 없었던 것은, 힘들게 번 자기 돈을 베팅하면서 최소한의 연구조차 하지 않는다는 점이다. 당신은 바카라에서 뱅커와 플레이어 중 어떤 것이 나올 확률이 더 큰지 아는가? 만약 이것을 모르고 베팅해왔다면, 당신은 지금껏 강원랜드를 헛다녔다. 카지노의 모든 베팅에는 확률과 기댓값이 정해져 있는 만큼, 이를 정확하게 아는 것이 베팅을 위한 기본 중의 기본이기 때문이다.

강원랜드 유저들이 이토록 도박에 대해서 무지한 것은 국내에 이와 관련한 양질의 자료가 너무나 부족하기 때문이다. 국내의 관련 서적들은 강원랜드에서는 사용되지 않는 외국 룰을 가지고 설명하는 등 독자들에게 실제로 도움이 되는 정보는 담고 있지 않다.

그래서 이 책이 나오게 되었다. 여기에는 강원랜드에서 베팅하는 데 필요한 모든 것이 들어 있다. 도박의 기초 이론에서부터 강원랜드 내 모든 게임의 베팅 승률과 최선의 베팅 전략에 이르기까지, 이 책 한 권만 있어도 여러분은 강원랜드에서 그 어떤 전문가보다도 정확하게 베팅할 수 있다. 이를 통해 강원랜드에서 발생할 수 있는 손실을 최소화하고 카지노를 거의 대등하게 상대할 수 있다. 또 한편으로 텍사스 홀덤이 아닌 다른 게임으로 큰돈을 벌겠다는 생각이 얼마나 허황된 것인지를 밝히고, 도박을 돈벌이 수단이 아닌 건전한 여가 활동으로 즐길 수 있는 방법에 대해서도 제시한다. 끝으로 강원랜드에 내재되어 있는 여러 가지 문제점을 사회적 측면에서 분석함으로써, 독자 여러분에게 지금의 한국 사회를 돌아볼 수 있는 기회를 제공하고자 한다.

당신이 과거에 강원랜드에서 돈을 잃은 경험이 있거나, 미래에 강원랜드에서 재미삼아 게임을 해보거나 텍사스 홀덤으로 돈을 벌 생각을 가지고 있다면, 혹은 가볼 생각은 없지만 강원랜드에서 어떤 일이 벌어지는지 궁금하다면 주저하지 말고 이 책을 구입하길 바란다. 여러분에게 이 책 값의 백 배, 천 배, 어쩌면 만 배 이상의 보상을 가져다줄 것이 분명하니까.

2019년 9월
이영준

03 ― 강원랜드의 명과 암

04 ― 도박의 기초와 베팅 시스템

11 — 나의 텍사스 홀덤 노하우

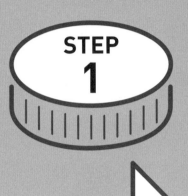

STEP
1

말도 많고 탈도 많은
강원랜드 카지노

폐특법 그리고
강원랜드

1 카지노 역사와 현황

카지노는 도박을 할 수 있는 시설과 서비스를 제공하는 장소다. 도박이란 '우연한 결과에 대해 재화를 걸고 승부를 벌이는 것'으로 정의되는데, 인류가 처음 출현할 무렵부터 어떤 형태로든 도박은 존재했을 것이 거의 확실시되고 있다. 시대나 문화와 상관없이, 자신의 운을 시험해보는 재미는 인간이라면 피할 수 없는 유혹인지도 모른다. 현재 남아 있는 유적으로 기원전 2300년경 중국에서 기와를 이용해 도박을 한 사실을 확인할 수 있으며, 카이사르가 한 말인 '주사위는 던져졌다'에서도 알 수 있듯 고대 그리스와 로마에도 주사위를 비롯한 여러 가지 도박 기구들이 있었다. 카드 게임은 9세기 중국에서 처음 시작되어 유럽으로 전래되었으며, 1400년대에는 이탈리아에서 현재의 바카라와 유사한 게임이 시작되었다.

현대의 카지노와 같이 전문적으로 도박을 제공하는 시설은 1638년 리도 토^{Ridotto}라는 이름으로 베니스에서 최초로 등장했다. 이러한 도박장은 19세기에 유럽 각지로 확산되면서 현재와 같이 '카지노^{Casino}'라는 이름으로 불리기 시작했는데, 그 어원은 사교용 별관을 의미하는 이탈리아어 카자^{Casa}다. 19세기 중엽 유럽에서 미국으로 건너간 카지노는 불법으로 규정되었으나 1931년 네바다주를 시작으로 합법화되었으며, 네바다주의 라스베이거스는 카지노의 천국이자 도박의 도시로 유명해진다. 카지노는 1980년대 이후 전 세계적으로 급속히 확산되어 100개 이상의 국가에 5천여 개가 개설되었으며, 그 숫자는 계속해서 늘어나고 있다.

현재 세계에서 가장 많은 카지노를 보유한 국가는 단연 미국으로 1,500개 이상의 카지노에서 80조 원이 넘는 연매출을 올리고 있다. 아시아에서는 마카오와 싱가포르의 카지노가 유명한데, 특히 마카오는 2007년에 라스베이거스를 추월하면서 단일 시장으로는 세계 최대 규모가 되었다. 이후로도 승승장구하면서 2014년 매출이 50조 원에 육박했던 마카오의 카지노 산업은 시진핑 정부 반부패 운동의 여파로 위축되었다가 최근 다시 회복하는 추세다. 한편 러시아에서는 2015년 블라디보스토크에 첫 카지노를 오픈했으며, 일본에서도 도쿄 올림픽을 계기로 카지노 해금 법안이 통과되어 최초의 카지노 개설을 눈앞에 두고 있다.

2 국내 카지노 및 강원랜드 설립 과정

우리나라에 카지노가 처음 등장한 것은 1960년대의 일이다. 1967년 국내 최초의 카지노인 인천 올림포스호텔 카지노가 문을 열었고, 이듬해에는 서울 워커힐호텔 카지노가 개장했다. 당시의 카지노는 주한미군 등 외국인을 상대로 한 외화벌이가 주목적으로, 내국인의 출입은 원칙적으로 금지되어 있었다. 그러나 외국인을 동반한 내국인의 출입은 허용되었기 때문에 이로 인한 부작용이 나타나기 시작했고, 결국 1969년부터는 내국인 출입이 전면 금지되었다. 이후 외국인을 대상으로 한 카지노 산업은 꾸준히 성장하여 제주도, 부산, 경주, 설악산, 속리산 등지에 카지노가 개설되었으며, 1990년대에는 제주도에만 6개의 카지노가 개장하였다. 그리고 마침내 2000년에는 강원도 정선군에 최초의 내국인 카지노인 강원랜드가 문을 열었다.

대도시에 있어야 어울릴 것 같은 카지노가 강원도의 깊은 산골짜기에 들어서게 된 배경에는 폐광지역 주민들의 애환이 담겨 있다. 과거 산업화의 동력이었던 국내 석탄 산업은 1980년대 중반 이후 국제유가가 하락하고 소비가 감소하면서 급격히 사양길에 접어들었다. 이에 정부는 경제성이 낮은 탄광을 정리하는 '석탄산업합리화 방안'을 마련하고 1989년부터 시행에 나섰다. 그 결과 국내 탄광의 대다수가 문을 닫게 되면서 주요 탄광이 몰려 있던 태백, 정선 등 강원 남부지역 경제는 파탄상태에 이르렀다. 이에 폐광지역 주민들은 정부에 경제 회생을 위한 대책 마련을 요구하였으나 아무런 조치도 이루어지지 않았다. 결국 1995년 2월 27일, 고한·사북 지역 주민 7천여 명이 총궐기해 생존권 투쟁에 나섰다. 당시 시위대와 전경이 충돌해 부상자가 속출하고 시위가 인근 지역으로 확산할 조짐을 보이자 정부는 협상에 나섰고, 마침내 1995년 3월 3일 정부와 폐광지역 주민 사이에 폐광지역을 위한 특별법 제정 등 5개 항에 대한 합의가 이루어졌다.

그해 12월 내국인 카지노 개설의 법적 근거를 담은 '폐광지역개발지원에 관한 특별법'이 국회를 통과했고, 이에 따라 1998년 6월에는 (주)강원랜드가 설립되었다. 당초 메인 카지노 부지로는 함백산 만항재가 유력하게 검토되었으나 조계종의 반대 등으로 인해 지장산으로 최종 결정되었다. 강원랜드는 메인 카지노 개장에 앞서 1999년 9월 스몰카지노 호텔 착공에 들어가 2000년 10월 28일 첫 영업을 시작하였다. 당시 서울에서 너무 멀리 떨어진 데다 교통도 열악해 강원랜드가 실패할 것이라는 예상도 있었으나, 개장 첫 날에만 카지노 수용 가능 인원의 7배가 넘는 5천여 명의 사람이 몰리는 등 예상을 훨씬 뛰어넘는 반응을 얻었다. 이후 2003년 4월 현재 위치에 있는 메인 카지노로 이전하였으며, 현재는 16개의 외국인 전용 카지노와 맞먹는 1조 4천억 원 이상의 매출을 올리는 특급 카지노로 성장하였다.

이렇듯 강원랜드는 상업적으로 큰 성공을 거두었고 폐광지역 경제 회생이라는 목표도 일정 부분 달성하였다. 하지만 강원랜드 카지노에서 가산을 탕진하고 자살하는 사람이 해마다 10여 명에 이르는 등 도박으로 인한 부정적인 현상도 나타나고 있는 실정이다. 이런 상황에서 전북의 새만금 개발지구와 부산 등에 신규 내국인 카지노를 유치하려는 시도가 꾸준히 진행되고 있다. 그러나 신규 카지노 개설에 부정적인 입장을 지닌 문재인 정부가 출범하면서 강원랜드의 독점 지위는 당분간 유지될 전망이다. 2018년 국내 외국인 전용 카지노의 방문객은 283만 9천 명, 매출은 1조 6253억 원이었

국내 카지노 업체 현황

시·도	업체명(법인명)	허가일	운영형태 (등급)	대표자	종사원 수(명)	'18매출액 (백만 원)	'18입장객 (명)	허가증 면적(㎡)
서울	파라다이스카지노 워커힐지점 [(주)파라다이스]	'68.03.05	임대(5성)	박병룡	803	296,212	463,167	2,685.86
	세븐럭카지노 서울강남코엑스점[그랜드코리아레저(주)]	'05.01.28	임대 (컨벤션)	유태열	917	195,145	476,338	2,151.36
	세븐럭카지노 서울강북힐튼점 [그랜드코리아레저(주)]	'05.01.28	임대(5성)	유태열	545	202,909	748,840	1,728.42
부산	세븐럭카지노 부산롯데점 [그랜드코리아레저(주)]	'05.01.28	임대(5성)	유태열	368	84,360	253,253	1,583.73
	파라다이스카지노 부산지점 [(주)파라다이스]	'78.10.29	임대(5성)	박병룡	408	69,496	141,708	1,483.66
인천	파라다이스카지노(파라다이스 시티)[(주)파라다이스세가사미]	'67.08.10	직영(5성)	박병룡	816	249,407	298,275	8,726.80
강원	알펜시아카지노[(주)지바스]	'80.12.09	임대(5성)	박주언	25	238	3,424	632.69
대구	호텔인터불고대구카지노 [(주)골든크라운]	'79.04.11	임대(5성)	안위수	200	16,336	79,953	1,485.24
제주	공즈카지노[길상창휘(유)]	'75.10.15	임대(5성)	양타오	237	38,084	44,880	1,604.84
	파라다이스카지노 제주지점 [(주)파라다이스]	'90.09.01	임대(5성)	박병룡	208	24,595	73,046	1,265.02
	마제스타카지노[(주)마제스타]	'91.07.31	임대(5성)	윤덕태	126	15,842	7,871	1,366.30
	로얄팔레스카지노[(주)건하]	'90.11.06	임대(5성)	박성호	152	13,616	17,883	955.44
	엘티카지노 [(주)엘티엔터테인먼트]	'85.04.11	임대(5성)	김 웅	115	4,349	14,110	1,175.85
	제주썬카지노[(주)지앤엘]	'90.09.01	직영(5성)	이성열	142	8,660	24,878	1,543.62
	랜딩카지노(제주신화월드) [람정엔터테인먼트코리아(주)]	'90.09.01	임대 (5성)	송우석	623	384,810	178,635	5,581.27
	메가럭카지노[(주)메가럭]	'95.12.28	임대(5성)	우광수	119	21,214	12,756	800.41
12개 법인, 16개 영업장(외국인대상)			직영 : 2 임대 : 14	–	5,804	1,625,273	2,839,017	34,770.51
강원	강원랜드카지노[(주)강원랜드]	'00.10.12	직영(5성)	문태곤	1,526	1,400,081	2,851,889	12,792.95
13개 법인, 17개 영업장(내·외국인대상)			직영 : 3 임대 : 14	–	7,330	3,025,354	5,690,906	47,563.46

(출처: 문화체육관광부)

강원랜드의 매출 현황

연도	2009	2010	2011	2012	2013	2014	2015	2016	2017	2018
테이블 매출액	6,138	6,606	6,476	6,382	6,434	6,714	7,232	7,505	6,852	6,259
머신 매출액	2,942	3,548	3,653	3,773	4,309	4,913	5,692	6,040	5,792	5,514
회원(VIP) 매출액	2,458	2,379	1,728	1,937	2,048	2,593	2,680	2,732	2,586	2,228
합계	11,538	12,534	11,857	12,092	12,790	14,220	15,604	16,277	15,230	14,001

(출처: 사행산업통합감독위원회)

강원랜드의 입장객 현황

연도	2009	2010	2011	2012	2013	2014	2015	2016	2017	2018
입장객	3,045	3,091	2,983	3,025	3,068	3,007	3,133	3,169	3,115	2,852

(출처: 사행산업통합감독위원회)

으며, 강원랜드는 285만 2천 명의 방문객과 1조 4001억 원의 매출을 기록하였다.

3 주식회사 강원랜드

강원랜드 카지노를 운영하는 주식회사 강원랜드는 '(주)강원랜드'라고도 표기한다. 폐광지역개발지원에 관한 특별법에 따라 폐광지역의 경제 및 관광 활성화를 목적으로 1998년 6월 29일 설립되었으며, 2003년 9월 4일 증권 거래소에 상장되었다. 산업자원통상부 산하의 한국광해관리공단을 비롯한 공공부문이 51퍼센트의 지분을 소유한 공기업이다.

(주)강원랜드는 카지노를 중심으로 호텔과 콘도 및 골프장, 스키장, 위

터파크 등이 연계된 대규모 종합리조트 '하이원리조트'를 운영하고 있다. (주)하이원엔터테인먼트, (주)하이원테마파크, (주)하이원추추파크 등의 자회사를 보유하고 있으며, 도박 중독의 예방과 치유를 지원하는 강원랜드 중독관리센터KLACC, 폐광지역의 소외계층 지원을 위한 복지재단, 그리고 장애인 스포츠 팀을 비롯한 하이원스포츠단도 운영한다.

(주)강원랜드의 2018년 매출은 1조 4001억 원이며, 당기순이익은 2972억 원을 기록했다. 강원랜드는 오래 전부터 비카지노 부문의 역량을 강화하기 위해 노력해왔으나 여전히 매출의 90퍼센트 이상을 카지노가 차지한다. 2019년 9월 11일 현재 주가는 29,600원이고, 매년 주가의 3퍼센트가량을 현금 배당하여 배당주로서의 속성 또한 가지고 있다.

2018년 국세 2345억 원과 지방세 251억 원 등 세금 2596억 원, 그리고 관광진흥개발기금 및 폐광지역개발기금으로 2643억 원을 납부하였다. 또한 매년 기부금과 도박 중독 치료비, 봉사활동비 등으로 500억 원이 넘는 금액을 지출하는 등 다양한 사회공헌 활동을 하고 있다. 그러나 한편으로 (주)강원랜드는 여러 가지 문제점으로 인해 수많은 논란의 중심에 서 있는 회사기도 하며, 그 속에는 일반인들에게 알려지지 않은 비밀 또한 숨겨져 있다. 이런 이야기들은 이 책 전반에 걸쳐 하나씩 소개될 것이다.

4 강원랜드의 교통과 숙박, 관광 정보

강원랜드에는 카지노 외에도 강원도 고산지대의 자연과 어우러진 다양한 볼 것과 즐길거리들이 있다. 강원랜드의 교통과 숙박, 관광 정보에 대해 알아보자.

1) 교통

강원랜드는 비교적 접근이 쉬운 편으로, 최근 광주원주고속도로(제2영동고속도로)가 개통되면서 더욱 용이해졌다. 승용차로 갈 경우 길이 막히지 않으면 서울에서 2시간 40분, 부산에서는 4시간 30분 정도 소요된다. 카지노 도착 시 광장 주차장에 주차를 하게 되는데, 이곳이 만차일 때는 조금 떨어져 있는 컨벤션 주차장이나 언덕 주차장을 이용해야 한다.

대중교통으로는 전국 주요도시에서 출발하는 고속버스가 있으며, 청량리역에서 출발하는 무궁화호 열차가 하루 6회 운행하므로, 기차를 타고 갈 수도 있다. 버스를 탔다면 고한·사북공영버스터미널에서 하차하게 되며, 기차의 경우 사북역이나 고한역에서 내리면 된다. 기차역에는 무료 셔틀버스가 있지만 버스터미널에서는 운행되지 않으므로, 택시를 타거나 고한역까지 걸어가야 한다.

2) 숙박

하이원리조트는 하이원 그랜드 호텔 메인타워 및 컨벤션 타워, 하이원 팰리스 호텔 등 3개의 호텔과 마운틴 콘도, 밸리 콘도, 힐 콘도 등 3개의 콘도를 운영하고 있다. 카지노를 이용하기에 가장 편리한 하이원 그랜드 호텔의 요금은 할인 사이트에서 예약할 경우 비수기 평일 9만 원, 주말 15만 원 정도며 성수기 주말에는 20만 원이 넘는 경우도 있다. 카지노에서 15분 거리에 있는 하이원 팰리스 호텔은 골프장과 붙어 있으며 성수기에도 10만 원 안쪽으로 예약이 가능하다. 콘도의 경우 가장 많이 이용하는 마운틴 콘도는 이용요금은 하이원 그랜드 호텔과 비슷하지만 훨씬 넓다. 또한 사북이나 고한 시내에 있는 호텔 중에서 시설이 좋은 곳은 1박에 5만 원 정도 한다.

3) 관광

하이원리조트의 대표적인 관광 상품으로는 골프장과 스키장 및 하늘길 트레킹이 있으며, 2018년 7월에 워터파크인 하이원워터월드가 새롭게 개장하였다. 주변의 관광 명소로는 두위봉에 있는 1,400년 된 주목朱木 3그루와 우리나라의 5대 적멸보궁寂滅寶宮 중 하나인 천년고찰 정암사가 유명하다. 또한 30킬로미터 떨어진 위치에 강원랜드에서 운영하는 철도체험형 리조트인 '하이원추추파크'가 있다.

(1) 하이원CC

우리나라에서 가장 높은 곳에 위치한 골프장으로, 총 길이 6,592미터의 18홀 규모다. 해발 1,136미터에 달해 한여름에도 기온이 25도를 넘지 않아 시원한 라운딩이 가능하며, 평지에 위치한 골프장보다 비거리가 잘 나온다.

(2) 하이원스키

다양한 난이도의 18면 슬로프로 구성되어 있으며, 총 길이는 21킬로미터다. 초보자 코스가 최장 4.2킬로미터에 이를 만큼 슬로프가 길고 폭이 넓으며, 설질 또한 우수한 편이다. 국내 최초로 장애인용 슬로프를 도입해 장애인도 스키를 즐길 수 있다.

(3) 하늘길

하늘길은 수백여 종의 야생화와 희귀 고산식물을 감상할 수 있는 트레킹 코스로, 운탄고도(5킬로미터)와 둘레길(17.1킬로미터), 고원숲길(6.2킬로미터), 무릉도원길(6.2킬로미터) 등 다양한 코스로 구성되어 있다. 가장 긴 둘레길의 경우 마운틴 콘도에서 출발해 지장산 정상인 하이원탑(1,340미터)을 거쳐 백운산 정상 마천봉(1,426미터)까지 가게 된다. 하이원탑까지는 관광 곤돌라인 스카이1340을 타고 갈 수도 있으며, 정상에는 360도 회전하는 레스토랑과 고산식물원이 있다.

한편 운탄고도는 과거에 석탄을 실어 나르던 길로 평균 해발고도가 1,100미터가 넘으며, 옛 탄광 문화의 발자취를 느낄 수 있다. 운탄고도는 함백산 만항재(1,330미터)까지 이어지는데, 만항재는 우리나라에서 일반인이 차량을 이용해 갈 수 있는 가장 높은 곳이다.

(4) 하이원워터월드

신규 개장한 국내 4번째 규모의 워터파크로, 패밀리 존과 아일랜드 존, 포세이돈 존으로 구성되어 있다. 최대 6,640명을 수용할 수 있으며 실내면적(25,024제곱미터)과 1인당 시설면적(7.6제곱미터)은 국내 최대다. 파도풀, 바데풀, 슬라이드 등 놀이시설 16종을 갖추고 있으며, 국내에서 유일하게 15센티미터 두께의 아크릴로 만들어진 실내 투명풀도 보유하고 있다.

(5) 하이원추추파크

국내 최초이자 최대 규모의 기차 테마파크로, 강원도 삼척시 도계읍에 있다.

증기기관차형 관광열차 스위치백 트레인과 미니 트레인, 국내 최고 속도의 산악형 레일바이크 등의 체험시설이 구비되어 있다.

5 카지노 입장 방법

전용면적 11,824제곱미터의 공간에 게임 테이블 180대, 슬롯머신 1,360대 (2019년 기준)가 놓여 있는 강원랜드 카지노는 단연 국내 최대 규모다. 강원도 정선군에 있기 때문에 정선 카지노라고도 불린다. 강원랜드 호텔 4층에 위치해 있는 이곳은 연중무휴로 오후 12시에서 익일 새벽 6시까지 운영된다. 강원랜드 카지노에 입장하는 과정은 다음과 같다.

1) 강원랜드 호텔

강원랜드 호텔은 구조가 묘하게 되어 있다. 정문으로 들어가면 바로 호텔 5층이 나타나고, 프론트 데스크도 이곳에 있다. 또 반대 방향인 호텔 뒤편 언덕 주차장 쪽에서 보이는 1층 같은 곳은 사실 3층이다. 4층에 있는 카지노에 입장하기 위해서는 우선 4층 로비에서 50미터 떨어진 페스타 플라자에서 입장권을 구입해야 한다.

2) 페스타 플라자

페스타 플라자는 강원랜드 카지노에 입장하기 전에 반드시 거쳐야 하는 곳으로, 광장 주차장과 연결되어 있다. 셔틀버스나 택시를 타고 온 경우에는 유리부스를 통해 지하로 내려가면 페스타 플라자가 나타난다. 이곳에 있는 입장권 무인 발급기에서 입장권을 구입할 수 있고, 옆에 있는 카지노 안내 데스크에서는 휴대폰 충전과 물품보관, 하이원리조트 카드 발급을 해준다. 리조트 카드를 발급받으면 카지노에서 게임을 할 때마다 콤프라고 불리는 일종의 마일리지를 적립받을 수 있으므로 입장 전에 카드를 만들어두는 것이 좋다.

카지노 입장료는 9,000원으로 개별소비세 6,300원, 교육세 1,890원, 부가가치세 810원으로 구성되며 전액 국고로 귀속된다. 입장권 발급에는 신분증이 필요하며, 신분증이 없는 경우에는 직원의 도움을 받아 카지노 출입구 옆에 있는 무인민원발급기에서 주민등록초본을 발급해야 한다. 입장권 발급은 카지노 영업이 종료된 직후인 오전 6시 11분에서 7시까지 약 50분간 이루어진 다음 오전 10시에 재개된다.

3) ARS 입장예약

강원랜드에서는 인기 게임일수록 자리를 차지하려는 경쟁이 치열하기 때문에 몇 년 전까지만 해도 페스타 플라자에는 입장권을 빨리 구입하려는 사람들이 새벽마다 장사진을 치고 기다렸다. 이런 불편을 해소하기 위해 도입된 것이 ARS 입장예약 시스템이다. 입장일 전날 전화로 예약한 사람들 중 추첨을 통해 1번부터 4천 번까지의 입장 순번을 랜덤으로 부여하는 방식이다. 입장예약을 신청하려면 오전 10시에서 오후 6시 사이에 033-590-7400으로 전화해 안내멘트에 따라 하이원리조트 회원번호 및 비밀번호를 입력하면 된다. 오후 12시 20분 정도면 4천 번 까지 입장이 완료되므로, 운 좋게 ARS에 당첨되었다면 가급적 12시 전에 도착해서 입장권을 구입해두는 것이 좋다. 입장권 발급은 밤늦게까지 계속되므로 늦게 도착해도 입장하는 데는 지장이 없다. 단, 카지노 입장객 수가 6천 명 이상이 되면 입장권 발급은 일시 중지된다.

4) 입장 요령

정오가 되면 입장권 번호 1번부터 50번 단위로 입장이 이루어진다. 자신의 입장권 번호가 화면에 표시되면 입장권과 신분증을 제시하고 입장하면 된다. 미성년자와 지역 주민, 출입 가능 일수를 초과한 사람은 입장할 수 없고, 음주 시에도 출입이 통제된다. 입장할 때는 금속 탐지기를 통과하게 되며, 가방은 엑스레이 검색대를 통과시켜야 한다. 노트북을 비롯한 전자 제품이나 금속성 물품(우산 포함), 식음료 등은 반입이 불가하며, 카메라는 보관팩에 넣어 밀봉해야 한다. 이렇듯 나름 까다로운 절차를 거치고 나면, 마침내 카지노 입장에 성공하게 된다.

Tip **카지노 출입 가능 일수**

강원랜드에서는 도박 중독으로 인한 피해를 예방하기 위해 출입 일수에 제한을 두고 있다. 이에 따라 모든 이용객들은 1달에 최대 15일까지만 카지노 입장이 가능하다. 또한 2개월 연속으로 15일을 출입하거나 2분기 연속으로 30일을 초과해 출입한 경우에는 누적 차수에 따라 1~3개월의 출입 제한을 받게 된다. 그리고 하이원리조트 카드 의무발급 및 중독예방 의무교육을 이수해야 한다. 결과적으로 출입 제한 없이 1년간 강원랜드에 방문할 수 있는 최대 일수는 148일이 된다(1분기 44일, 2분기 30일, 3분기 44일, 4분기 30일). 이론적으로는 162일까지도 가능한데, 이 경우 그다음 해에 출입이 제한된다.

Tip 카지노에서의 사진 촬영

강원랜드에서는 보안상의 이유로 카지노 내부는 물론 외부에서 카지노 방향
으로 사진 촬영을 하는 것도 금지하고 있다. 카메라 또는 핸드폰으로 카지노
내부를 촬영할 경우 직원이 나타나 삭제할 것을 요구하므로 불필요한 오해를
사는 일이 없도록 주의하는 것이 좋다.

6 카지노 내부와 부대시설

만약 강원랜드 카지노를 처음 방문하는 사람이라면, 카지노 특유의 이국적
인 분위기와 수십 대의 슬롯머신에서 동시에 울려 퍼지는 음악소리로 인해
정신이 황홀해질지도 모른다. 최대 6천 명까지 동시 수용이 가능한 카지노
내부에는 테이블마다 사람들이 빼곡히 둘러서 있고, 한편에서는 슬롯머신
을 하는 사람들이 버튼을 누르는 데 여념이 없다. 이곳이 바로 대한민국 도
박의 총본산이자 하루 수천억 원 규모의 합법적인 '돈 놓고 돈 먹기'가 이루
어지는 강원랜드 카지노다. 큰돈이 오가는 곳이지만, 돈을 많이 잃었다고 해
서 울고불고하는 경우는 없다. 대신 원하는 결과가 나왔을 때 지르는 환호
성 소리는 간간이 들린다.

　강원랜드에서는 현재 블랙잭, 바카라, 룰렛, 빅휠, 다이사이, 카지노워, 텍
사스 홀덤, 캐리비안스터드포커, 쓰리카드포커 등 9종류의 테이블 게임을
운영하고 있다. 테이블은 총 180대인데, 일부 블랙잭과 바카라 테이블은 오
후 5시 10분부터 운영되고, 포커 게임은 전체가 오후 5시 20분에 오픈한
다. 게임에 참가하고 싶은 고객들이 넘쳐나는데도 모든 테이블을 운영하지

않는 이유는 매출총량제를 준수하기 위함이다. 테이블 옆에는 'Blackjack 31A'와 같이 피트^{pit}(구역)를 나타내는 팻말이 있으며, 블랙잭은 노란색, 바카라는 빨간색, 룰렛과 다이사이는 초록색, 포커는 흰색으로 표시되어 있다. 한편 1,360대의 슬롯머신은 전체가 4개의 피트로 구성된다.

1) 내부 구조
강원랜드 카지노 내부는 입구 쪽의 4층 기존 영업장과 보다 안쪽에 있는 4층 증축 영업장 및 5층 증축 영업장으로 이루어져 있다.

(1) 4층 기존 영업장
카지노에 입장하면 좌우에 슬롯머신 기계들이 들어서 있는데, 오른쪽이 머신 2피트이고 왼쪽은 머신 3피트다. 머신 3피트를 따라 왼쪽으로 쭉 들어간 곳에 텍사스 홀덤 구역이 있다.

입구에서 정면으로 조금 더 들어가면 오른쪽에는 머신 게임 경품으로 제공되는 자동차와 빅휠 테이블이 눈에 띄고, 왼쪽의 넓은 공간에는 전자게임 구역과 민트 바가 있다. 여기서 앞으로 계속 직진하면 레스토랑 팬지로 올라가는 에스컬레이터가 나타난다. 이 주변에는 머신 1피트가 있고, 테이블 14, 15피트에서는 룰렛과 다이사이, 카지노워 및 포커 게임이 진행 중이다. 여기에서 더 안쪽으로 들어가면 대형 전광판을 기점으로 4층 또는 5층의 증축영업장으로 갈 수 있는 연결통로가 나타난다.

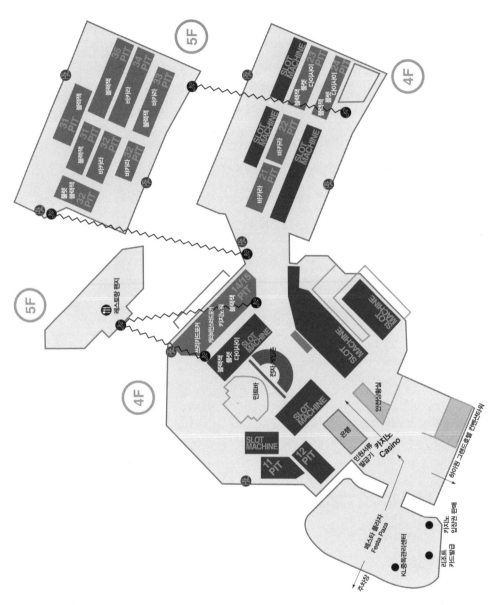

▲ 강원랜드 카지노 객장 안내도

(2) 4층 증축영업장

4층 증축영업장에는 테이블 21~24피트가 있으며, 가장 먼저 나타나는 바카라 21피트에 커미션 바카라 구역이 있다. 그 뒤쪽으로 바카라 22피트와 블랙잭 23, 24피트, 그리고 룰렛·다이사이 23, 24피트가 있다. 또한 게임 테이블 양 옆으로 머신 4피트의 슬롯머신이 늘어서 있다.

(3) 5층 증축영업장

5층 증축영업장에는 좌석예약센터와 함께 테이블 31~35피트가 있다. 소수의 룰렛과 다이사이 테이블을 제외하면 전체가 블랙잭과 바카라 테이블로만 구성되어 있으며, 슬롯머신이 없기 때문에 분위기는 한산한 편이다. 안쪽 절반에 위치한 테이블은 베팅 상한이 30만 원인 고액 테이블로, 다른 테이블과 달리 뒤에서 관전하거나 뒷전 베팅(사이드 베팅)을 할 수 없다.

2) 카지노 부대시설

강원랜드 카지노에는 4층과 5층에 각각 무료 음료수를 제공하는 음료 바가 있고, 5층의 좌석예약센터에서는 핸드폰 충전을 해준다. 또한 카지노 내부 식당인 레스토랑 팬지에서 식사를 할 수 있다. 음식 값은 2만 원 이상으로 비싼 편이다. 그 외에 수프와 샌드위치, 케이크, 커피 등을 판매하는 다이닝 카페 '크리스탈 라운지'가 4층과 5층 증축영업장에 하나씩 있다.

3) 카지노의 직원들

(1) 딜러와 플로어퍼슨

카지노 직원들 가운데 고객에게 가장 친숙한 존재는 역시 카지노 딜러^{Dealer}다. 딜러는 테이블 게임을 진행하는 역할을 하며, 딜러의 역량에 따라 테이블의 분위기가 좌우된다. 딜러는 카지노 직원이기는 하지만 고객과 오랜 시간 게임을 하면서 유대감을 갖게 되는 경우가 많다. 게임 도중 고객이 원하면 딜러에게 팁을 줄 수 있는데, 강원랜드에서는 이 돈을 모든 직원이 똑같이 나누어 갖는다. 강원랜드의 딜러는 3교대로 주 5일 근무하며 평균 연봉은 6천만 원 정도 된다.

한편 플로어퍼슨^{Floorperson}은 테이블 내에서 딜러를 감독하는 역할을 하며, 통상 '과장님'으로 호칭한다. 고객들의 베팅 금액을 고려해 콤프 지급 액수를 결정하는 것도 이들의 몫이다. 그 외에 피트 전체를 총괄하면서 플로어퍼슨을 감독하는 핏보스^{Pit Boss}도 있지만 평소에는 볼 수 없다.

(2) 슬롯 어텐던트와 슬롯 메카닉

테이블 게임에 딜러가 있다면 머신 게임에는 슬롯 어텐던트^{Slot Attendant}가 있다. 이들은 고객에게 머신 게임을 안내하고, 잭팟이 터질 경우 당첨금을 지급하는 역할을 한다. 슬롯 메카닉^{Slot Mechanic}은 게임 기계인 슬롯머신을 점검하고 수리하는 사람들이다.

(3) 보안 요원

카지노 안팎에는 검은 양복을 입고 귀에는 이어폰을 끼고 다니는 직원들이 있는데, 이들은 카지노의 안전과 질서 유지를 담당하는 보안 요원이다. 카지노 안에서 뛰어다니면 이들이 제지하므로 가급적 뛰지 않는 것이 좋다. 카지노 직원들 가운데 가장 친절한 편이어서 필요한 것을 이야기하면 잘 도와준다.

Tip 콤프에 대해서

강원랜드에서는 입장객들의 베팅 실적에 따라 일종의 마일리지인 콤프(하이원 포인트)를 지급한다. 콤프는 강원랜드뿐 아니라 주변 지역에 있는 가맹점에서도 현금처럼 사용할 수 있다. 콤프를 적립하기 위해서는 하이원리조트 카드가 필요한데, 페스타 플라자에 있는 안내데스크 또는 카지노 내부 전자카드 충전소 옆에서 만들 수 있다.

이 카드를 슬롯머신에 투입하거나, 테이블에 착석한 상태에서 딜러에게 건네주면 포인트를 적립할 수 있다. 콤프는 베팅하면서 입는 손해를 일부 환급받는 개념이므로 베팅을 할 때는 항상 카드를 맡기는 것이 좋다. 바카라 테이블에서 하루 종일 30만 원 풀베팅을 할 경우 30만 원가량의 콤프가 적립되는데, 그렇다고 콤프를 많이 받기 위해 베팅 금액을 늘리는 것은 오히려 손해다.

콤프는 원칙적으로 본인만 사용할 수 있게 되어 있지만, 카지노 주변에서는 절반 정도의 현금으로 콤프를 사겠다는 매입업자를 흔히 볼 수 있다. 그러나 적발될 경우 1년 이상의 출입 정지를 당할 수 있으므로 콤프 매매 행위는 하지 않는 것이 좋다.

7 기본 베팅 방법

이제 강원랜드에서 실제로 게임에 참여하는 방법을 알아볼 차례다. 강원랜드 카지노는 항상 적정 수용 인원의 몇 배나 되는 사람들로 바글바글하기 때문에 빈 자리를 찾기가 쉽지 않다. 카지노 게임은 크게 머신 게임과 테이블 게임으로 나누어지는데, 비어 있는 기계가 있어야 게임을 할 수 있는 머신 게임과 달리 테이블 게임은 빈 자리가 없어도 뒤에 서서 베팅에 참여할 수 있다. 머신 게임을 하는 방법은 10장 '머신 게임'에서 자세히 설명하기로 하고, 여기에서는 모든 테이블 게임에 공통적으로 적용되는 베팅 방법에 대해 알아보도록 하겠다.

1) 핸디가 되는 방법

강원랜드의 카지노 게임 가운데 룰렛, 다이사이와 같이 특별히 정해진 핸디가 없는 게임은 입장객 누구나 자유롭게 베팅에 참여할 수 있다. 이와 달리 블랙잭, 바카라 및 포커 게임(텍사스 홀덤, 캐리비안스터드포커, 쓰리카드포커)에는 핸디(게임에 직접 참여하는 플레이어)가 정해져 있어서 핸디가 아닌 사람은 핸디의 베팅을 따라가는 뒷전 베팅만 할 수 있다(포커 게임의 경우 뒷전 베팅이 불가능하며 오직 핸디만 베팅할 수 있다). 그렇기 때문에 테이블 게임을 할 때는 핸디가 되는 것이 여러모로 유리하다.

블랙잭과 바카라의 경우 아침 일찍 입장해서 플레이어 번호가 적힌 주황색 태그가 있는 자리에 앉으면 핸디가 될 수 있다. 포커 게임의 경우에는 좌석예약 시스템을 이용해서 예약을 해야만 핸디가 될 수 있다. 일단 핸디가 되면 게임 도중 자리를 비운 시간의 합계가 2시간이 될 때까지 계속 게임을 할 수 있다. 좌석예약제 운영 테이블에서는 이런 휴식총량제를 실시하고 있다.

2) 좌석예약 시스템

강원랜드에서는 고객들의 원활한 게임 참여를 위해 블랙잭, 바카라, 텍사스홀덤, 캐리비안스터드포커, 쓰리카드포커 등 5가지 게임에 대해 좌석예약 시스템을 운영하고 있다. 좌석예약센터는 카지노 5층에 있으며, 4층 민트바의 양쪽 끝에 있는 카지노 키오스크에서도 좌석을 예약할 수 있다. 좌석예약은 오후 12시부터 새벽 2시까지 할 수 있으며, 예약 호출은 다음 날 오전 4시 40분까지 진행된다. 테이블에 남는 좌석이 없으면 대기 순번을 기다려

좌석예약 테이블 현황

(2019년 9월 기준)

게임 종류	리미트	12시 오픈	17:10 ~ 17:20 오픈	
			주중	주말
바카라	30	14	0	0
	20	16	0	0
	10	13	8	8
	5	0	2	2
블랙잭	30	10	0	0
	20	16	0	0
	10	1	9	9
	5	0	0	0
홀덤	10	0	2	4
쓰리카드포커	10	0	2	4
캐리비안스터드포커	10	0	2	4

야 하는데, 핸디들이 쉽게 일어나지 않기 때문에 대기 시간이 길어지는 경우가 많다. 좌석 배정을 받게 되면 피트 번호가 적힌 호출 문자가 오는데, 이 문자를 받고 나서 15분 이내에 해당 테이블에 도착해야 한다.

3) 베팅의 진행

카지노에서의 베팅은 카지노 칩^{Casino Chip}을 통해 이루어진다. 게임 테이블 위에 현금을 올려놓으면 딜러가 같은 액수의 칩으로 바꿔주는데, 이 칩을 레이아웃(베팅할 수 있는 위치를 표시해 놓은 판)상의 원하는 위치에 올려놓으면 된다. 게임 결과 내가 선택한 베팅이 맞으면 페이(당첨금)를 지급받고, 틀리면 베팅한 돈을 잃게 된다. 페이가 모두 종료되면 다시 새로운 게임의 베팅이 시작된다.

▲ 강원랜드 카지노 칩

게임을 마칠 때는 4층과 5층 증축 영업장에 있는 출납창구에서 카지노 칩을 현금으로 바꿀 수 있다. 칩을 현금으로 바꾸지 않고 가지고 나갔다가 나중에 다시 사용하는 것도 가능하다.

4) 베팅 규칙

카지노의 모든 베팅에는 최소 베팅 금액과 최대 베팅 금액이 정해져 있으므로, 이 범위 내에서 베팅을 해야 한다. 강원랜드에는 베팅 한도(리미트)가 5만 원인 테이블부터 30만 원인 테이블까지 있는데, 5만 원은 보라색, 10만 원은 초록색, 20만 원은 노란색, 30만 원은 빨간색으로 표시되어 있다.

① 베팅할 때는 칩을 가급적 선에 걸치지 않도록 레이아웃상의 정확한 위치에 올려두어야 하며, 두 종류 이상의 칩을 동시에 사용할 때는 고액 칩이 아래로 가도록 한다.

② 베팅이 어느 정도 진행되면 딜러는 "Any More Bet?"이라는 멘트를 하면서 베팅을 독려하고, 이어서 "No More Bet"을 선언한다. No More Bet이 나온 이후의 베팅은 인정되지 않고 반환된다.

③ 2대 이상의 테이블이나 슬롯머신에서 동시에 게임을 하는 것은 금지되어 있으며, 이를 어길 경우 1차 경고 이후에 출입 제한을 당할 수 있다.

④ 테이블에서 핸드폰을 비롯한 전자기기의 사용은 원칙적으로 금지되어 있지만, 테이블 밑에서 잠깐씩 사용하는 정도는 대개 눈감아준다.

⑤ 강원랜드에서는 다른 고객의 게임에 관여하거나 방해하는 행위를 금지하고 있다. 옆 사람이 자꾸 내 플레이에 간섭하려고 들면 딜러에게 말하거나, '과장님'을 외친 다음 옆 사람 참견 때문에 게임을 못하겠다고 이야기하면 상황이 정리될 것이다.

5) 뒷전 베팅 하는 방법

블랙잭, 바카라(리미트 30만 원 테이블 제외) 및 카지노워 테이블에서는 핸디가 아닌 사람들도 뒷전 베팅을 통해 게임에 참여할 수 있다. 뒷전 베팅을 하려면 우선 핸디가 베팅하기를 기다린 다음 핸디가 베팅한 칩과 딜러 방향으로 일렬이 되게끔 칩을 베팅을 하면 된다. 바카라의 경우 핸디가 뱅커 또는 플레이어에 베팅했을 때 이와 반대되는 위치에는 뒷전 베팅을 할 수 없다. 그러므로 플레이어에 뒷전 베팅을 하고 싶은 사람은 플레이어에 베팅한 핸디를 따라가게 되는데, 만약 모든 핸디가 뱅커에 베팅했다면 플레이어에 뒷전 베팅을 하는 것은 불가능하다. 또한 뒷전 베팅은 베팅 한도를 준수해야 하므로 리미트가 10만 원인 테이블에서 내가 따라가려는 핸디가 10만 원을 베팅하고 다른 사람들이 8만 원을 베팅한 상태라면, 남아 있는 2만 원 만큼만 베팅이 가능하다.

Tip　카지노 키오스크

강원랜드 곳곳에는 카지노 관련 정보를 안내하는 카지노 키오스크가 있다. 카지노 키오스크를 통해 카지노 출입 일수와 좌석예약 대기 순번, 하이원 포인트, 현재 위치를 확인할 수 있으며, 도박 중독 자가진단도 해볼 수 있다. 또한 5층 좌석예약센터에 있는 3대와 4층 민트바 옆에 있는 2대의 키오스크에서는 테이블 좌석예약이 가능하다.

8　사람들은 왜 강원랜드에 열광하는가

바야흐로 대한민국은 도박 공화국이라 해도 과언이 아니다. 국내 사행산업 규모는 해마다 증가해 현재는 100조 원을 훌쩍 넘어선 것으로 추산된다. 경제 불황이 장기화되고 실업자가 늘어나는 상황에서 사행산업은 오히려 호황을 맞이하고 있다. 소위 'N포 세대'라는 말로 대변되는 청년층이 미래에 대한 희망을 잃고 도박을 통한 인생역전에 올인하게 된 결과다. 2018년 로 또 판매량은 약 4조 원으로 역대 최대를 기록했으며, 강원랜드 역시 넘쳐나는 방문객들로 북새통을 이뤘다. 이중에는 순수하게 도박을 즐기기 위해 오는 사람도 있고, 슬롯머신 잭팟에 당첨되는 대박을 노리기 위해 오는 사람도 있으며, 자신들이 연구한 방법으로 카지노를 이길 수 있다는 믿음으로 강원랜드를 찾는 사람도 있다.

강원랜드 카지노의 연매출은 1조 4천억 원가량으로 사행산업 전체 매출의 1퍼센트에 불과해 보이지만, 이는 순매출액만 집계한 결과이기 때문에 실제로 차지하는 비중은 훨씬 높다. 더구나 강원랜드에서 하는 도박의 중독성은 여타 사행산업과는 비교도 할 수 없는 높은 수준이어서 도박을 하다가 가산을 탕진하는 사례는 대부분 강원랜드에서 발생한다.

강원랜드의 중독성이 강한 이유로는 우선 카지노 특성상 한번 입장하면 장시간 몰입해서 게임을 하게 된다는 점을 들 수 있다. 또한 카지노의 환급률(베팅한 금액 대비 돌려받는 금액의 비율)은 다른 사행산업에 비해 훨씬 높은데, 때로는 이것이 부메랑이 되어 돌아오기도 한다. 카지노에서 한두 번 돈을 딴 사람들이 그때의 희열을 잊지 못해서, 또는 카지노를 상대로 계속해서 돈을 딸 수 있다는 착각에 빠져서 재산을 탕진하는 사례가 자주 발생하기 때문이다. 강원랜드 주변에는 전당포에 담보로 맡겼다가 찾아가지 못한 차량이 즐비하다. 여기에 가진 것을 모두 잃고 카지노 주위를 떠도는 소위 '카지노 노숙자'도 천여 명에 달하며, 이들 중 절반가량은 자살을 생각하고 있다고 한다. 실제로 강원랜드 주변에서는 카지노에서 도박을 하던 사람이 자살했다는 소식을 심심치 않게 들을 수 있다. 그러다 보니 근처의 모텔에서는 인기척이 없거나 문을 두드렸을 때 대답이 없으면 주인이 곧바로 문을 따고 들어가기도 한다.

일단 도박 중독에 빠지게 되면 수백억 원대의 자산을 가진 중소기업 사장님들도 무사하지 못하다. 대표적인 예로 전국도박피해자모임 세잎클로버의 대표 정덕 씨를 들 수 있다. 연매출 1천억 원이 넘는 가죽 회사를 운영하는 성공한 사업가였던 그는 2003년 4월, 친구를 따라 강원랜드에 발을 들여놓았다가 인생이 달라졌다. 카지노에서 한 차례 손맛을 본 그는 이후에도 강원랜드 회원영업장을 드나들면서 바카라 게임을 즐겼고, 처음에는 소액이었던 베팅 금액도 갈수록 늘어났다. 바카라 테이블의 1인당 베팅 한도는 1천만 원이었지만 그는 병정(다른 사람의 돈을 대신 베팅해주는 사람)을 고용해 한 판에 6천만 원씩 베팅했다. 그러다가 하룻밤 새 10억 원이 넘는 거금을 잃기도 했고, 그러고 나면 손실을 만회할 생각에 더 자주 강원랜드를 찾았다. 손실이 계속해서 불어나자 사업으로 평생 모은 재산을 있는 대로 처분해 도박 자금을 마련했다. 도박 중독의 늪에 완전히 빠져버린 그는 교통사고로 죽은 딸의 장례식에도 가지 못했다. 결국 2006년 10월까지 360억 원을 날리고 빚까지 지게 된 그는 자살 시도까지 했지만 119에 의해 극적으로 구조된다.

이후 그는 병정을 통한 대리 베팅이 불법이라는 것을 알면서도 묵인했던 강원랜드를 상대로 소송을 제기했다. 1심과 2심에서는 일부 승소했으나 안타깝게도 소송 8년 만인 2014년 8월, 양승태 대법원 판결에서 도박은 '자기 책임의 원칙'이라는 명목으로 최종 패소하고 말았다. 그는 강원랜드를 상대하는 과정에서 있었던 일들을 정리한 회고록 『대한민국에 정의를 묻다』를 집필하기도 했다.

이렇듯 많은 사람이 강원랜드에 갔다가 어려움을 겪는 데는 이유가 있다. 바로 강원랜드에 대해 잘 모르는 상태에서 섣불리 도박을 시작했기 때문이다. 카지노의 모든 게임은 본질적으로 카지노에 유리하기 때문에 강원랜드를 상대로 계속해서 게임을 하다 보면 손해를 볼 수밖에 없다. 이는 널리 알려진 사실이지만 여전히 많은 이가 방법만 잘 찾으면 카지노에서 돈을 벌 수 있다는 위험한 생각을 가지고 베팅을 하고 있다. 또 무리하지 말자는 다짐을 하다가도 한순간 충동을 이겨내지 못해 큰 손실을 보기도 한다.

강원랜드에서 안전하게 시간을 보내기 위해서는 우선 도박에 대해 알아야 하고, 강원랜드에 최적화된 베팅 방법을 알아야 하며, 강원랜드에서 겪을 수 있는 위기 상황에도 대비가 되어 있어야 한다.

강 원 랜 드 와 관 련 한 재 미 있 는 사 실 들

강원랜드 카지노를 한마디로 요약하면, 9천 명의 순진한 입장객들이 달콤한 꿈을 꾸면서 도박을 하다가 결국에는 45만 원씩 날리고 돌아가는 일이 365일 내내 반복되는 곳이라고 할 수 있다. 강원랜드에 대한 몇 가지 재미있는 사실들을 소개한다.

아시다시피 강원랜드는 '폐광지역개발지원에 관한 특별법'에 따라 한국인이 합법적으로 이용할 수 있는 국내 유일한 카지노다. 우리나라 형법은 속지주의와 속인주의를 동시에 적용하기 때문에 한국인이 외국에 있는 카지노를 이용하는 것도 원칙적으로는 모두 불법이다. 해외여행을 갔다가 재미 삼아 카지노에 들르는 정도로 단속을 받지는 않지만, 신용카드로 카지노 칩을 구매했다가는 카드가 정지되는 등의 불이익이 생길 수 있으므로 주의해야 한다. 또한 개그맨 신정환과 야구선수 오승환의 사례에서 알 수 있듯 도박 규모가 지나치게 크거나 상습적이면 형사처분 대상이 된다.

한국문화관광연구원이 발표한 자료에 따르면 2016년 강원랜드 카지노의 입장객 수는 316만 9,656명으로 전국 주요 관광지 입장객수 가운데 10위를 차지했다. 참고로 1위는 에버랜드, 2위가 경복궁이었다. 매년 300만 명을 넘는 강원랜드 입장객 가운데 중복 입장을 제외한 순수 입장객 수는 70만 명을 조금 넘는다. 이 중 하루만 출입한 사람은 60퍼센트, 이틀 이상 출입한 사람이 40퍼센트 정도며, 100일 이상 출입하는 사람도 1천 명이 넘는다. 연령대별로는 50대 입장객이 가장 많아서 전체의 3분의 1 정도를 차지하고, 그다음이 40대, 30대, 60대, 20대 순서다. 20대 입장객의 비중이 갈수록 늘어나는 추세며, 남자와 여자의 비율은 대략 7 대 3 정도 된다.

강원랜드에는 호텔 4층 신한은행 내 ATM(현금자동입출금기)을 포함해 총 14대의 ATM이 운영되고 있다. 이곳의 ATM에서는 현금서비스(단기카드대출)가 제공되지 않으므로 반드시 통장에 잔고가 있어야만 출금이 가능하다. 원래 카지노 내부에 있었던 신한은행 강원랜드 카지노 출장소는 2018년 9월부터 카지노 외부로 이동했는데, 당연한 말이겠지만 전국에서 가장 영업이 잘 되는 지점 중 하나라고 한다.

카지노에는 일반적으로 시계와 거울 그리고 창문이 없다. 고객들이 시간 가는 줄 모르고 게임에 몰입하도록 하기 위인데, 놀랍게도 강원랜드에는 이 3가지가 있다. 강원랜드도 때로는 이렇듯 모범적인 행동을 하기도 한다. 강원랜드 카지노 테이블에서 천장을 올려다보면, 검은색의 CCTV가 촘촘히 설치된 것을 볼 수 있다. 화장실을 제외한 모든 공간을 감시하는 이 CCTV들 덕분에 강원랜드에서는 테이블 위에 칩을 올려둔 채로도 자유롭게 자리를 비울 수 있다. 대신 카지노 내에서 무언가 수상쩍은 행동을 한다 싶으면 금세 카메라 감시 요원들의 관심을 끌게 된다.

나는 이 책을 쓰기 위해 몇 가지 정보를 수첩에 기록하다가 상황실에 불려가기도 했다. 그래도 특별히 이렇다 할 잘못을 한 것이 아니라면 자제해달라고 정중하게 요청하는 정도니 크게 걱정할 것은 없다.

강원랜드 카지노에서 돈을 다 잃어 집에 갈 차비조차 없다면 어떻게 해야 할까? 이럴 때는 '3년 내 카지노 출입금지'를 조건으로 강원랜드로부터 6만 원의 귀가여비를 지원받을 수 있다. 최대 3번까지 받을 수 있는데 3번 모두 받으면 그때부터는 카지노 출입이 영구 정지된다. 작년 한 해에만 4,440명이 귀가여비를 지원받았을 정도로 이 제도를 이용하는 이들이 많다.

강원랜드 호텔 5층 정문으로 들어오면 왼쪽 끝에 써미타스 클럽&라운지Summitas Club&Lounge라는 공간이 보이는데, 여기가 바로 강원랜드 카지노의 회원영업장(VIP 룸)이다. 이곳에서 베팅을 하려면 일정한 자격 심사를 거쳐야 하는데, 연매출 50억 원 이상의 자영업자, 대기업 임원 또는 의사, 변호사 같은 고소득 전문직 종사자 등이 VIP 회원이 될 수 있다. 강원랜드 회원영업장의 베팅 금액은 일반영업장과 비교가 되지 않는다. 베팅 한도가 300만 원인 테이블과 500만 원인 테이블, 그리고 1천만 원 이상 베팅할 수 있는 테이블도 있다. 또한 입장 시 1천만 원을 보여주어야 하며 일정 수준 이상 베팅을 해야만 회원 자격을 유지할 수 있다. 웬만한 재력의 소유자가 아니면 이곳에서 베팅하는 것은 꿈도 꾸지 않는 것이 좋다.

바다이야기와 사행산업통합감독위원회

국내 사행산업을 이야기할 때 빼놓을 수 없는 것이 있다. 바로 지난 2000년대 중반 우리 사회에 도박 광풍을 불러일으켰던 '바다이야기'다. 바다이야기는 오락실에서 할 법한 아케이드 게임인데, 게임 방식은 비디오 슬롯머신과 거의 흡사하다. 화면상에서 회전하는 4개의 릴에 같은 그림이 뜨면 당첨금이 지급되며, 고래가 출현한 상태에서 돌고래 모양의 조커 4개가 맞으면 최대 250만 원까지 당첨될 수 있다. 당첨 금액은 일단 상품권으로 지급하고 근처 환전소에서 현금으로 바꿔주는데, 10퍼센트의 환전 수수료가 붙는다. 이는 사행성 논란을 최대한 피해 가기 위해 일본의 파친코에서 사용하는 시스템을 모방한 것이다.

바다이야기가 처음 등장한 것은 2004년 12월의 일이다. 바다이야기는 본질적으로 슬롯머신과 다를 바 없기 때문에 당연히 금지되어야 했으나, 놀랍게도 문화관광부 산하 영상물등급위원회의 심의를 통과했다. 강원랜드에나 가야 할 수 있는 사행성 게임을 일반 게임장에서 할 수 있게 되었으니 그 결과는 뻔했다. 2005년부터 선풍적인 인기를 끌기 시작한 바다이야기는 2006년까지 7만 대 이상의 게임기가 판매되며 전국 각지에 게임장이 우후죽순처럼 생겨났다.

2005년 8월부터 2006년 6월까지 11개월 동안 발행된 경품용 상품권 액수만 26조 7000억 원에 달했다. 2018년 국내 7개 합법 사행산업 매출이 22조 3904억 원이라는 것을 생각하면 당시의 바다이야기 열풍이 얼마나 대단했는지 알 수 있다. 이렇듯 바다이야기가 한국 사회를 뒤흔들자 정부는 뒤늦게 단속에 나섰으나, 이미 수십 명이 자살하고 100만 명 이상의 피해자가 발생하고 난 뒤였다. 이 사태를 계기로 국내의 사행산업 관련 업무를 총괄하는 '사행산업통합감독위원회'가 국무총리 직속 기관으로 출범하게 된다.

사행산업통합감독위원회는 2008년 0.64퍼센트에 달했던 GDP 대비 사행산업 순매출 비중을 OECD 평균인 0.58퍼센트보다 낮은 수준인 0.54퍼센트로 관리하는 것을 목표로 2009년부터 사행산업 업종별 매출액 총량을 제한하는 '매출총량제'를 실시하고 있다. 그 결과 매년 오르기만 하던 국내 합법 사행산업 매출액은 2017년 처음으로 전년 대비 1.14퍼센트 감소한 21조 7263억 원을 기록했다.

이렇듯 사행산업통합감독위원회는 사행산업의 지나친 활성화를 막기 위한 정책을 시행하고 있으나, 규모가 훨씬 크고 세금도 내지 않는 불법 사행산업은 놔둔 채 합법 사행산업만 잡는다는 비판의 목소리도 있다. 국내 불법 사행산업 규모는 적게는 84조 원(충북대학교 산학협력단, 2016)에서 많게는 170조 원(한국형사정책연구원, 2015)에 이를 것으로 추산된다. 하지만 조사기관별로 차이가 너무 커서 신뢰도가 떨어지기 때문에 보다 정확한 불법도박 규모 산정을 위한 표준모델을 현재 개발하고 있다.

강원랜드에서
돈을 버는 노하우

1 카지노의 모든 것은 설계되어 있다

카지노는 사실 저렴한 비용으로 시간을 보내기에 좋은 곳이다. 일단 입장료
만 내고 들어가면 몇 시간이고 다른 사람들이 게임하는 모습을 지켜볼 수
있고, 바카라 테이블의 핸디가 되어서 베팅을 하지 않고 하루 종일 앉아만
있어도 상관없다. 하지만 사람들은 카지노에 입장하면 마치 마법에라도 걸
린 것처럼 너 나 할 것 없이 가지고 온 돈을 전부 베팅하게 된다. 카지노에
들어서는 순간부터 접하는 모든 것이 고객으로 하여금 돈을 쓰게끔 설계되
어 있기 때문이다.

1) 카지노는 인간의 감각을 자극한다

카지노는 건물과 내부를 화려한 시설과 값비싼 장식물, 그리고 빛나는 조명으로 꾸민다. 이로 인해 카지노는 그 어느 곳보다 고급스러운 분위기며, 이는 인간의 허영심을 자극해 고액 베팅을 하도록 유도한다. 또한 슬롯머신에서 잭팟이나 보너스에 당첨될 때마다 울려 퍼지는 요란한 소리는 듣는 사람을 흥분시켜 게임에 다시 도전하고 더 빨리 베팅하게 만든다. 옆에서 구경만 하던 사람들도 이런 음향을 반복해 듣다 보면 자신도 빨리 게임에 참여해 돈을 따고 싶다는 충동을 느끼게 된다.

2) 카지노는 고객이 현실 감각을 잃게 만든다

카지노는 고객이 시간 가는 줄 모르고 도박을 오래 하게끔 만든다. 대부분 카지노에 시계나 창문, 거울이 없는 이유다. 강원랜드 카지노에는 식당이 있어서 밖에 나가지 않고도 끼니를 해결할 수 있으며, 무료 음료 바와 흡연실도 내부에 있다. 인간의 기본적인 욕구를 충족시켜줌으로써 오로지 도박에만 몰두하도록 한다. 또한 고객들이 쾌적한 환경에서 지치지 않고 게임을 할 수 있도록 카지노 내부의 온도와 습도도 일정하게 유지된다.

3) 카지노는 여러 가지 심리전을 구사한다

카지노는 이용자들이 도박에 빠져들도록 여러 가지 심리전을 구사한다. 테이블 게임은 하우스(딜러)와 플레이어의 승률이 비슷해 플레이어들이 가끔씩 돈을 딸 수 있게 되어 있으며, 슬롯머신의 경우 가끔씩 투입한 돈의 몇십 배에 해당하는 돈을 딸 수 있는 보너스가 터진다. 이렇듯 유저들에게 돈맛을 보여줌으로써 다음에도 딸 수 있다는 기대를 가지고 계속 도박을 하게끔 유도한다. 카지노에서는 거의 대박이 터질 뻔하다가 한 끗 차이로 당첨되지 못하는 상황을 니어미스Near-miss라고 부른다. 니어미스의 결과는 그냥 '꽝'일 뿐이지만 이를 경험한 사람은 '돈을 거의 땄었다'라고 생각하기 때문에 계속해서 베팅을 하게 된다. 카지노는 이렇듯 고객이 아쉽게 돈을 잃는 상황을 자주 연출함으로써 수익을 극대화한다.

또한 강원랜드에서는 고객들의 베팅 액수와 시간에 따라 콤프를 지급하며 무료 음료를 제공하고 경품도 나누어준다. 이렇듯 고객들에게 다양한 혜택을 제공함으로써 카지노에 방문해서 베팅하는 것이 이득이라는 인상을 심어준다. 하지만 실제로는 고객들이 강원랜드에서 쓰고 가는 돈이 훨씬 더 많기 때문에 강원랜드가 이득을 보게 된다.

4) 미로 같은 내부구조

카지노는 거대한 미로와 같이 복잡한 구조로 되어 있다. 똑같이 생긴 테이블과 기계가 여기에도 있고 저기에도 있어서 길을 잃고 헤매기 쉽다. 입장객들이 카지노를 뱅뱅 돌다가 게임에 참여하도록 유도하는 것이다. 강원랜드의 경우 화장실과 식당, 좌석예약센터의 배치가 교묘해서 동선마다 베팅하고 싶은 욕구를 자극하는 테이블과 슬롯머신이 놓여 있다. 또한 환전소가 안쪽 깊숙한 곳에 있기 때문에 칩을 현금으로 바꾸고 나서 카지노 밖으로 나오려면 긴 통로를 지나야 하고, 출구에 도달해서는 옆에 있는 신한은행 ATM에서 출금하고 싶은 욕구를 이겨내야 한다.

이와 같은 강원랜드의 모든 전략은 유저들이 최대한 오랫동안 게임을 하

49

2. 강원랜드에서 돈을 버는 노하우

게 만드는 데 초점이 맞춰져 있다. 우리가 이에 대처할 수 있는 방법은 간단하다. 바로 게임 시간을 최소화하는 것이다.

2 카지노에서 오래 게임하지 마라

카지노에서는 베팅을 많이 하면 할수록 결과가 통계적 확률에 수렴해가기 때문에, 도박을 하는 사람 입장에서는 베팅 횟수가 적을수록 돈을 딸 확률이 높다. 이러한 확률적인 이유 외에도 플레이어는 하우스와 달리 시간이 지날수록 집중력이 저하되면서 실수가 나올 가능성이 커진다. 그렇기 때문에 카지노를 상대로는 장기전을 피하고 단시간 내에 승부를 봐야 한다.

카지노에서 돈을 따는 가장 좋은 방법은 '첫판에 가지고 간 돈 전액을 베팅한 다음, 이기면 뒤도 돌아보지 않고 일어나는 것'이라는 말이 있다. 가지고 간 돈 이상을 따는 것이 목표라면 이 말은 분명히 옳다. 그러나 사실상 딱 한 게임만 하고 나오기는 어려운 일이므로, 한 번 테이블에 앉았을 때 2시간을 넘기지 않는 것을 목표로 하는 것이 좋다. 그러기 위해서는 일어날 타이밍을 잘 잡아야 하는데, 돈을 충분히 땄거나 많이 잃었을 때가 일어나기 좋은 타이밍이다.

1) 땄을 때 주저하지 말고 일어나라
땄을 때 일어나야 했는데 계속 베팅하다가 손해를 보았다는 말은 카지노에서 항상 들리는 이야기다. 강원랜드 유저들도 이 말을 익히 들어서 알고 있지만, 실제로 땄을 때 자리에서 일어나는 사람은 거의 없다. 그 이유는 지금 자신이 선택한 전략이 잘 통하는 것 같고, 또 모처럼 자신에게 유리한 판이 형성되었다는 생각이 들기 때문이다. 하지만 앞선 상황에서 돈을 딴 것은 결코 전략이 좋았다거나 유리한 판이 형성되어서가 아니라, 단지 운이 좋았던 것뿐이다. 그렇기에 지금까지 내가 이겼으니까 앞으로도 이길 것 같다는 생각은 4장 '도박의 기초와 베팅 시스템'에서 소개할 '뜨거운 손 오류'에 불과하다. 앞에서 아무리 좋은 결과가 나왔다고 하더라도 그다음 판을 이길 확률은 맨 처음 상황에 비해 단 0.001퍼센트도 올라가 있지 않다.

사람들 간의 실력을 겨루는 스포츠에서는 기세가 승부에 큰 영향을 미치기 때문에 이기고 있을 때 몰아붙이는 것이 중요하다. 하지만 카지노에서의 승패는 딜러의 역량에 의해서가 아니라 어디까지나 기계와 확률에 의해서 정해진다. 카지노의 모든 베팅은 확률적으로 플레이어에게 손해로 작용하며 여기에는 어떠한 예외도 없다. 그렇기 때문에 그 어떤 상황에서도 베팅을 중단하고 일어나는 것이 나쁜 선택이 될 수 없다. 카지노를 상대로 장기전을 펼쳐 승리한 사람이 없다는 것을 잊지 말고, 초반에 돈을 따고 자리를 털고 일어나는 것이야말로 카지노에서 돈을 벌 수 있는 유일한 방법이라는 것을 기억하자.

2) 게임이 안 풀릴 때 일어나는 것이 더 중요하다

카지노에서 게임을 하다 보면 게임이 잘 풀리지 않고, 시간이 지나도 분위기가 전환될 기미가 보이지 않을 때가 있다. 이럴 때 죽치고 앉아서 베팅을 해봐야 갈수록 손실만 늘어날 뿐이다. 많은 사람이 베팅이 자꾸만 빗나갈 때 '이번에는 이기겠지'하는 생각으로 베팅을 계속하지만, 이 역시 '도박사의 오류'의 전형적인 예다.

또한 이렇게 짜증이 쌓여 있는 상황에서 게임 시간이 길어지다 보면 자제력을 잃고 베팅 금액을 올릴 가능성이 큰데, 카지노에서 손실을 만회하기 위해 베팅 금액을 올리는 것만큼 어리석은 짓은 없다. 더구나 초반에 돈을 따고 나서 베팅하는 상황과 달리 이때의 손실은 고스란히 내가 가져온 자본의 손실이므로, 이런 때가 카지노에서 가장 위험한 순간이다. 게임이 안 풀린다 싶을 때는 즉시 일어나는 것이 그나마 손실을 최소화하는 길임을 명심해야 한다.

3 카지노에서 당신을 지켜줄 9가지 깨달음

1) 하우스 에지가 낮은 게임을 선택하라

카지노의 모든 게임에는 하우스 에지, 즉 플레이어에게 불리한 정도가 정해져 있다. 내 돈 걸고 도박을 하는데 굳이 더 불리한 게임을 할 이유는 없다. 그러므로 순수하게 즐기는 마음으로 게임을 할 게 아니라면 가능한 하우스 에지가 낮은 게임을 하도록 하자. 강원랜드에서 하우스 에지가 가장 낮은 게임은 블랙잭이며, 커미션 있는 바카라, 커미션 없는 바카라, 카지노워, 다이사이, 룰렛, 빅휠, 머신 게임의 순서로 하우스 에지는 높다. 이 중에서 블랙잭과 바카라 정도가 도박을 하기에 괜찮은 게임이고, 그렇기 때문에 가장 인기도 많다. 강원랜드 모든 게임의 하우스 에지는 이 책의 부록 '강원랜드

내 모든 게임의 승률 및 하우스 에지' 표에 정리되어 있다.

2) 사이드 벳을 하지 마라

블랙잭, 바카라, 카지노워같이 하우스 에지가 낮은 카지노 게임에는 기본적인 베팅 이외에 추가로 주어지는 베팅 옵션인 사이드 벳^{Side Bet}이 존재한다. 블랙잭의 인슈어런스, 바카라의 타이와 페어, 그리고 카지노워의 타이가 사이드 벳에 해당하는데, 이러한 베팅은 메인 베팅에 비해 하우스 에지가 훨씬 높으므로 절대로 해서는 안 된다. 특히 바카라 게임이 잘 안 풀릴 경우에 베팅 금액의 부담이 적고 배당이 높다는 이유로 타이 베팅을 하는 경우가 많은데, 이렇게 되면 자금이 훨씬 더 빠른 속도로 떨어지게 된다.

3) 충분히 연구하고 게임하라

카지노는 어떤 의미에서 총성 없는 전쟁터다. 순간의 선택에 의해 수십, 수백만 원의 돈이 오고 가니 그럴 만도 하다. 많은 이가 제대로 된 연구도 없이 무작정 카지노에 뛰어드는데, 이는 준비 없이 전쟁터에 나가는 자살행위나 다름없다. 카지노에서 베팅을 하려면 최소한 자신이 하고자 하는 게임의 승률과 하우스 에지, 그리고 최선의 베팅 전략에 대해 정확히 알고 있어야 한다. 제대로 된 연구나 공부 없이 뜬소문만 믿고 베팅을 해온 결과가 지금의 강원랜드다.

4) 카지노에서 돈 벌 생각은 하지 마라

카지노 게임은 본질적으로 카지노에 유리하기 때문에, 우리는 아무리 열심히 연구하고 게임을 해도 돈을 딸 확률보다는 잃을 확률이 높다. 물론 어느 정도 운이 따라준다면 돈을 딸 수도 있지만, 그런 행운이 계속 찾아올 거라는 기대는 금물이다. 그러므로 카지노에서는 돈을 따겠다는 생각보다는 조금씩 돈을 쓰면서 즐긴다는 마인드로 게임을 해야 한다.

5) 베팅할 금액의 한도를 정해라

카지노에서 아무 생각 없이 베팅을 하게 되면 손실액이 감당할 수 없을 만큼 커질 수 있다. 카지노는 여유 자금을 가지고 게임을 할 때는 즐겁게 여가를 선용할 수 있는 곳이지만, 생계에 지장이 생길 정도의 돈을 쓰다 보면 패가망신도 할 수 있는 무서운 곳이다. 그러므로 카지노에서는 반드시 그날 사용할 금액의 한도를 정해두어야 한다. 예를 들어 하루 베팅 한도를 30만 원으로 정했다면 손실이 30만 원에 도달하기 전에 베팅을 그만두어야 하며, 절대로 그 이상의 금액을 베팅해서는 안 된다. 애초에 현금을 30만 원만 가지고 입장하는 것도 목표 금액을 지키는 데 도움이 되는 한 가지 방법이다.

6) 절대로 초심을 잃지 마라

카지노에서 도박을 하는 많은 사람, 특히 처음 카지노를 접하는 초보자들은 대부분 베팅 한도를 설정하고 게임을 한다. 문제는 도박을 하다 보면 초심을 잃고 애초에 설정했던 한도를 넘기는 경우가 자주 발생한다는 점이다. 카지노에서 초심을 잃어버리는 전형적인 사례는 다음과 같다.

강원랜드를 처음 방문한 A씨는 그날 10만 원만 쓰기로 굳게 다짐하고 카지노에 입장했다. 그는 룰렛 테이블에서 한 판당 5천 원 이내로 소액 베팅을 하면서 한동안 시간 가는 줄 모르고 재미있게 게임을 한다. 그러다가 어느 순간 몇 번의 불운이 겹치면서 10만 원이 금세 바닥난 것을 깨닫게 된다. A 씨는 처음 계획대로 베팅을 그만하기로 하고 아쉬운 마음을 달래면서 자리 에서 일어난다.

그런데 출구를 향해 걸으며 주위를 둘러보니 고액 테이블에서 베팅하고 있는 사람들의 모습이 눈에 들어온다. 그 순간 A씨는 새로운 유혹에 휩싸 인다. '10만 원짜리 베팅으로 한 번만 이겨도 몇 시간 동안 손해 본 걸 다 만 회할 수 있는데…' 하는 달콤한 유혹. 왠지 이번에는 틀림없이 이길 수 있을 것 같은 기분도 든다. 결국 한 번만 더 해보자는 유혹을 이기지 못한 A씨는 ATM기에서 추가로 10만 원을 인출한다. 그 순간 그는 이미 도박의 깊은 수 렁에 빠졌다. 10만 원이 20만 원이 되고, 20만 원이 40만 원 되는 것은 순식 간이다. 자제력을 잃고 판돈을 높이기 시작하는 순간, 그 돈은 빠르든 늦든 결국엔 모두 카지노의 손에 들어가게 되어 있다.

7) 초보자의 행운을 조심하라

카지노에서는 도박을 시작한 지 얼마 안 된 초보자가 돈을 따는 경우가 종 종 있는데, 이를 초보자의 행운이라고 부른다. 이때 많은 초보자가 자신에 게 특별한 재능이 있다고 생각하기 쉬운데, 절대로 그렇지 않다. 아주 위험 한 생각이다. 초보자들이 돈을 따는 이유는 그들의 베팅 실력이 뛰어나서가 아니라, 단순히 베팅한 횟수가 적었기 때문이다. 그러니 운 좋게 카지노에서 돈을 땄다면 자만하지 말고 자신의 행운에 감사하는 마음을 갖도록 하자.

8) 내 돈 관리를 잘 하라

카지노에서 베팅을 하다 보면 다른 사람이 내 칩을 잘못 가져가는 경우가 간혹 발생한다. 특히 뒷전 베팅한 칩을 건네받는 과정에서 이런 경우가 많으므로 주의해야 한다. 또한 드물지만 딜러가 페이를 잘못 지급하는 경우도 있으니 페이가 정확하게 지급되었는지 항상 확인하자.

9) 항상 평정심을 유지하라

모든 신체 스포츠와 마인드 스포츠에서 멘탈이 중요한 것과 마찬가지로 도박에서도 멘탈은 매우 중요하다. 일반적인 스포츠와 다른 점이 있다면 도박은 '아무리 멘탈이 강해도 이길 수 없지만, 멘탈이 약하면 무조건 망하게 된다'. 카지노에서는 항상 냉철한 판단력과 집중력, 그리고 평정심을 유지해야 하며, 게임이 잘 풀리지 않거나 옆 사람이 도발을 한다고 해도 절대 흔들리지 말고 처음의 계획대로 베팅해야 한다.

카지노에서는 멘탈이 흔들리는 상황이 자주 발생하는데, 그중에서도 가장 최악은 돈을 많이 잃었다고 흥분하는 것이다. 억세게 운이 나쁜 상황이 이어진다고 해서 자제력을 잃고 '이건 말도 안 돼!' '설마 또 지기야 하겠어?' '그래 언제까지 빗나가나 보자' 하면서 계속 베팅을 이어가다 보면 하룻밤 사이에 1천만 원 정도는 우습게 날린다. 여러분이 평정심을 잃는 상황이야말로 카지노가 가장 원하는 순간임을 명심하고, 멘탈이 무너질 것 같은 상황에서는 즉시 게임을 중단해야 한다. 만약 이 정도 멘탈 관리를 할 자신이 없다면 애초에 카지노에 출입하지 마시기 바란다.

이상의 9가지 깨달음만 기억하면 여러분은 카지노에서 위험에 빠지는 일 없이 즐거운 시간을 보낼 수 있을 것이다.

4 강원랜드에서 돈을 따는 방법

사실 카지노에서 돈을 따는 것은 쉽다. 만약 누군가가 나에게 '15만 원으로 강원랜드에서 베팅을 하되 1만 원 이상을 따면 상금으로 1천만 원을 받고, 그렇지 못한 경우에는 역으로 1천만 원을 물어내라'는 내기를 제안한다면, 나는 다 듣기도 전에 수락할 것이다. 사실 이런 내기를 거절할 도박사는 아무도 없다. 바카라를 예로 들면, 처음 1만 원을 베팅하고, 지면 2만 원, 또 지면 4만 원, 또 지면 8만 원을 베팅하기만 해도 94퍼센트를 넘는 확률로 승리할 수 있기 때문이다.

이처럼 카지노로부터 '돈을 따는 것' 자체는 아주 쉽다. 단지 큰돈을 따기가 어려울 뿐이다. 하지만 9천 원을 내고 강원랜드에 입장해 무료 음료도 마시면서 몇 시간 실컷 놀다가, 단돈 몇천 원 또는 몇만 원이라도 벌어 갈 수 있다면 충분히 남는 장사가 아니겠는가? 여기에는 1천 원, 1만 원, 15만 원 등 목표 금액에 따른 최적의 베팅 방법이 나와 있으니 베팅할 때 참고하시기 바란다. 이대로만 하면 확실하게 높은 확률로 돈은 딸 수 있지만, 한두 번 이겼으면 더 이상 욕심부리지 말고 그만두는 것이 좋다. 어쩌다 한 번 발생하는 '악운'이 찾아오기 전에 손을 털고 일어나는 것이 이 전략의 핵심이기 때문이다.

1) 강원랜드에서 1천 원을 버는 가장 좋은 방법

금액과 상관없이 강원랜드에서 흑자를 내고 싶다면, 다이사이 30만 원 테이블에서 베팅하는 것이 가장 좋다. 그 이유는 다이사이가 블랙잭에 비해 승률이 높고, 바카라보다 최저 베팅 금액이 낮기 때문이다.

다이사이 테이블에서 대, 소, 홀, 짝 중 베팅하고 싶은 곳에 마음대로 베팅을 한다. 베팅 금액은 1천 원 → 2천 원 → 4천 원 → 8천 원 → 1만 6천 원 → 3만 2천 원 → 6만 4천 원 → 12만 8천 원 → 25만 6천 원 순이다. 9번 가운데 1번이라도 이기면 즉시 베팅을 그만둔다.

이 방법을 사용하면 여러분은 무려 99.75퍼센트의 확률로 강원랜드에서 돈을 따는 주인공이 될 수 있다. 단, 억세게 운이 나쁜 경우(다이사이에서 질 확률은 0.51388888(111/216)인데 이를 아홉 제곱하면 0.002499가 나온다. 거의 정확히 400분의 1이다)에는 51만 1천 원을 잃게 된다.

2) 강원랜드에서 1만 원을 버는 가장 좋은 방법

"강원랜드에서 고작 1천 원 벌어봐야 입장료도 안 나오는데 그게 무슨 돈을 따는 거야? 최소한 입장료 이상은 벌어야지" 하는 분들에게 추천하는 방식이다. 바카라 30만 원 테이블에서 플레이어에 '1만 원 → 2만 원 → 4만 원 → 8만 원 → 15만 원 → 30만 원' 순으로 베팅한다. 처음 4번 중에 1번이라도 이기면 1만 원을 딴 것이므로 베팅을 그만둔다. 15만 원 또는 30만 원을 베팅했을 때 이기면 그때까지 본전인 상황이 되므로 처음으로 돌아가 1만 원부터 다시 베팅한다.

이렇게 하면 98.22퍼센트의 확률로 1만 원을 딸 수 있다. 단, 1.78퍼센트의 확률로 60만 원을 잃을 수도 있다.

3) 강원랜드에서 15만 원을 버는 가장 좋은 방법

이 방법은 75퍼센트에 가까운 확률로 강원랜드에서 꽤 의미 있는 금액인 15만 원을 버는 방법이다. 여자친구 앞에서 멋진 모습을 보여주고 싶다면 써보는 것도 괜찮다. 45만 원을 준비해서 바카라 30만 원 테이블의 플레이어에 '15만 원 → 30만 원' 순으로 베팅하면 된다. 승률은 74.31퍼센트다.

5 환상에서 벗어나라

이제 여러분은 강원랜드에서 돈을 벌 수 있는 몇 가지 방법을 알게 되었다. 그런데 이 방법들은 돈을 딸 확률은 높지만 수익에 비해 리스크가 크고, 소액만 벌 수 있다는 단점이 있다.

돈을 벌 수 있는 기댓값 자체를 플러스로 만드는 방법으로는 잭팟 금액이 최대 금액에 근접했을 때 슬롯머신을 하는 방법이 있었지만, 그런 상황이 여간해서는 잘 생기지 않는다. 마지막으로 텍사스 홀덤의 경우에는 지속적으로 돈을 버는 것이 가능하지만, 내 실력이 상대에 비해 확실히 뛰어나야 한다는 조건이 필요하다. 사실 강원랜드에서 텍사스 홀덤으로 돈을 벌겠다는 것은 프로 포커 플레이어가 되겠다는 것과 마찬가지기 때문에 그만큼의 노력이 필요하고, 벌 수 있는 금액에도 한계가 있다. 카지노에서 힘도 들이지 않고 대박 내는 방법을 찾고 있는 독자도 있겠지만, 안타깝게도 그런 방법은 존재하지 않는다.

많은 사람이 일확천금을 꿈꾸며 카지노를 방문하지만, 잘 알려진 대로 그들 중에서 대박을 치는 사람은 없다. 수많은 사람이 베팅을 하다 보니 돈을 따는 사람도 있지만, 이는 어디까지나 극히 운 좋은 일부에 해당하는 이야기일 뿐이다. 또 그렇게 돈을 번 사람들 대부분이 돈을 또 딸 수 있다는 근거 없는 자신감을 가지고 다시 카지노를 찾았다가 그때까지 벌었던 돈을 고스란히 카지노에 갖다 바치고야 만다. 카지노를 상대로 이길 수 없다는 것을 알면서 베팅을 시작한 사람들도, 막상 베팅을 하다 보면 남들보다 운이 좋아서 또는 남들이 모르는 좋은 시스템을 개발해서 돈을 딸 수 있지 않을까 하는 생각을 하게 된다. 나 역시 그런 사람 중 하나였다. 하지만 지금까지 개발된 그 어떤 시스템도 10억 번 이상의 시행횟수를 거친 컴퓨터 시뮬레이션에서 긍정적인 결과를 만들어내지 못했다.

카지노를 상대로 승리할 수 있는 방법이 절대로 없다는 것이 명확하게 수학적으로 증명되지 않은 것은 사실이다. 그러나 지금껏 수없이 많은 사람이 카지노에서 수많은 시간과 노력을 쏟아부었음에도, 카지노에서 지속적으로 돈을 따는 데 성공한 사람은 아무도 없었다. 영국의 찰스 웰스Charles Wells라는 사람이 100억 원에 가까운 돈을 따기도 했지만, 그 역시도 결국에는 벌었던 돈을 모두 날리고 평생을 가난하게 살았다.

도박으로 카지노를 털겠다는 생각은 허황된 꿈이다. 어떤 방법을 사용한다 하더라도 베팅을 계속하다 보면, 결국에는 하우스 에지라는 극복할 수 없는 벽에 막혀 돈을 잃을 수밖에 없다.

다시 한번 말하겠다. 카지노를 상대로 지속적으로 승리할 수 있는 방법은 없다. 만약 그런 방법 따위가 있다면 세상의 모든 카지노는 이미 오래전에 망했을 것이다. 카지노는 돈을 쓰면서 유희를 즐기는 곳이지, 결코 돈을 버는 곳이 아니라는 사실을 명심하길 바란다. 젊은이여, 당신의 인생을 도박보다 더 소중한 것에 걸어라.

텍사스 홀덤 이야기

흔히 카지노에서 돈을 버는 방법은 없다고 알려져 있지만, 사실은 그렇지 않다. 텍사스 홀덤이나 오마하(텍사스 홀덤과 유사한 카드 게임으로, 텍사스 홀덤과 달리 4장의 포켓 카드로 게임을 한다)같이 플레이어들끼리 승부를 겨루는 게임에서는 실력이 뛰어난 플레이어가 돈을 따게 되어 있다. 과거에는 강원랜드에서 텍사스 홀덤으로 한 달에 500만 원 이상 버는 것도 가능했지만, 전체적으로 실력이 상향평준화된 지금은 300만 원 정도가 최대치다. 창창한 나이의 젊은이라면 다른 일로 돈을 더 벌 수 있기 때문에 직업으로서의 메리트는 없다고 봐야 한다.

또한 강원랜드에서는 아침에 홀덤 예약을 하고 나서 오후에 테이블이 오픈할 때까지 대기 시간이 있는데, 이때 바카라나 기계를 하다가 잘못되는 경우가 많다. 나도 과거에 홀덤으로 힘들게 번 돈을 룰렛이나 전자게임으로 날려버린 경우가 몇 차례 있었다. 외국에서도 프로 포커 플레이어들이 홀덤으로 번 돈을 카지노에서 탕진하는 경우가 많다고 한다. 프로들도 카지노 도박의 유혹에서 자유롭지 못한 것이다.

강원랜드의 텍사스 홀덤 테이블에는 몇 번의 부침이 있었다. 2013년 개장할 당시 8대였던 테이블이 손님이 없다는 이유로 4대로 줄어들었다가 취업 비리 사태로 딜러가 부족해지면서 2대만 남아 간신히 구색만 유지한 적도 있었다. 그러다가 홀덤 유저들이 문화체육관광부에 항의하는 등 적극적으로 행동에 나서면서 현재는 다시 4대로 늘어난 상태다. 한편 2014년에는 강원랜드 홀덤 테이블에서 같은 카드가 2장 발견되는 황당한 일이 벌어지기도 했다. 이 사건도 처음에는 사기도박이 아닌가 하는 의심이 있었으나 조사 결과 제조사의 불량 카드 납품이 원인이었던 것으로 결론이 났다.

강원랜드에서 홀덤을 하다가 친해진 형이 있다. 젊은 나이에 스스로 힘으로 수억 원을 모았을 만큼 능력도 있고 재미있는 분으로 나오는 경희대학교 동문이다. 그는 홀덤 실력은 괜찮은 편이지만 멘탈이 약해서 '안 봤다 레이즈(카드를 보지 않은 상태에서 레이즈 하는 것)' 같은 플레이를 자주 하다 보니 실력에 비해 돈을 잃는 경우가 많았다. 그럼에도 불구하고 텍사스 홀덤을 너무 좋아한 나머지 아예 해외 영주권을 취득해서 거의 매일 강원랜드에서 홀덤을 한다. 2018년 한 해에만 322일을 강원랜드에 출입했으니 가히 터줏대감이라고 해도 과언이 아니다. 그러다 보니 이 형은 강원랜드에서 두 번 다시 나오기 힘든 기록도 여러 개를 가지고 있다.

그중 하나가 40만 원짜리 빅팟을 3판 연속 먹은 것이다. 강원랜드에서 하루 1판 나오기도 어려운 40만 원짜리 판을 3번이나, 그것도 연속으로 먹게 된 사연은 이렇다. 2018년 봄의 일이다. 그날따라 게임이 잘 안 풀린 그는 100만 원가량을 잃고 있었고 그러던 가운데 폐장 시간이 다가왔다. 그러자 손실을 만회할 방법이 없다고 생각한 그가 꾀를 냈다. 판돈을 키우기 위해 테이블에 있는 플레이어 전원에게 프리플롭에서 안 봤다 캡(카드를 보지 않고 베팅할 수 있는 최대 금액을 베팅하는 것으로, 프리플롭 단계의 캡은 1만 5천 원이다)을 하자고 제안한 것이다. 모든 플레이어가 동의했고 프리플롭에 매 판마다 12만 원이 쌓였다. 쌓인 판돈이 크다 보니 플롭에서 아무도 죽지 않았고 판돈은 계속 커지기만 했다.

그런데 때마침 그에게 패가 잘 들어왔고, 3판을 연속으로 이긴 결과 순식간에 손실을 모두 복구하고 역으로 20만 원을 따게 되었다. 또 7판을 연속으로 이기고 한 번 졌다가 다시 그다음 판을 이겨서 20분 만에 150만 원을 따기도 했다.

　이런 이야기를 듣고 나면 강원랜드에서 텍사스 홀덤으로 돈을 버는 게 쉽다는 생각을 할 수 있지만, 사실 강원랜드에서 지속적인 수익을 내는 사람은 나를 비롯해 손가락으로 꼽을 정도에 지나지 않는다. 그중에서도 평균 수익이나 승률 면에서는 내가 강원랜드 1위다. 하루 평균 수익은 20만 원 이상이고, 10일 이상 연속으로 돈을 딴 것도 3번(14연승과 13연승, 12연승)이나 된다. 전체 승률은 85퍼센트 정도 된다.

　내가 강원랜드에 온 지 얼마 안 되서부터 좋은 성적을 내자 사람들은 내가 운이 좋다는 말을 했다. 하지만 계속해서 좋은 결과를 만들자 이제는 실력을 인정받아 선수라는 말을 듣고 있고, 또 기계처럼 홀덤을 한다고 해서 알파고라는 별명도 얻었다. 사실 내가 포커 플레이어로서의 역량이 뛰어난 것은 아니어서 포커페이스나 상대의 심리를 읽는 능력에 있어서는 부족한 부분이 많다. 그래도 홀덤의 이론이나 확률과 관련한 부분에 강점이 있고 또 강원랜드에 최적화되어 있는 전략과 노하우를 가지고 있기 때문에 이곳, 강원랜드에서만큼은 어떤 프로 포커 플레이어가 오더라도 지지 않을 자신이 있다. 지금까지 나는 리밋Limit 홀덤만 주로 했지만 앞으로 기회가 되면 노리밋No-Limit 홀덤에도 도전해볼 생각이다.

해 외 카 지 노 와 강 원 랜 드

강원랜드 카지노에는 해외 카지노와 다른 몇 가지 특징이 있다. 운영 주체가 정부의 직접 감독을 받는 공기업이라는 것, 그리고 국내 경쟁이 전혀 없는 독점이라는 것이다. 그러다 보니 대부분 자유 경쟁 체제로 운영되는 해외 카지노와는 분위기나 서비스에 차이가 있는데, 아무래도 장점보다는 단점이 더 많다.

강원랜드 카지노의 대표적인 단점으로 꼽히는 것은 입장객이 테이블이나 슬롯머신 숫자에 비해 너무 많다는 점이다. 이런 이유로 자기가 원하는 게임을 하려면 전날 ARS로 입장예약을 한 다음, 당일 카지노 입장시간에 맞춰 와 자리에 앉아야 한다. 만약 ARS에서 빠른 번호를 받지 못했을 경우에는 좌석예약을 하고도 한참을 기다려야 하며, 심한 경우에는 하루 종일 기다려도 원하는 게임을 하지 못하는 경우도 있다. 해외 카지노와 달리 경쟁이 없는 강원랜드 특성상 어쩔 수 없는 부분이지만, 그래도 언젠가는 꼭 개선되어야 한다.

강원랜드의 또 한 가지 문제는 규제가 너무 심하다는 점이다. 영업시간이 제한돼 있는 것은 물론이고 음주 금지, 테이블에서 핸드폰 사용 금지 등 불필요한 규제가 너무 많다. 최대 베팅 금액 또한 30만 원으로 제한되어 있기 때문에 베팅할 수 있는 최대 금액과 최소 금액의 차이를 의미하는 디퍼런스가 30배~300배밖에 되지 않는다. 마카오의 경우 기본 디퍼런스가 3천 배이고, 테이블에 표시되어 있는 금액 이상을 베팅하는 것도 허용해주기 때문에 사실상 디퍼런스가 무제한인 것과 비교하면 차이가 크다.

또 직원들의 친절함도 많이 아쉽다. 강원랜드를 많이 다녀본 사람들 대부분이 강원랜드 딜러들이 불친절하다고 지적한다. 사실 강원랜드의 경우 해외 카지노와 달리 딜러 개인 팁이 없기 때문에 딜러들의 동기부여가 떨어지는 면이 있고, 또 그런 와중에도 정말 친절하게 고객을 응대하는 딜러들도 있다. 하지만 개중에는 일부 꼰대 행세를 하는 딜러들도 있기 때문에 이런 직원들에 대해서는 보다 철저한 교육과 감독이 이루어질 필요가 있다.

한편 같은 카지노 게임이라도 카지노마다 세부적인 규칙이나 진행 방식이 조금씩 다른데, 강원랜드의 경우 블랙잭 게임에 플레이어에게 유리한 규칙인 서렌더 Surrender(베팅 금액의 절반을 돌려받고 기권하는 플레이)가 없는 것이 특징이다. 그리고 강원랜드의 블랙잭은 모두 기계를 이용한 셔플로 진행되지만 해외 일부 카지노에서는 전통적인 셔플 방식을 선호하는 고객들을 위해 핸드 셔플 테이블을 운영하기도 한다.

룰렛의 경우 같은 아시아권이라도 동남아시아는 제로가 하나 있는 유럽식 룰렛을 채택한 반면 강원랜드에서는 더블제로가 있는 미국식 룰렛을 사용하기 때문에 하우스 에지가 더 높다. 또한 강원랜드에서는 다이사이 트리플에 대해 150배의 페이를 지급하지만 영국과 뉴질랜드의 카지노에서는 180배의 배당을 지급하는 등 강원랜드보다 조금 더 많은 배당을 준다.

바카라의 경우, 마카오에서는 일반적으로 기계가 아닌 손으로 셔플을 하고 가장 많은 액수의 베팅을 한 고객이 직접 카드를 오픈할 수 있지만, 강원랜드에서는 기계가 셔플한 카드를 딜러가 공개하는 방식으로 진행된다. 강원랜드의 바카라 테이블은 대부분 커미션이 없는 대신 뱅커6 승리에 대해 페이를 절반만 지급하는데, 이는 카지노에 유리한 조건이지만 세계적인 추세이기 때문에 뭐라고 할 수는 없다. 오히려 전통적인 커미션 바카라 테이블을 소수라도 유지하고 있는 것은 칭찬할만 하다. 쓰리카드포커의 경우에도 미국에 있는 카지노들이 대부분 과거에 비해 적은 배당을 주는 방식을 채택한 것과 달리 강원랜드는 전통적인 배당을 유지하고 있기 때문에 플레이어에게 더 유리하다.

2. 강원랜드에서 돈을 버는 노하우

강원랜드의
명과 암

1 도박 중독의 심각성

도박이 있는 곳에는 필연적으로 도박 중독으로 인한 부작용이 나타나게 된다. 도박 중독은 당사자에게 경제적 어려움과 우울증, 사회적 고립, 범죄, 자살 등을 초래하며, 가족에게도 심각한 경제적, 정신적 손실을 입히게 된다.

사행산업통합감독위원회가 2018년 발표한 자료에 따르면 우리나라 성인 인구의 도박 중독 유병률(특정 기간 동안 모집단에서 도박 중독자가 차지하는 비율에 대한 추정치)은 5.3퍼센트로 주요 선진국에 비해 2~3배 이상 높게 나타났다. 이 중 4.2퍼센트는 도박으로 인한 문제를 겪고 있을 위험이 중간 정도인 중위험 도박자고 1.1퍼센트가 도박으로 인한 문제를 겪고 있는 문제성 도박자다. 도박은 이미 우리 사회의 일부로 자리 잡았으며, 도박 중독으로 인한 사회적 손실 또한 연간 80조 원에 달한다. 이렇듯 우리나라의 도박 문제가 심각한 이유는 승부욕이 강하고 게임을 좋아하는 한국인의 특성이 도박과 잘 맞아떨어지기 때문인데, 남녀노소를 가리지 않고 많은 이가 도박 중독으로 인한 어려움을 겪고 있다. 지인 중에도 강원랜드에서 도박을 하다가 진 빚을 갚지 못해 도망간 사람이 있고, 얼마 전에는 유명 걸그룹 SES의 멤버 슈가 6억 원의 도박 빚을 갚지 못한 사실이 이슈가 되기도 했다.

도박 중독에는 일반적으로 다섯 단계가 있다. 첫 번째 단계는 우연히 돈을 따고 나서 도박에 대한 환상을 갖게 되는 승리기Winning Phase다. 이 시기에 중독자는 자신의 능력을 과신하며 베팅 금액과 도박하는 빈도수를 점점 증가시킨다. 하지만 도박은 본질적으로 베팅하는 사람에게 불리하기 때문에 일정 시점이 지나면 필연적으로 돈을 잃는 시기가 오는데, 이 때가 바로 패배기Losing Phase다. 손실이 커질수록 중독자는 이를 만회하기 위해 더 큰 액수를 베팅하게 되며, 도박 자금을 마련하기 위해 주변 사람들에게 거짓말을 하기도 한다.

여기에서 중독이 더 진행되면 오로지 도박에 대해서만 생각하고, 판돈을 마련하기 위해 수단과 방법을 가리지 않는 절박기Desperation Phase에 이르게 된다. 이 단계를 지나면 중독자는 재정이 파탄 상태에 이르면서 모든 희망을 잃어버리는 절망기Hopeless Phase에 빠지게 되며, 일부는 자살 시도를 하거나 범죄를 저지르는 등 극단적인 선택을 하기도 한다. 도박 중독의 마지막 단계는 재활기Recovery Phase다. 이 시기에 이르러 중독자는 스스로에게 문제가 있음을 인정하고 치료를 받게 된다. 도박을 완전히 끊기 위해서는 엄청난 노력이 필요하며, 일부 중독자는 치료 과정에서 또다시 도박을 하기도 한다. 재활에 성공할 경우에는 다시 사회로 복귀해 정상적인 생활을 하게 된다.

여러 번 이야기했지만, 사람들이 도박 중독에 빠지는 가장 큰 원인은 도박을 해서 돈을 벌 수 있다고 생각하기 때문이다. 특히 나름대로 연구한 방법이 운 좋게 성공해 돈을 벌게 되면, 같은 방법으로 계속 돈을 벌 수 있다는 착각에 빠지는 경우가 많다. 그렇게 되면 이후에 패배가 이어져도 단지 '운'이 나빴다고 착각하게 되고, 손실을 만회하기 위해 더 큰돈을 베팅하다가 감당하기 어려운 피해를 입는다. 그러고 나서는 이런 말도 안 되는 불운이 계속 이어질 수는 없다고 생각하면서 또다시 손을 댔다가 기어이 전 재산을 날리고야 만다. 이때라도 정신을 차려야 하건만 더 이상 스스로를 멈출 수 없게 된 그들은 빌릴 수 있는 돈이란 돈은 전부 끌어모아 마지막으로 강원랜드로 향한다. 그러면서 평소에는 찾지도 않던 신을 찾고, 억울하게 곤경에 처한 자신을 '우주의 기운'이 도와줄 거라고 생각한다. 참으로 무서운 일이 아닐 수 없다.

2 강원랜드의 우민화 정책

정확한 통계가 집계되지 않기 때문에 추측할 수밖에 없지만, 전 세계의 모든 카지노 가운데 오가는 판돈 대비 가장 큰 수익을 올리는 곳은 틀림없이 강원랜드일 것이다. 그 이유는 강원랜드에만 존재하는 '강랜룰'을 비롯한 갖가지 터무니없는 베팅 방법 때문이다.

강원랜드에 이런 잘못된 생각이 상식으로 자리 잡게 된 데는 고객들에게 중요 정보를 공개하지 않는 강원랜드의 정책이 일정 부분 영향을 미쳤다. 만약 강원랜드가 개장 초기에 가장 일반적이고 올바른 베팅 방법을 고객들에게 소개해주었다면 강랜룰은 애초에 태어나지 않았을 것이다. 강원랜드는 현재까지도 입장객들에게 필요한 최소한의 정보를 알려주지 않을 뿐만 아니라, 블랙잭 테이블에서 베이직 표를 보는 것조차 금지하고 있다.

외국에서는 찾아볼 수 없는 현상이다. 외국의 카지노에서는 베이직 표를 보면서 베팅할 수 있는 것은 물론이고, 카지노 상점 어디서나 베이직 표를 구입할 수 있으며 심지어 베이직을 비롯한 베팅 전략을 가르치는 레슨까지 진행한다. 고객들에게 정보가 알려지는 것을 막을 수도 없을 뿐더러, 카지노 이용객들이 최대한 공평하게 하우스를 상대할 수 있게 하는 것이 도의적으로도 바람직한 일이기 때문이다. 하지만 강원랜드는 고객들을 최대한 깜깜한 어둠 속에 가둬둠으로써 이득을 얻으려 하고, 또 실제로 그런 전략이 먹혀드는 신기한 곳이다.

강원랜드에서 도박에 무지한 것은 입장객뿐만이 아니다. 심지어 딜러들도 도박의 기본 이론이나 확률을 잘 모르는 경우가 종종 포착된다. 강원랜드 측에서 직원들에게조차 도박 이론을 가르치지 않기 때문이다. 사실 강원랜드 입장에서는 딜러들이 규칙대로 게임을 진행할 줄만 알아도 되고, 공연히 딜러에게 정보를 알려주었다가 그 정보가 고객들에게 흘러 들어갈 수도 있기 때문이다. 그 결과 강원랜드는 고객과 직원이 모두 도박에 대해 아는 것이 없는, 속칭 '우민愚民'들로 가득한 공간이 되어버렸다.

강원랜드 딜러들이 도박에 대해 모른다는 것은 내가 강원랜드에서 여러 차례 실제로 경험하고 확인했던 사실이다. "갈 땐 가야죠, 형님"하면서 줄 따라가는 베팅을 옹호하는 딜러, 그리고 마틴게일 시스템을 이용한 소액 베팅으로 하루에 30만 원은 벌 수 있다고 했던 딜러도 있었다. 그 외에도 뱅커에 붙는 커미션인 5퍼센트가 크기 때문에 플레이어가 유리하다고 딜러들끼리 이야기하는 것을 듣기도 했고, 오래전 일이기는 하지만 내가 블랙잭 게임 도중 소프트 17에서 히트를 하자 못 믿겠다는 듯 정말로 히트할 거냐고 몇 번을 되물은 여자 딜러도 있었다.

이처럼 딜러들이 도박에 대해 무지한 결과, 누구보다도 도박을 잘 이해하고 고액 베팅을 경계해야 할 이들이 해외 원정 도박에 나섰다가 거액을 날리고 돌아오는 경우가 자주 발생하고 있다. 그들 중 일부는 강원랜드에서 돈을 훔치거나 강원랜드를 상대로 사기도박을 벌이기도 한다. 강원랜드 개장 이래 알려진 직원 관련 금전 사고액이 128억 원에 달할 정도다. 그 외에도 강원랜드는 각종 용역비 및 입찰 관련 비리, 횡령, 심지어 '꽁지'라고 불리는 불법 사채업에 이르기까지 온갖 비리와 검은돈이 판을 치는 장이 되어버렸다.

과연 언제쯤 강원랜드 직원과 이용객들이 지금과 같은 '우민'의 상태를 벗어나 '현민'이 될 수 있을지 지켜볼 일이다.

3 한국인 그리고 카지노

우리나라에서 카지노의 이미지는 대단히 부정적이다. 당장 연상되는 단어만 해도 도박 중독, 패가망신, 자살 등 부정적인 것들뿐이다. 도박 자체에 대한 인식도 부정적이어서 도박은 범죄며 부도덕한 행위라는 인식이 많다. 그러다 보니 한국인 중에는 카지노에 발을 들여놓는 것 자체를 금기시하는 사람들도 많다. 세계 12위의 경제 대국인 대한민국에 내국인 카지노가 단 하나, 그것도 대도시에서 멀리 떨어진 변두리에 위치해 있는 것 또한 이러한 영향이 크다.

카지노의 역사가 오래된 외국의 경우 카지노는 자신의 운을 시험해보면서 즐거움을 느끼는 공간으로, 감당하지 못할 정도의 금액을 베팅하는 사람은 거의 없다. 그에 비해 한국 사람들은 카지노를 게임으로 즐기지 못하고 어떻게든 돈을 따보려고 무리하다가 잘못되는 경우가 많다. 그 이유 중 하나는 한국인들이 도박에 대해 너무나 무지하다는 것이다.

카지노와 도박에 대한 자료를 책이나 인터넷을 통해 쉽게 접할 수 있는 외국과 달리 우리나라에는 도박과 관련한 양질의 정보가 상당히 부족하다. 도박으로 돈을 딸 수 없다는 사실을 알고 있으면 도박을 게임으로 즐기기 쉽지만, 아직도 많은 한국인이 잘못된 속설이나 전설적인 겜블러의 이야기를 듣고 바카라나 블랙잭으로 수익을 올릴 수 있다고 믿고 있다. 그러다 보니 이들은 도박을 게임이 아닌 돈벌이 수단으로 생각하고 투쟁적으로 게임에 임한다. 손실이 계속해서 발생해도 언젠가는 돈을 벌 수 있다는 희망으로 계속해서 카지노에 돈을 갖다 바친다.

또한 한국인은 유독 승부욕이 강해서 재미 삼아 도박을 하다가도 손실을 입게 되면 어떻게든 잃은 돈을 만회하려고 하다가 더 큰 손실을 입는 경우가 많다. 그나마 도박으로 인해 패가망신한 사례가 많이 알려지면서 예전처럼 전 재산을 잃고 자살하는 사례가 줄어든 것을 불행 중 다행이라고 해야 할까. 언젠가는 우리나라에서도 카지노 문화가 성숙해져서 많은 사람이 건전한 여가 활동으로 카지노를 즐기고, 강원랜드 카지노 또한 해외 유수의 카지노와 같이 고객 친화적인 카지노로 발전하기를 기대해본다.

4 강원랜드, 19년의 에피소드

강원랜드 카지노가 처음 문을 연 이래로 어느덧 19년이라는 세월이 흘렀다. 카지노는 눈 깜짝할 사이에 거액의 승패가 오가는 곳이다 보니 날마다 이런 저런 에피소드가 생겨나고, 속임수를 써서 카지노를 털어보려는 시도 또한 끊이지 않는다. 영화 〈오션스〉 시리즈의 실사판이라고 생각해도 된다.

　강원랜드에서의 첫 번째 사기도박은 2005년 9월에 있었다. 당시 강원랜드는 외국인 큰손 고객을 유치하기 위해 첫 번째 VIP 고객으로 홍콩에 거주하는 중국인들을 데려왔는데, 하필 이들이 사기도박단이었다. 남자 6명과 여자 2명으로 구성된 이들은 바카라 테이블 2대에 나눠 앉아 거의 100퍼센트에 가까운 승률로 7시간 만에 17억 3천만 원을 땄다. 강원랜드 VIP룸에서는 고객이 딜러에게서 건네받은 카드를 직접 오픈하는데, 이때 카드 마술에서 사용하는 수법으로 카드를 바꿔치기했다. CCTV에서도 이런 모습이 포착되었으나 이들의 수법이 워낙 감쪽같은 데다 당시 강원랜드 CCTV의 화질이 좋지 않아 명확한 증거를 확보할 수 없었고, 결국 강원랜드는 이들이 딴 돈을 돌려받는 선에서 사건을 마무리했다. 이 사건 이후 강원랜드에서는 카드인식기를 도입해 같은 종류의 사기도박을 원천봉쇄한다.

2007년 5월에는 카지노 영업팀장이 부하 직원 및 VIP 고객과 짜고 사기 도박을 벌였다. 강원랜드 VIP룸에서는 6명이 베팅을 할 수 있는데, 이들 일당은 7명이 입장했다. 게임에 참여하지 않는 1명이 테이블에 양손을 올려놓으면 나머지 6명이 뱅커에 1천만 원씩 베팅했고, 손에 턱을 괴고 있으면 플레이어에 베팅했다. 이들의 베팅은 대부분 맞았고, 어쩌다 질 때도 미리 알고 있기라도 한 듯 1명만 베팅을 했다. 이런 식으로 이들은 첫날에만 25억 원을 따는 등 4일 동안 총 55억 원을 땄다. 게임 시작 전에 딜러가 카드를 1장씩 매우 천천히 셔플했는데, 이때 복부 쪽 단추에 숨겨둔 초소형카메라로 촬영했던 것으로 보인다. 강원랜드로부터 수사 의뢰를 받은 경찰이 수사를 했지만 명백한 물증을 찾아내지 못했고, 얼마 뒤 검찰이 수사를 시작하자 이들 일당은 잠적했다. 이 사건은 검찰의 수사 의지만 충분했다면 유죄 판결을 받아내고도 남을 만한 사건이었으나, 검찰은 알 수 없는 이유로 기소조차 하지 않고 넘어갔다. 사건에 가담한 딜러 1명만이 상습도박 혐의로 가벼운 처벌을 받았다.

강원랜드의 세 번째 사기도박은 일반인 고객들이 게임을 하는 일반영업장에서 벌어졌다. 배 모 씨가 주축이 된 사기도박단은 외부에서 초소형카메라가 달린 카드박스를 제작한 다음 카지노 정비담당 과장 황 씨를 통해 게임 테이블에 설치했다. 카메라가 찍은 화면을 인근 차량에서 분석한 다음 결과를 게임 참여자에게 무선진동기로 알리는 방식이었다. 이들의 사기도박은 꽤 성공적이어서 2009년부터 2011년 11월까지 22차례에 걸쳐 10억 원 이상을 땄다. 자칫 완전범죄로 끝날 뻔했던 이 사건은 우연한 계기로 꼬리가 잡혔다.

황 씨를 사주해 카메라가 달린 카드박스를 반입한 별개의 조직이 있었는데, 기계 결함으로 사기도박에 성공하지 못했다. 그러자 이들은 오히려 강원랜드가 몰카를 이용해 사기도박을 한다며 자신들이 설치한 카드박스를 뜯어내 신고했다. 경찰 수사 결과 자작극으로 드러났고, 이 과정에서 배 씨 일당이 기존에 설치했던 몰래카메라가 발견되었다. 이 사건을 계기로 강원랜드 임원 9명이 일괄 사표를 냈고, 강원랜드는 개장 이후 최초로 하루 동안 영업을 중단하게 된다.

그 외에도 강원랜드에서는 거액을 잃고 홧김에 딜러 칩 통에 있는 칩을 사방에 뿌리거나 하는 소동이 끊이지 않는다. 또 주식으로 번 18억 원을 강원랜드에서 탕진한 뒤 카지노 영업을 중단하지 않으면 강원랜드를 폭파하겠다고 협박하고, 이어서 강원랜드 폐쇄 청원을 묵살한 대통령을 암살하겠다는 글을 인터넷에 올렸다가 구속당한 사람도 있다. 과연 다가올 10년 동안에는 또 어떤 재미있는 일이 강원랜드에서 일어나게 될 것인가?

5 강원랜드를 상대로 승리하는 법

지금까지 강원랜드 카지노의 부정적인 면에 대해서만 주로 언급했는데, 사실 순기능 또한 적지 않다. 카지노는 평범한 일상에서 벗어나 즐거운 일탈을 경험할 수 있는 장소며, 인생에 대한 통찰과 교훈을 얻을 수 있는 배움의 장이기도 하다. 그렇기 때문에 나는 강원랜드를 죽기 전에 꼭 한 번은 가봐야 할 곳으로 꼽는다. 몇 가지 주의사항만 숙지하고 가면 크게 위험한 곳도 아니다.

이 책을 읽고 있는 독자 가운데 아직 강원랜드에 가보지 않은 분이 있다면 여행 삼아 한 번쯤 강원랜드에 가보는 것도 괜찮다. 언젠가 무료한 일상에서 벗어나 새로운 경험을 하고 싶을 때, 잃어도 상관없을 정도의 자금을 마련해서 강원랜드에 가자. 단 절대로, 어떤 경우에도 강원랜드에서 돈을 벌겠다는 헛된 망상에 빠지지 말자. 원래 카지노에서는 돈을 잃지만 않아도 이기는 것이다. 아니, 어느 정도 돈을 잃더라도 그 이상의 즐거움이나 깨달음을 얻어갈 수만 있다면 그걸로 충분하다.

강원랜드에서 얼마나 머무를지, 가지고 간 돈은 어떻게 잘 나누어 사용할지 미리 계획을 잘 세우고, 결과에 너무 연연하지 말고 최대한 즐거운 시간을 보내도록 노력하자. 결과는 둘 중 하나다. 돈을 따거나, 돈을 잃거나. 만약 조금이라도 돈을 따게 된다면 더 이상 욕심 부리지 말고 자신의 행운에 감사하면서 그 돈을 잘 쓰면 된다. 하지만 이는 매우 드문 경우고 십중팔구는 가지고 간 돈을 모두 잃고 나서야 '카지노를 털어보자'는 달콤한 꿈에서 깨어나게 될 것이다. 그러면 돌아오는 길에 강원랜드에서 있었던 일을 돌이켜 생각해보며 땀 흘려 일해 버는 돈의 소중함을 깨닫고, 다시 일상으로 복귀해서 열심히 살아가자. 그것이 바로 강원랜드를 상대로, 아니 강원랜드와 함께 승리하는 길이다.

6 대격변의 시기, 강원랜드가 나아가야 할 길

강원랜드가 전에 없는 위기를 맞았다. 지난 2012년과 2013년 강원랜드에 입사한 518명 전원이 취업 청탁을 통한 부정 입사자였다는, 충격적인 역대 최악의 취업 비리 사태가 터졌다. 청탁을 해준 사람은 최흥집 당시 사장을 비롯한 강원랜드 임원과 현직 국회의원을 포함한 정관계 인사 등이었으며, 이들 중 일부는 2천만 원가량의 돈을 받고 청탁해준 것으로 드러났다. 이런 사실이 언론을 통해 대대적으로 보도되면서 강원랜드는 국민적 지탄의 대상이 되었고, 최흥집 전 사장은 구속되었으며, 부정 입사자들은 전원 퇴출되었다. 이런 가운데 정부가 매출총량제 준수를 강하게 압박하면서 테이블 수가 200대에서 180대로 줄어들고, 영업시간마저 20시간에서 18시간으로 2시간 단축되는 초유의 사태가 벌어졌다. 그 결과 강원랜드의 입장객과 매출 그리고 주가는 한꺼번에 곤두박질쳤다.

전임 최흥집, 함승희 사장이 이끌던 지난 몇 년간의 강원랜드는 온갖 비리와 부조리로 얼룩졌다. 그 내용도 다양해서 채용 비리와 입찰 비리, 공금 횡령, 낙하산 논란, 허위사실 공표와 거짓 해명, 내부 고발자 색출 시도, 불통과 권위주의 등 우리나라 정권의 축소판이라고 해도 과언이 아닐 정도다. 이명박·박근혜 정부의 실정과 낙하산 인사에서 강원랜드도 자유로울 수 없었을 게다. 이런 가운데 문재인 정부 출범 이후 문태곤 사장이 새롭게 취임하였으나 협력업체 직원들이 강원랜드의 직접 고용을 요구하는 시위가 이어지는 등 여전히 문제가 산적해 있는 상황이다.

강원랜드는 이번 취업 비리 사태를 계기로 완전히 새로운 기업으로 거듭나야 한다. 만약 강원랜드가 철저한 자기반성을 통해 과거의 문제점들을 바로잡을 수 있다면, 지금의 위기를 오히려 전화위복의 기회로 삼을 수 있다. 그러기 위해서 가장 시급한 것은 인사 혁신이다. 낙하산을 타고 내려온 사장이 또 다른 낙하산 인사를 주요 임원에 앉히는 일은 이제 더 이상 없어야 한다. 또한 딜러를 비롯해 고객들을 상대하는 직원들에 있어서도 개선이 필요하다. 강원랜드에는 정말 열심히 자신의 역할을 수행하는 딜러들도 있는 반면, 일부 불친절하거나 꼰대 행세를 하는 딜러도 있다. 강원랜드는 기존 직원들에 대한 교육을 강화하는 한편, 부정 입사자들을 퇴출한 것을 계기로 공정한 경쟁을 통해 능력과 도덕성을 겸비한 인재들을 선발해야 한다. 이를 바탕으로 잃어버린 고객의 신뢰를 회복하기 위해 노력해야 한다.

과거의 강원랜드는 개념 없는 행동으로 인해 자주 구설수에 올랐다. 2013년에는 직원의 실수로 잘못 지급한 콤프를 다시 회수하는 소동을 벌이기도 했다. 당시 입장객 4,600명에게 총 5억 5천만 원 정도의 콤프가 지급되었는데, 강원랜드는 이 지급된 콤프를 다시 회수하는 한편 이미 콤프를 사용한 회원에 대해서는 이후의 적립 과정에서 차감하기로 했다. 이런 행동은 기업의 신뢰도에 있어 치명적이다. 내가 고객이라도 내 콤프가 무사히 있는지 항상 확인하고 싶고, 어떤 경품이나 선물을 받더라도 그것을 도로 빼앗기기 전에 강원랜드를 벗어나고 싶은 생각이 들 테니 말이다.

외국의 기업들은 설령 실수로 터무니없는 가격에 막대한 양의 거래가 체결되었다 하더라도 일단 성립된 거래에 대해서는 그대로 이행한다. 당장은 손해를 보더라도 고객의 신뢰를 배신하지 않는 편이 장기적으로 이득이 되기 때문이다. 그런데 강원랜드는 유저들로부터 매일 45억 원씩을 쓸어 담으면서도 고작 5억 원 상당의 콤프를 뺏어간 것이다. 그 외에도 강원랜드는 기계 오작동을 이유로 잭팟 당첨금을 지급하지 않다가 법원에서 패소하기도 하는 등 고객의 실수는 절대 봐주지 않으면서도 자신들의 잘못에 대해서는 관대한 곳이다.

이제 강원랜드는 달라져야 한다. 폐광지역 경제 회생을 목적으로 설립된 강원랜드로 누군가의 삶이 망가지는 상황이 계속되는 한, 강원랜드가 본래의 설립 목적을 달성했다고 말하기는 어렵다. 그러므로 강원랜드는 고객의 돈을 최대한 빼앗기보다 고객 한 명 한 명을 가족처럼 생각하며 상생할 수 있는 길을 찾아야 한다. 그러기 위해 도박 중독의 예방과 치료를 지원하는 것은 물론이고, 외국처럼 베이직 표를 제공하는 등 적극적으로 정보를 공개함으로써 최대한 고객들이 카지노와 대등한 위치에서 게임할 수 있도록 도울 필요가 있다.

강원랜드는 국민에게 게임과 오락을 제공할 뿐 아니라 매년 3천억 원에 달하는 세금 납부, 비슷한 규모의 기금 출연, 지역 사회 공헌, 국부의 해외 유출 방지 등으로 우리 사회에 매우 큰 공헌을 하고 있다. 그럼에도 강원랜드가 지금과 같은 강력한 규제에 직면하게 된 것은 어디까지나 강원랜드가 자초한 일이다. 이제 강원랜드는 철저한 윤리 경영을 바탕으로 기업의 사회적 책임을 다하는 한편, 방문객들에게 최대한 즐겁고 유익한 시간을 제공함으로써 강원랜드가 우리 사회에 필요한 이유를 국민에게 스스로 납득시켜야 한다. 그렇게 되었을 때 비로소 강원랜드는 취업 비리의 상처에서 벗어나 원래의 위치를 되찾고, 더 나아가 폐광지역개발지원에 관한 특별법 재연장 또한 이룰 수 있을 것이다.

강원랜드에서 만난 사람, 바라카 필승법

강원랜드에서 게임을 마친 대부분의 사람들은 가까운 곳에서 숙소를 찾기 마련이다. 보통 모텔 등 개인적인 공간을 갖기에 적합한 곳에 묵지만 때로는 지인들이 사는 곳, 가까운 바닷가나 산속 펜션에서 쉬기도 한다. 사우나에서 심신의 피로를 풀 때도 있다. 뜨거운 사우나의 좋은 점은 역시 땀을 뺄 수 있다는 것이다. 그런데 강원랜드에서 가까운 사우나는 카지노와 관련한 이런저런 이야기가 오고 가는 대화의 장이 되기도 한다. 물론 매번 그렇다는 것은 아니고 가끔씩 요즘 말로 코드가 맞는 사람들이 하나둘씩 모이게 되면 이야기는 길어지면서 동시에 술판이 벌어지기도 한다. 며칠을 사우나에서 지낸 나로서는 저녁때 벌어지는 이러한 만남들이 어느 새 기대가 되었고, 얼마 지나지 않아 주역들이 등장했다.

중년의 두 남성은 게임을 하고 바로 들어온 것 같았다. 보기에 카지노에서 만난 사이 같았는데 어느 정도 친해진 듯 보였다. 사실 카지노 근처에서 사람들이 하는 이야기는 그 줄거리가 거의 천편일률적으로 유사하다. '오늘은 게임이 잘 풀렸으니 술이나 한잔 마시자'는 이야기는 그래도 행복한 결말이고 대부분은 이런 식이다. '오늘 게임이 잘 안 풀려서 돈을 잃었다.' 나아가서 '잘 안 되었는데 거의 올인 직전에서 다시 본전을 했다.' '거기에서 얼마를 땄다.' 등… 그 둘도 비슷한 이야기를 하고는 있었지만 다른 사람들과는 좀 차이가 있었다.

들어보니 게임을 상당히 진지하게 하는 사람들인 것 같았다. 두 사람 모두 게임에서 감정을 통제하는 것만큼 중요한 것은 없다고 동의했다. '바카라'가 보기에는 선택만 잘하면 되는 게임인 것 같아도 결국에는 '자신의 감정을 적절히 통제하고 억제하는 능력을 테스트하는 게임'이라고 했다.

그런데 두 사람의 구체적인 게임 전략은 아주 판이하게 달랐다. 숏타임 플레이어인 A는 빠른 시간에 승부를 봐야 한다고 했다. 바카라는 집중력이 요구되는 게임이기 때문에 단기간에 승부를 봐야 한다는 것이다. 컨디션이 좋고 지치지 않았을 때는 판단력이 흐리지 않기 때문이다. 반면에 롱타임 플레이어인 B는 그렇게 빠르게 승부를 보려는 것 자체가 승부를 그르칠 수 있으니 천천히 기회를 보고 기다렸다가 이때다 싶은 순간에 승부를 봐야 한다고 했다. 그러면서 자신도 게임을 그렇게까지 오래 하지는 않는다고 덧붙였다. 사실 어느 한쪽의 이야기가 맞고 틀리다고는 볼 수 없는 듯했다.

그렇게 한참 이야기를 하던 중, 나이가 많아 보이는 여자분이 자리에 앉자마자 담배를 입에 물고 담배 연기를 길게 뿜었다. 그러더니 '2천' 하고 탄성 비슷하게 말을 하는 것이다. 필시 나이 든 이 여성은 오늘 2천만 원을 잃었을 게다. 사람들이 어리둥절해하자 본인이 먼저 자신의 이야기를 꺼낸다.

그날따라 한 사람이 신경을 쓰이게 해서 게임하는 내내 열베팅을 했다는 것이다. 이성을 잃고 풀베팅을 하던 중에 자신이 거의 1천만 원 가까이 잃었다는 것을 알아차렸다. 그런데도 베팅으로 만회해보자는 지인의 제안에 처음에는 둘이서 나중에는 셋이서 풀베팅까지 하게 되었다. 이 말을 들은 중년 남성들은 너 나 할 것 없이 카지노 게임은 감정을 컨트롤하는 것이 무엇보다 중요한데 그걸 잊었다는 둥 여러 가지 충고를 하기 시작했다. 한참 후에 숏타임 플레이어라던 A가 그 여성에게 물었다.

"열 받게 하는 사람이 누구였나요?"

그 여성은 갑자기 다시 화가 난다는 듯 흥분하며, 자신과 무슨 원수라도 진 것처럼 그 사람은 자신이 가는 방향과 반대로만 갔다고 이야기했다. 그렇게 틀리기 시작하자 더 크게 베팅하는 그 사람을 보면서 더 열이 받았고 결국 그 지경까지 가게 된 것이다.

"그 사람은요?"

다른 사람이 묻는다. 몇백 따고 테이블을 떠났다고 한다. 이제는 사람들이 하나둘씩 모여 제법 이야기꽃을 피웠는데 모두가 그렇게 해서는 안 된다고 말하고 있었다. 그런데 롱타임 플레이어라던 B가 찬물을 끼얹는 말을 한다.

"사실 그것도 나쁜 전략은 아니라고 봅니다."

이 말을 들은 여성은 격노해서 앞에 놓인 음료수를 그 남성에게 거의 끼얹다시피 했다. 그렇게 둘은 약간의 몸싸움을 벌이다가 경찰이 와서야 진정이 되었다.

이틀이 지난 후 동해안에서 돌아온 나는 다시 그 사우나에 가고 싶었다. 다른 여러 가지 이야기를 듣고 싶어서였다. 다시 간 그곳에는 어느 젊은 남자와 A가 이야기를 나누고 있었다. A는 분개한 듯이 어제의 이야기를 하고 있었는데 내막은 대충 이러했다. A가 자신과 논쟁을 벌였던 B를 같은 바카라 테이블에서 만난 것이다. 게임을 천천히 해야 한다던 B는 그 테이블에서 기다리고 기다리다 이때다 싶어 한참 만에 베팅을 하는 듯했는데, 그럼에도 불구하고 계속 틀렸다. 그걸 본 A는 B에게 "당신 말대로 천천히 때를 기다렸다 베팅을 해도 계속 틀리는데 그렇게 플레이할 필요가 있겠느냐"라고 조소 아닌 조소를 날렸다. 그런데 그때부터 B는 A가 가는 방향과 반대로만 계속해서 쉬지 않고 가더라는 것이다. A가 맞추는 때도 있었지만 틀리기라도 하면 반대편에 있던 B가 A를 보며 웃었고, A는 그 모습에 점점 이성을 잃어 크게 베팅하며 플레이하게 되었다.

바카라라는 게임이 그렇게 쉬운 게임이던가. 며칠 전 2천만 원을 잃었다고 말하던 그 여성처럼 A도 올인을 당하고 나서야 테이블에서 내려오게 되었는데, 신기하게 반대편에 있던 B는 상당한 돈을 딴 상태였다고 한다. 분개했을 A의 모습이 눈앞에 그려진다. 다음 날 일찍 탕에 들어가 몸을 녹이고 라운지에서 옷을 입고 있는데 어디선가 낯익은 목소리가 조용히 들려왔다. B였다. 그가 다른 사람에게 돈 이야기를 하고 있었다. 그가 전날 딴 돈을 다른 사람에게 빌려줄 목적이었을 수도 있다. 내가 아는 것은 여기까지다.

나는 문득 A와 B, 두 사람 모두 불쌍하다는 생각이 들었다. 기차를 타고 동해로 가는 내내 이 생각을 떨칠 수 없었다. 두 사람 모두 감정 절제만큼 중요한 게 없다고 말했었기에 더욱더 씁쓸했다. 바카라에서 이기는 필승법은 정작 없는 것인가. 인간이 자신의 감정을 컨트롤 한다는 것이 과연 가능하긴 한 일일까.

도박의 기초와 베팅 시스템

1 하우스 에지란

카지노를 이해하기 위해서는 우선 하우스 에지^{House Edge} 개념에 대해 알아
야 한다. 카지노 게임은 일반적으로 하우스(카지노)가 플레이어(베팅하는 사
람)에 비해 유리하게 만들어져 있다. 따라서 플레이어가 베팅하는 금액에는
확률적으로 일정한 손실이 발생하게 되는데, 이러한 손실률을 '하우스 에
지'라고 한다. 예를 들어 어떤 게임에 100을 베팅했을 때 플레이어가 99를
돌려받고 하우스가 1을 가져간다면, 1퍼센트가 그 게임의 하우스 에지가 되
는 것이다. 하우스 에지는 하우스 어드밴티지^{House Advantage}라고도 불리며,
도박하는 사람에 비해 하우스가 유리한 정도를 나타내는 지표다.

하우스 에지를 계산하는 방법은 생각보다 어렵지 않다. 룰렛을 예로 들

어보자. 룰렛에는 1부터 36까지의 숫자와 0과 00을 포함해 총 38가지의 결과가 나올 수 있다. 홀수 또는 짝수에 베팅할 때 이기는 경우가 18가지, 지는 경우가 20가지이므로 이길 확률은 18/38, 질 확률은 20/38이다. 도박사인 겜블러가 1에 베팅한다고 했을 때 18/38의 확률에 대해서는 1을 벌고, 20/38의 확률에 대해서는 1을 잃게 되므로 결과에 대한 기댓값은 0.0526[(18/38)×1 + (20/38)×−1]이 된다. 이를 백분율로 나타낸 5.26퍼센트가 해당 베팅의 하우스 에지가 된다.

하우스 에지가 높을수록 하우스, 즉 카지노가 유리해지는 것이므로 도박을 하는 입장에서는 당연히 하우스 에지가 낮은 게임을 하는 것이 좋다. 하우스 에지가 낮은 카지노 게임에는 대표적으로 블랙잭과 바카라가 있다. 강원랜드에서 블랙잭을 최선으로 플레이할 경우의 하우스 에지는 0.35퍼센트고, 바카라의 뱅커와 플레이어 베팅에는 1퍼센트대 초반의 하우스 에지가 있다. 하지만 같은 바카라 게임이라 하더라도 타이^{Tie}(무승부) 베팅에는 무려 14퍼센트가 넘는 하우스 에지가 있으므로 웬만하면 타이에는 베팅하지 않는 것이 좋다. 이에 대해서는 뒤에서 다시 상세하게 언급하기로 하겠다.

또한 블랙잭이나 카지노워의 경우 게임을 하는 중간에 베팅 금액이 늘어나기도 하는데, 하우스 에지는 이렇게 올라간 금액이 아닌 초기 베팅 금액에 대한 손실률이다. 예를 들어 강원랜드 블랙잭 테이블에서 초기 베팅 금액을 1만 원으로 정하는 순간, 나에게는 평균적으로 35원 정도의 손실이 발생하게 된다.

Tip **듀시스 와일드 비디오 포커** Deuces Wild Video Poker

세상의 모든 카지노 게임 중 놀랍게도 하우스 어드밴티지가 전혀 없는, 오히려 플레이어에게 유리한 게임도 있다. 바로 '듀시스 와일드 비디오 포커'라는 비디오 포커 게임인데, 이 게임을 최선으로 플레이할 경우 플레이어에게 약 0.77퍼센트의 어드밴티지가 있다. 하지만 안타깝게도 강원랜드에는 이 게임이 없다.

또한 블랙잭의 카드 카운팅 같은 기술을 이용해 하우스 어드밴티지를 극복하는 것을 '어드밴티지 플레이'라고 하는데, 강원랜드에서는 자동 셔플 기계 CSM Continuous Shuffle Machine를 이용해 셔플을 하기 때문에 이 또한 통하지 않는다. 강원랜드에서 유일하게 플레이어가 카지노에 비해 유리해질 수 있는 상황은 미스터리 잭팟 방식의 머신 게임에서 잭팟 금액이 매우 올라가 있을 때 발생한다. 이에 대해서는 10장 '머신 게임'에서 설명하기로 한다.

2 환급률과 홀드율

환급률은 하우스 에지와 상반되는 개념으로, 전체 베팅 금액 중에서 베팅한 사람이 돌려받은 금액의 비율을 말한다. 2018년 한 해 경마에 베팅된 7조 5376억 원 가운데 5조 5160억 원이 당첨금으로 지급되었으므로 경마의 환급률은 약 73퍼센트가 된다. 카지노의 테이블 게임에서는 전체 베팅액을 알 수 없기 때문에 정확한 환급률이 집계되지 않는다. 하우스 에지를 바탕으로 예상만 할 수 있다. 예를 들어 어떤 게임의 하우스 에지가 1.24퍼센트라면 그 게임의 환급률이 98.76퍼센트에 근접하겠다 짐작하는 것이다.

사행산업 업종별 환급률

경마	경륜·경정	복권	체육진흥투표권	소싸움 경기
73퍼센트	72퍼센트	50~51퍼센트	60퍼센트	72퍼센트

(출처: 사행산업통합감독위원회)

카지노에서는 환급률 대신 홀드율이라는 개념을 사용한다. 카지노에서 플레이어가 베팅하기 위해 칩으로 교환한 금액을 드롭액이라고 하는데, 드롭액 중에서 게임의 결과로 실제 카지노가 가져간 돈의 비율이 홀드율이다. 플레이어들이 같은 칩을 가지고 여러 번 베팅하기 때문에 일반적으로 홀드율은 하우스 에지에 비해 훨씬 높다.

강원랜드의 홀드율은 23퍼센트 정도를 유지하고 있다. 강원랜드 입장객이 1만 원어치의 칩을 구매하면 평균 2,300원을 잃고 7,700원만 다시 현금으로 바꿨다는 의미다. 외국인 전용 카지노의 홀드율이 11.5~13.5퍼센트인 것과 비교하면, 강원랜드의 홀드율이 거의 2배나 높다는 것을 알 수 있다. 이는 강원랜드의 내국인 갬블러들이 외국인에 비해 베팅을 훨씬 많이 하거나, 또는 잘못된 베팅 방법으로 손해를 보고 있음을 의미한다.

3   도박사의 오류

도박사의 오류Gambler's Fallacy란, 어떤 사건이 연속적으로 일어났을 때 미래에는 반드시 반대되는 사건이 일어날 것이라고 생각하는 논리적 오류를 말한다. 사람들이 도박사의 오류에 빠지는 이유는 독립적으로 일어나는 확률적 사건이 서로의 확률에 영향을 미친다는 착각을 하기 때문인데, 이런 사례는 도박장뿐만 아니라 일상생활에서도 흔히 찾아볼 수 있다. 도박으로 계속해서 돈을 잃은 사람이 다음번에는 돈을 딸 수 있다고 믿거나 포탄이 한번 떨어진 곳에는 다시 떨어지지 않을 거라고 생각하는 것 등은 모두 도박사의 오류에 해당한다.

도박사의 오류와 관련한 대단히 유명한 일화가 있다. 1913년 8월 18일 모나코의 몬테카를로 카지노^{Casino de Monte-Carlo}에서 있었던 일이다. 이날 밤 카지노의 분위기는 평소와 다름없는 가운데 사람들은 여유롭게 도박을 즐기고 있었다. 그런데 룰렛 게임에서 구슬이 연거푸 검은색으로 떨어지면서 상황이 달라졌다. 구슬이 20번 가까이 연속으로 검은색 칸에 떨어진 것을 본 사람들은 이제는 구슬이 빨간색 칸에 떨어질 때가 되었다며 빨간색에 거액을 베팅했다. 하지만 그들의 생각과 달리 구슬은 그 후로도 26번까지 계속해서 검정색 칸으로 향했고, 결국 빨간색에 베팅했던 사람들은 수백만 달러를 잃고 파산했다. 그래서 도박사의 오류를 '몬테카를로의 오류'라고도 부른다.

동전 던지기의 예시를 통해 도박사의 오류가 왜 잘못된 것인지 좀 더 자세히 알아보도록 하겠다. 누군가가 앞면이 나올 확률과 뒷면이 나올 확률이 정확히 반반인 동전을 던진다고 하자. 이 동전을 9번 던진 결과 9번 모두 앞면이 나왔다. 그렇다면 10번째로 다시 동전을 던질 때 앞면이 나올 확률은 얼마인가? 정답은 2분의 1이다. 10번째로 동전을 던지는 것은 앞서 9번이나 동전을 던진 상황으로부터 영향을 받지 않는 독립적인 시행이기 때문에 확률에 변화가 없는 것이다.

이해가 잘 안 되는 사람도 있을 것이다. 동전의 같은 면이 10번이나 연속으로 나온다는 것은 대단히 희귀한 사건이므로, 그런 일이 일어날 가능성보다는 뒷면이 나올 가능성이 높은 것 아닌가? 하지만 조금만 더 생각해보면 그렇지 않다는 것을 알 수 있다. 아직 한 번도 동전을 던지지 않은 상태에서, 앞으로 던질 동전에 앞면이 10번 연속해서 나올 확률은 1/1,024다. 대단히 희귀한 확률이 맞다. 하지만 이미 9번 연속으로 동전의 앞면이 나온 이후에 새롭게 던지는 동전이 앞면이 나올 확률은 여전히 1/2이다. 9번 연속 앞면이 나온 것 자체가 이미 1/512의 확률에 해당하는 희귀한 사건이고, 여기에 새롭게 10번째로 던진 동전의 앞면이 나올 확률 1/2이 곱해져서 1/1,024이 되는 것이다. '앞면이 10번 연속으로 나올 확률'이나, '앞면이 9번 연속으로 나온 후에 뒷면이 나올 확률'은 정확하게 같다.

이러한 도박사의 오류는 실생활에서도 자주 찾아볼 수 있다. 나는 한때 '아이온'이라는 MMORPG 게임을 했는데, 거기에도 도박사의 오류에 빠져 있는 사람은 있었다. 나와 함께 특별한 아이템이 나오는 인스턴스 던전을 돌던 그분은 "어제 영웅 아이템이 안 나왔으니 오늘은 나올 확률이 높아졌다"라는 말을 하곤 했다. 하지만 실상 영웅 아이템은 시스템상 정해져 있는 확률에 따라 랜덤하게 나오는 것이다. 따라서 전날 영웅 아이템이 나오지 않은 것은 오늘 영웅 아이템이 나올 확률에 아무런 영향을 미치지 못한다. 복권에 연속해서 당첨되지 않으면 당첨 확률이 올라간다고 생각하는 것 또한 마찬가지다.

불행인지 다행인지 강원랜드에서 도박을 하는 사람들은 도박사의 오류에 빠지지 않았다. 바카라를 할 때 그들은 뱅커 또는 플레이어가 아무리 많이 연달아 나왔어도 같은 결과에 계속해서 베팅하는 것을 두려워하지 않는다. 오히려 그런 상황을 쉽게 돈을 딸 수 있는 기회라고 생각하고 끝까지 베팅하는 것을 당연하게 여긴다. 그들은 도박사의 오류 대신, 그와 정반대되는 다른 오류에 빠져 있는 것이다. '뜨거운 손 현상Hot-hand Phenomenon', '뜨거운 손Hot-hand'이라고도 불리는 '뜨거운 손 오류Hot-hand Fallacy'가 바로 그것이다.

<u>4</u> 뜨거운 손 오류

'뜨거운 손 오류'는 어떤 결과가 연속적으로 일어났을 때 미래에도 그 결과가 이어질 확률이 높다고 생각하는 논리적인 오류다. 도박사의 오류와 마찬가지로 뜨거운 손 오류는 확률적으로 독립된 사건들이 서로 연관되어 있다고 생각하는 인지적 편향에서 비롯되는 것으로, 같은 현상을 보고서도 도박사의 오류에 빠진 사람과 뜨거운 손 오류에 빠진 사람은 이후의 결과를 반대로 예측하게 된다.

앞면이 나올 확률과 뒷면이 나올 확률이 같은 동전 던지기를 한 번 더 생각해보자. 동전을 던지는 횟수가 늘어날수록 앞면과 뒷면이 나온 전체 횟수는 50퍼센트에 수렴해가지만, 일부 구간만을 놓고 보면 앞면과 뒷면이 번갈아 나오는 것이 아니라 어느 한쪽으로 쏠린 결과가 자주 발생한다. 예를 들어 동전의 앞면이 9번 연속해서 나왔다고 했을 때, 10번째로 동전을 던지면 균형을 맞추기 위해 뒷면이 나올 거라고 생각하는 것이 '도박사의 오류'고 앞면이 자주 나왔으므로 그 추세대로 10번째에도 앞면이 나올 거라고 생각하는 것이 '뜨거운 손 오류'다. 하지만 앞서 설명한 대로 10번째로 던진 동전의 앞면이 나올 확률은 정확히 50퍼센트기 때문에 2가지 생각 모두 잘못된 것임을 알 수 있다.

일반적으로 사람들은 어떤 현상을 인간이 통제할 수 없는 자연현상이라고 생각할 때면 도박사의 오류에 빠지고, 인간의 의지나 능력으로 결과를 바꿀 수 있다고 생각할 때 뜨거운 손 오류에 빠지는 경향이 있다. 카지노에서 도박을 하는 사람들은 도박사의 오류를 범하는 경우가 많지만 뜨거운 손 오류를 범할 때도 있다. 대표적인 사례가 베팅이 잘 맞아서 돈을 많이 땄을 때인데, 그 상황이 앞으로도 쭉 자신에게 유리하게 작용할 것이라고 생각하게 된다. 하지만 그들의 생각과 달리 실제로 상황은 그렇지 않아서 계속해서 베팅하다 보면 결국에는 돈을 잃게 된다. 또한 유독 강원랜드, 특히 강원랜드의 바카라 테이블에서는 거의 대부분의 유저가 '뜨거운 손 오류'를 믿고 있기 때문에 더 주의해야 한다.

Tip 농구에서의 뜨거운 손 오류

뜨거운 손 오류는 토마스 길로비치Thomas Gilovich와 아모스 트버스키Amos Tversky, 로버트 발론Robert Vallone이 1985년 발표한 「농구에서의 뜨거운 손 : 무작위 순서의 오인에 대하여」라는 논문에서 처음으로 제시되었다. 농구계에는 앞서 슛을 자주 성공시킨, 소위 '뜨거운 손'을 가진 선수가 다음 슛을 성공시킬 확률이 높다는 속설이 있는데, 실제로 기록을 분석한 결과 선수들의 슛 성공률과 직전 슛의 성공 여부 사이에 상관관계가 없었다.

도박이나 동전 던지기와 달리 농구는 인간의 심리적인 요인에 따라 결과가 달라질 수 있는 스포츠이기 때문에, 농구에서의 뜨거운 손이 정말로 오류인지에 대해서 논란이 있다. 2014년에는 3명의 하버드대 졸업생들이 '뜨거운 손' 상태에 있는 선수일수록 어려운 슛을 시도할 가능성이 높다는 점을 지적하며, 슛의 위치와 수비의 상태를 고려했을 때 뜨거운 손이 실제로 존재한다는 연구 결과를 발표하기도 했다.

5 베팅 시스템

도박에서 결과를 맞추고 못 맞추고는 어느 정도 운의 영역이지만, 베팅 금액은 도박을 하는 사람이 얼마든지 조절할 수 있다. 그렇기 때문에 도박을 할 때는 베팅 금액을 얼마로 설정하는지가 중요한데, 원하는 결과를 얻기 위해 베팅의 진행 상황에 따라 베팅할 금액을 미리 정해둔 것을 베팅 시스템이라고 한다. 베팅 시스템은 졌을 때 베팅금을 올리는 네거티브 프로그레시브 베팅 시스템과 이겼을 때 베팅금을 올리는 포지티브 프로그레시브 베팅 시스템으로 크게 분류된다. 승패와 상관없이 매번 똑같은 금액을 베팅하는 플랫 베팅 시스템도 있다.

1) 네거티브 프로그레시브 베팅 시스템 Negative Progressive Betting System

베팅에서 졌을 때 베팅 금액을 올리는 베팅 시스템이다. 네거티브 프로그레시브 베팅 시스템을 사용하면 지는 횟수와 이기는 횟수가 비슷해도 돈을 딸수 있기 때문에 단기적으로는 승률을 높일 수 있다. 하지만 이미 돈을 잃고 있는 상황에서 베팅 금액을 올리기 때문에 연패를 했을 때 손실이 크게 불어난다는 단점이 있다. 대표적인 네거티브 프로그레시브 시스템으로는 마턴게일 시스템, 그랜드 마틴게일 시스템, 달랑베르 시스템, 피보나치 시스템, 라부셰르 시스템 등이 있다.

(1) 마틴게일 시스템 Martingale System

마틴게일 시스템은 질 때마다 베팅 금액을 2배로 올리는 시스템으로, 모든 베팅 시스템 중에서 가장 유명하다. 18세기 이전에 유럽에서 가장 먼저 시작되었다.

마틴게일 시스템은 매우 간단하기 때문에 초보자도 쉽게 배울 수 있다. 우선 베팅 단위인 기본 베팅 금액을 설정한다. 예를 들어 베팅 단위가 1만 원이라면 첫판에 1만 원을 베팅한다. 첫판에서 지면 다음 판에는 2만 원, 또 지면 4만 원, 8만 원, 16만 원… 이렇게 계속 베팅 금액을 2배로 올린다. 한 번이라도 이기게 되면 이전의 모든 손실을 복구하고 베팅 단위인 1만 원을 벌 수 있다. 그러면 다음 판에는 다시 처음으로 돌아가 1만 원을 베팅하면 된다.

마틴게일 시스템을 사용하면 한 번만 이겨도 돈을 벌 수 있기 때문에 얼핏 필승법처럼 보이기도 하지만, 여기에는 함정이 있다. 만약 도박자가 무한정 베팅 금액을 2배로 올릴 수 있다면, 언젠가 한 번은 이기게 될 것이기 때문에 마틴게일 시스템을 통해 반드시 돈을 벌 수 있다. 하지만 실제로는 도박사에게 무한한 자본이 있지도 않을뿐더러, 모든 카지노 베팅에는 베팅 한도가 있어 특정 시점 이후에는 더 이상 이 시스템을 지속할 수 없게 된다.

강원랜드의 룰렛이나 다이사이 테이블에서 1천 원부터 베팅할 경우 최대 9번까지 마틴게일 시스템을 적용할 수 있다. 9번을 연속해서 틀리지만 않으면 되기 때문에 보통은 1천 원을 벌 수 있지만, 카지노에서 게임을 하다 보면 9번 연속 지는 불운은 필연적으로 찾아온다. 그리고 이때의 손실은 무려 51만 1천 원이나 되어 1천 원씩 힘들게 벌었던 돈을 한꺼번에 잃게 된다. 이렇듯 마틴게일 시스템은 단기적으로는 승률을 향상시킬 수 있지만 운이 좋지 않을 때 리스크가 큰 베팅 방식이다.

(2) 그랜드 마틴게일 시스템 Grand Martingale System

마틴게일 시스템을 확장한 것으로, 베팅 금액을 2배로 올린 다음 베팅 단위만큼 추가로 베팅한다. 그러므로 베팅 금액이 1만 원, 3만 원, 7만 원, 15만 원, 31만 원과 같이 올라간다. 마틴게일 시스템에서는 몇 번째에 이기든 정확히 처음 베팅한 금액만큼만 따게 되지만, 그랜드 마틴게일 시스템을 사용하면 처음 베팅한 금액을 베팅이 진행된 횟수만큼 딸 수 있다. 따라서 마틴게일 시스템에 비해 빠르게 돈을 딸 수 있지만, 베팅금이 올라가는 속도가 빨라지는 만큼 위험부담 또한 커지게 된다.

(3) 달랑베르 시스템 D'Alembert System

졌을 때 베팅 단위만큼 베팅금을 올리고, 이겼을 때는 베팅 단위만큼 베팅금을 낮추는 시스템이다. 베팅 단위가 5천 원이라면 처음에 5천 원을 베팅하고, 졌을 경우 1만 원, 또 지면 1만 5천 원, 그다음에는 2만 원을 베팅한다. 2만 원을 베팅한 상태에서 이기면 베팅 금액이 1만 5천 원으로 내려가고, 또 이기면 1만 원, 한 번 더 이기면 5천 원을 베팅한다. 이때 이긴 횟수와 진 횟수는 세 번으로 동일하지만 결과적으로는 1만 5천 원을 딴 상태인데, 그

95

이유는 이길 때의 베팅 금액이 질 때의 베팅 금액보다 크기 때문이다(진 베팅: 5천 원, 1만 원, 1만 5천 원, 이긴 베팅: 2만 원, 1만 5천 원, 1만 원). 마지막에 5천 원을 베팅한 결과가 승리면 처음으로 돌아가 다시 5천 원을 베팅한다.

달랑베르 시스템은 마틴게일 시스템에 비해 베팅 금액을 서서히 올리는 방식이기 때문에 상대적으로 위험부담이 적다. 그 대신 한 번만 이겨도 손실을 만회하고 이익으로 전환할 수 있는 마틴게일 시스템과 달리 손실도 서서히 회복된다.

(4) 피보나치 시스템 Fibonacci System

모든 숫자가 바로 앞 2개의 숫자 합으로 구성되는 피보나치 수열을 이용하는 시스템이다. 1-1-2-3-5-8-13-21-34-55-89…로 베팅 금액이 올라가며, 한 번이라도 이기면 맨 처음으로 돌아간다.

(5) 라부셰르 시스템 Labouchère System

취소 시스템 Cancellation System 혹은 스플릿 마틴게일 Split Martingale 이라고도 한다. 따고자 하는 금액을 몇 개의 숫자로 나누어 종이에 적은 다음, 가장 앞에 있는 숫자와 가장 뒤에 있는 숫자를 합한 값을 베팅한다. 베팅에서 질 경우 해당 금액을 맨 뒤에 추가하고, 이길 경우에는 사용한 두 숫자를 지운다. 예를 들어 6을 따는 것을 목표로 종이에 1, 2, 3을 적었다면 다음과 같이 진행된다.

① 처음 베팅하는 금액은 1과 3을 합한 4다. 베팅에서 졌을 경우 4가 추가되면

서 종이에 1, 2, 3, 4가 남게 된다.

② 1과 4를 합한 5가 다음 베팅 금액이 된다. 이길 경우 1과 4가 지워지면서 2와 3만 남게 된다.

③ 다시 2와 3을 합한 5를 베팅한다. 만약 여기에서 이기면 모든 숫자가 지워지면서 한 번의 사이클이 완성(종이에 적힌 숫자를 모두 지웠다는 뜻이다. 처음에 1, 2, 3을 적었다가 4가 추가되었는데 한 번 이기면 1과 4가 지워지고, 다시 이기면 2와 3이 지워지면서 모든 숫자가 지워지게 된다. 이를 사이클이 완성되었다고 이야기한다. 이렇게 사이클이 완성되면 맨 처음 적어두었던 숫자의 합계만큼 돈을 따게 된다)되고, 처음 목표했던 6만큼을 따게 된다.

라부셰르 시스템은 이길 때는 2개의 숫자가 지워지는 반면 질 때는 숫자가 하나만 추가되기 때문에 모든 숫자를 지우는 데 성공할 확률이 실패할 확률보다 높다. 하지만 운이 좋지 않을 때는 숫자가 계속 커지면서 더 이상 시스템대로 베팅할 수 없는 경우가 생긴다.

2) 포지티브 프로그레시브 베팅 시스템Positive Progressive Betting System

네거티브 프로그레시브 베팅 시스템과 반대로 돈을 땄을 때 베팅 금액을 올리는 시스템이다. 돈을 잃었을 때는 베팅금이 올라가지 않기 때문에 연패를 해도 손실이 크지 않고, 연승을 했을 경우에 많은 돈을 딸 수 있다. 그 대신 연승을 하는 상황이 나오지 않으면 돈을 조금씩 꾸준히 잃게 된다. 파롤리 시스템과 1-3-2-6 시스템이 대표적이며, 라부셰르 시스템을 반대로 하는 리버스 라부셰르 시스템Reverse Labouchére System과 달랑베르 시스템을 반대로 하는 콘트라 달랑베르 시스템Contra D'Alembert System도 있다. 여기에서는 파롤리 시스템과 1-3-2-6 시스템에 대해서만 이야기하겠다.

(1) 파롤리 시스템Paroli System

마틴게일 시스템과 반대로 이겼을 때 베팅 금액을 2배로 올리는 시스템으로, 3번 연속해서 이기는 것을 목표로 한다. 베팅 금액이 1-2-4로 올라가며, 한 번이라도 지거나 3번 이기는 데 성공하면 1부터 다시 베팅한다. 파롤리 시스템을 사용하면 게임이 잘 풀릴 때 이익을 극대화할 수 있지만, 연승하는 상황이 나와야만 돈을 딸 수 있다는 단점이 있다.

(2) 1-3-2-6 시스템

이름 그대로 이길 때 1-3-2-6의 순서로 베팅하는 시스템이다. 첫판에 지면 1, 두 번째 판에 지면 2만큼의 손실을 보게 되지만, 일단 첫 두 판을 이기면 최소한 본전 이상이 보장된다. 만약 네 판을 연속해서 이길 경우에는 12라는 꽤 큰 액수를 벌게 된다.

3) 시스템의 한계

위에서 살펴본 바와 같이 베팅 시스템 중에는 여러 번 돈을 딸 수 있지만 연패를 할 때 리스크가 큰 것도 있고, 반대로 리스크를 최소화할 수 있는 대신 어쩌다 한 번 돈을 따는 것도 있어서 각각의 장단점이 있다. 하지만 어떤 시스템을 사용하든 게임의 승률이나 하우스 에지에는 변화가 없기 때문에, 장기적으로는 모두 하우스 에지에 수렴하는 결과가 나오게 된다. 시스템은 하우스 에지를 극복할 수 있는 방법이 되지 못하는 것이다.

나는 과거에 바카라 테이블에서 마틴게일 시스템을 주로 사용했다. 1만 원부터 베팅을 시작해서 매우 인내심 있게 차근차근 돈을 따 나가는 방식이 었는데, 이 방법으로 종종 돈을 따는 날도 있었다. 한번은 내가 돈을 꽤 따고 있는 것을 본 딜러가 "당신처럼 하면 하루에 30만 원은 벌 수 있지만, 본인 은 답답해서 안 한다"라는 말을 한 적이 있다. 그러나 이는 말도 안 되는 소 리다. 강원랜드에서 나와 똑같은 방식으로 바카라를 하면 처음 8시간 정도 는 돈을 따고 있을 확률이 잃고 있을 확률보다 높다. 하지만 평균적으로 따 는 금액이 잃는 금액에 비해 적기 때문에 전체적으로는 손해다. 그나마 8시 간이 넘어가면 승률 자체도 50퍼센트 밑으로 내려간다. 이 세상 어디에도 장기적으로 돈을 벌 수 있게 해주는 시스템은 없다는 사실을 꼭 기억해두길 바란다.

4) 강원랜드에서 베팅 시스템을 체험해보기

베팅 시스템은 기본적으로 반반 확률에 해당하는 베팅에 사용한다. 룰렛의 아웃사이드 베팅이나 다이사이의 대소 또는 홀짝, 그리고 바카라의 뱅커·플레이어 베팅이 이에 해당한다. 룰렛의 홀수 또는 짝수에 베팅한다고 했을 때 매번 같은 곳에 베팅할 필요는 없고 그때그때 원하는 곳에 베팅을 하면 된다. 네거티브 시스템의 경우 리스크가 크기 때문에 베팅 시작 금액을 게 임 자금^{Bankroll}의 2퍼센트 이내로 잡는 것이 좋고, 포지티브 시스템이나 플 랫 시스템을 사용할 경우에도 전체의 5퍼센트가 넘지 않는 금액으로 시작 해야 한다.

강원랜드에서 저렴한 비용으로 시스템을 체험해볼 수 있는 방법을 소개하면 다음과 같다. 전자게임 충전소에서 1만 5천 원을 충전한 다음 다이사이를 한다. 대소 또는 홀짝에 마틴게일 방식으로 1천 원-2천 원-4천 원-8천 원 순으로 베팅하되, 4번 연속 지는 상황이 한 번이라도 발생하면 게임을 그만둔다. 4번 연속 질 때의 손실이 1만 5천 원이므로 그 전에 16번 이상 이기면 수익을 낼 수 있는데, 얼핏 찍기만 잘 하면 달성할 수 있는 목표 같지만 막상 해보면 생각대로 되지 않는다는 것을 알 수 있다.

노트 6

강원랜드에서 만난 사람, 프로 블랙잭 선수

카지노에 처음 방문했을 때 접한 최초의 게임은 블랙잭이었다. 재미있기도 하고 신기하기도 해서 한참을 구경하다가 몇 번 재미 삼아 게임을 해봤다. 책을 통해 블랙잭이 외국에서는 상당히 유명하다는 사실을 알게 되었고, 인터넷에서 카드 카운팅으로 이기는 방법을 보여준 사람이 있다는 것도 알게 되었다. 이후로 흥미를 갖고 나름의 연구를 통해 블랙잭에서 말하는 베이직을 익혔는데, 카드 카운팅 방법만은 자세하게 설명하는 글이 없어 어렴풋이 짐작만 하는 정도였다.

그 날도 어김없이 카지노에서 블랙잭 뒷전 베팅을 하고 있었다. 그런데 어떤 젊은 사람이 눈에 띄었다. 그는 주로 상당히 작은 베팅만 하다 가끔씩 그 테이블의 맥시멈 베팅을 날리기도 했다. 그런데 그때마다 그는 상당한 적중률로 제법 돈을 땄다. 이렇게 하는 것이 카드 카운팅인가 하는 생각이 들었다. 그에게 물어보고 싶었다.

"이거 어떻게 하는 거예요?"

"기회를 봐서 베팅하는 겁니다."

나는 그 이상의 대답을 듣고 싶어서 기다렸다가 휴식 시간에 다시 물어보았다.

"혹시 카드 카운팅을 사용하는 건가요?"

그는 고개를 끄덕이며 더 놀라운 이야기를 해주었다.

"저는 블랙잭 프로입니다. 6년을 연구했어요."

나는 이 한마디에 충격받았다. 묻고 싶은 것은 많았지만 그가 다시 게임을 시작했기에, 일단 그가 하는 게임을 좀 더 지켜보기로 했다. 그런데 그는 나를 한 번 더 놀라게 한다. 그리 많은 돈을 딴 것도 아니었는데 자리에서 일어나 '여기까지'라는 짧은 말만 남기고 테이블을 떠났다.

그때 나의 입에서는 나도 모르게 '역시 프로구나'라는 말이 새어 나왔다. 나중에야 안 사실이지만 외국에는 블랙잭 프로가 제법 있었다. 여기에서 프로라는 말의 정의가 필요한데 간단히 말하자면, 어떤 게임이나 운동을 통해 생계를 꾸려나가는 사람이라 말할 수 있겠다. 프로라는 말에는 한 분야의 전문가라는 의미도 강하게 내포되어 있는데 조금만 생각해봐도 이는 당연하다.

어떤 분야에서 생계를 꾸려갈 정도가 된다는 것은 쉬운 일도 아니며, 남다른 노력과 열정이 없다면 그 수준까지 올라가는 것 또한 불가능하다. 그리고 우리가 프로답다는 말을 사용할 때는 상당한 실력뿐만 아니라 게임 전체를 운영하는 데 있어서 '절제'와 '판단력'이 있는 경우를 전제로 한다. 다시 돌이켜 봐도 그의 모습은 정말 프로다웠다. 그와의 첫 만남에서 강렬한 인상을 받았던 나는 다시 한번 그를 만나면 어느 정도 시간을 할애해 이야기해보고 싶다는 생각이 들었다.

그 일이 있고 몇 년 뒤, 나는 그를 외국의 어느 카지노에서 우연히 보게 되었다. 그런데 그가 하고 있는 게임은 블랙잭이 아닌 홀덤이었다. 그의 휴식 시간에 우리는 잠시 여유를 갖고 진짜 대화를 나눌 수 있었다. 그는 처음에는 나를 전혀 기억하지 못했지만 내가 강원랜드에서의 일을 이야기하자 반갑게 대화에 응해주었다.

그는 더 이상 블랙잭을 하지 않는다고 했다. 블랙잭 셔플 기계의 등장으로 카드 카운팅이 더는 통하지 않아서였다. 홀덤이라는 게임도 취미 삼아 한다고 했다. 나는 물어보았다.

"그동안의 노력이 아까워서라도 포기하기 쉽지 않았을 텐데요?"

그는 머뭇거림 없이 단호하게 말했다. 조금의 유리함도 없는데 카지노를 상대로 게임을 계속하는 것은 '중독'된 사람들이나 하는 행태라고 말이다. 나는 역시 그때도 한방 세게 얻어맞은 것처럼 충격을 받았다. 역시 그는 프로였다.

프로는 자신의 삶을 책임지고 개척해가는 진지한 사람들이다. 짧은 만남에서 그가 보여준 행동들은 진정한 프로의 세계를 보여준 것이라고 지금도 굳게 믿고 있다. 이날을 계기로 나는 더 이상 블랙잭을 진지하게 생각하지 않게 되었고 가끔씩 게임하는 것을 구경만 할 뿐이다.

103

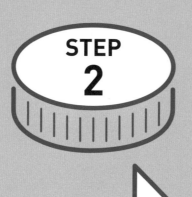

게임을 알고 확률을
알면 백전백승

블랙잭

1   게임 소개

블랙잭은 21에 가까운 숫자를 만드는 카드 게임으로, 카지노에서 가장 인기 있는 게임 중 하나다. 다른 테이블 게임과 달리 플레이어가 딜러와 직접 승부를 겨루는 방식이기 때문에 적극적으로 게임 결과에 영향을 미치는 선택을 할 수 있다. 또한 블랙잭은 최선으로 플레이할 경우 카지노와 거의 대등하게 상대할 수 있는 게임이지만, 강원랜드에서는 많은 사람이 잘못된 방식의 플레이로 손해를 보고 있어 주의가 필요하다.

블랙잭 게임의 목표는 21을 넘지 않으면서 딜러보다 21에 가까운 숫자를 만드는 것이다. 게임이 시작되면 모든 플레이어와 딜러는 2장씩 카드를 받게 되며, 딜러의 카드가 1장 공개되는데 이 카드를 업카드^{Upcard}라고 한다.

이 상태에서 각각의 플레이어는 카드를 추가로 더 받는 히트^{Hit}를 할지 아니면 그만 받는 스테이^{Stay}(스탠드^{Stand}라고도 하며, 카드를 더 이상 받지 않고 자신의 플레이를 종료하는 액션이다)를 할지 선택할 수 있다. 카드 점수의 합계가 21이 될 때까지는 몇 번이든 카드를 받을 수 있지만, 일단 21을 넘게 되면 버스트^{Bust} 되었다 하여 그 즉시 게임에서 패하게 된다. 그렇기 때문에 자신의 패가 버스트 될 가능성이 있을 경우에는 딜러의 패를 고려하여 카드를 그만 받을지, 아니면 버스트 될 위험을 감수하면서라도 최대한 21에 가까운 숫자를 만들기 위해 카드를 더 받을지 결정해야 한다.

또한 처음 2장의 카드를 받은 상황에서 자신이 딜러에 비해 유리하다고 판단할 경우 베팅 금액을 늘리는 대신 카드를 1장만 더 받는 더블다운^{Double} ^{Down}(이 액션은 처음 2장의 카드를 받은 상태에서만 가능하다. 최초 베팅 금액과 동일한 금액을 추가해서 베팅 금액을 2배로 만들 수 있으며, 이보다 적은 금액만 추가할 수도 있는데 이는 더블 포 레스$^{Double\ For\ Less}$라고 한다)이라는 옵션을 행사할 수 있고, 처음 2장의 카드가 동일한 숫자일 경우에는 핸드를 둘로 나누어 각각의 핸드에 대해 게임을 진행하는 스플릿^{Split}(반드시 최초 베팅 금액과 동일한 금액을 추가해야 한다. 10, J, Q, K는 모두 똑같이 10점으로 간주하기 때문에 자유롭게 스플릿을 할 수 있다. 스플릿으로 나누어진 핸드는 자동으로 1장의 카드를 추가로 받게 되며, 추가 카드가 같은 숫자일 경우 다시 스플릿 하는 것도 가능하다)을 선택할 수도 있다.

모든 플레이어가 선택을 마치면 딜러는 두 번째 카드를 공개하고, 합계 점수가 16점 이하일 경우 17점 이상이 될 때까지 카드를 추가로 받는다. 게임 결과 딜러보다 높은 점수를 가진 플레이어는 베팅한 금액과 동일한 당첨금을 지급받는다. 단, 처음 받은 2장의 카드 합계 점수가 21점인 경우 이를 블랙잭이라고 하며, 딜러가 블랙잭이 아니면 베팅한 금액의 1.5배를 페이로 받게 된다. 딜러보다 낮은 점수를 가진 플레이어는 베팅한 금액을 잃게 되고, 딜러와 같은 점수를 가진 플레이어는 무승부인 푸쉬Push가 되어 베팅 금액을 돌려받는다. 추가로 딜러의 업카드가 A일 경우 게임에 참여한 플레이어는 인슈어런스Insurance라는 사이드 벳을 할 수 있다. 처음 베팅한 금액의 절반까지 베팅 가능하며, 딜러가 블랙잭이면 베팅 금액의 2배를 페이로 받고 블랙잭이 아니면 베팅 금액을 잃게 된다. 딜러가 블랙잭일 때 입는 손실을 보전해준다는 의미에서 보험이라는 이름이 붙었다.

1) 블랙잭에서 사용되는 카드와 숫자 계산법

블랙잭에서는 한 벌이 52장으로 구성되는 일반적인 카드를 사용한다. 2에서 10까지의 카드는 해당 숫자가 그 카드의 점수고, J와 Q, K는 모두 10점으로 계산된다. 강원랜드에서는 10점에 해당하는 10, J, Q, K를 통틀어 '장'이라고 부른다. 또한 A(에이스)는 1로 계산할 수도 있고 11로 계산할 수도 있다.

♠3, ♥Q, ♦7이다. 카드에 나온 숫자를 모두 더하면 **20점**이다.

♣A, ♥6이다. A를 어떻게 보느냐에 따라 **7점**도 될 수 있고 **17점**도 될 수 있다. 이렇듯 A가 포함되어 2가지로 계산 가능한 핸드를 소프트 핸드Soft Hand라고 부른다.

♥A, ♠8, ♣5이다. 총 **14점**이다. A를 11로 계산하면 21점을 넘기기 때문에 의미가 없다.

♦A, ♠K이다. 처음 받은 2장의 카드 합이 21인 **블랙잭**이다. 이 경우 딜러가 **블랙잭**이 아니라면 베팅한 금액의 **1.5배**를 벌게 된다. 만약 딜러도 **블랙잭**이라면 **무승부**가 된다.

2) 블랙잭의 하우스 에지

블랙잭에서 딜러는 항상 정해져 있는 규칙대로만 카드를 받는 반면, 플레이어는 딜러의 업카드에 따라 선택을 다르게 할 수 있다. 또한 더블다운이나 스플릿과 같은 전략을 사용할 수도 있고, 블랙잭이 나왔을 경우에는 당첨금을 1.5배로 지급받는다. 그런데도 블랙잭에 하우스 에지가 존재하는 이유는 플레이어와 딜러가 둘 다 버스트 되는 상황에서는 무승부가 아닌 플레이어의 패배로 간주되기 때문이다. 블랙잭의 하우스 에지는 사용되는 카드의 숫자와 셔플 방식 및 규칙에 따라 조금씩 달라지는데, 강원랜드에서 최선으로 플레이할 경우의 하우스 에지는 0.34749퍼센트(이 값은 wizardofodds. com에서 제공하는 계산기를 참고한 것이다. https://wizardofodds.com/games/ blackjack/calculator/의 계산기 기본 설정에서 첫 번째 항목인 'Number of decks of cards used'를 4로 설정하면 정확히 강원랜드에서 사용되는 방식이 된다)다.

2 강원랜드의 블랙잭 테이블

강원랜드의 블랙잭 게임은 4벌의 카드를 사용하며, CSM^{Continuous Shuffle Machine}이라는 기계로 셔플한다. 하나의 테이블에는 7명이 앉을 수 있는데, 가운데인 4번째 자리에 강원랜드 마크가 있기 때문에 랜드 자리라고도 부른다. 베팅 리미트는 5만 원, 10만 원, 20만 원, 30만 원 4가지가 있으며, 5만 원과 10만 원 테이블은 1천 원부터, 20만 원과 30만 원 테이블은 1만 원부터 베팅을 할 수 있다. 강원랜드의 블랙잭 게임은 원래 휴식 없이 진행되었으나 2018년부터 휴식총량제가 도입되면서 2시간 게임 후 15분씩 휴식한다.

블랙잭 베팅 가능 금액

(단위: 원)

리미트	기본 베팅	더블다운	인슈어런스
5만	1천 ~ 5만	1천 ~ 기본 베팅 금액	500 ~ 기본 베팅 금액의 절반
10만	1천 ~ 10만	1천 ~ 기본 베팅 금액	500 ~ 기본 베팅 금액의 절반
20만	1만 ~ 20만	1만 ~ 기본 베팅 금액	5천 ~ 기본 베팅 금액의 절반
30만	1만 ~ 30만	1만 ~ 기본 베팅 금액	5천 ~ 기본 베팅 금액의 절반

1) 강원랜드의 블랙잭 규칙

블랙잭 게임의 규칙은 카지노에 따라 조금씩 다른데, 강원랜드에서 사용하는 규칙은 다음과 같다. 딜러는 소프트 17에서 스테이 하며, 딜러가 블랙잭일 경우 플레이어는 처음 베팅한 금액만 잃는다. 더블다운은 플레이어의 합계 점수와 상관없이 항상 가능하다. 스플릿은 최대 3회까지(총 4개의 핸드) 가능하고, 스플릿 이후에 더블다운을 하는 것도 가능하다. 단, 에이스의 경우 한 번만 스플릿을 할 수 있으며 스플릿 이후에 카드를 1장만 더 받을 수 있기 때문에 더블다운도 불가능하다. 또한 강원랜드에는 서렌더^{Surrender}(베팅 금액의 절반을 돌려받고 기권하는 플레이)가 없다.

2) 강원랜드의 수신호

강원랜드에서 블랙잭을 할 때는 수신호를 통해 자신의 의사를 표시해야 하는데, 손으로 테이블을 치는 동작을 하면 히트, 손가락을 좌우로 저으면 스테이 한다는 뜻이다. 더블다운을 할 때는 베팅 금액을 추가한 다음 히트 하는 모션을 하면 되는데, 스플릿이 가능한 상황이 아니면 베팅 금액을 추가하는 것만으로도 더블다운 한다는 뜻이 된다. 스플릿을 할 때는 베팅 금액을 추가한 다음 손가락 2개를 벌려서 테이블 위에 놓으면 된다.

3) 게임 진행

① 베팅이 시작되면 플레이어는 정해진 한도 내에서 원하는 금액을 자신의 앞에 있는 흰색 원 안에 베팅한다. 핸디가 베팅을 마치면 뒤에 서 있는 사람들도 뒷전 베팅에 참여할 수 있다.

② 베팅이 종료되면 딜러는 왼쪽부터 시계방향으로 1장씩 카드를 돌린 다음, 테이블 중앙에 자신의 카드를 앞면이 보이지 않게 둔다. 그다음 다시 왼쪽부터 시계방향으로 두 번째 카드를 돌리고, 자신의 두 번째 카드를 앞면이 보이지 않게 놓으면서 첫 번째 카드를 뒤집어 공개한다.

③ 딜러의 업카드가 A일 경우 딜러는 인슈어런스 베팅을 진행한 다음 리더기를 통해 블랙잭 여부를 확인한다. 딜러의 업카드가 10, J, Q, K인 경우에는 인슈어런스 베팅을 진행하지 않고 블랙잭 여부를 확인한다. 딜러가 블랙잭이면 블랙잭이 아닌 모든 플레이어의 칩을 회수하고 게임이 종료된다.

④ 딜러가 블랙잭이 아닐 경우, 딜러의 왼쪽에 있는 플레이어부터 순서대로 플레이를 진행한다. 게임 도중 버스트 된 플레이어의 카드와 칩은 즉시 회수된다.

⑤ 모든 플레이어의 액션이 종료되면 딜러는 공개되지 않았던 두 번째 카드를 공개하고, 17점 이상이 될 때까지 카드를 받는다. 딜러가 버스트 될 경우 버스트 되지 않고 남아 있는 모든 플레이어가 승리한다.

⑥ 승패가 결정되면 딜러는 패배한 플레이어의 칩을 회수하고, 승리한 플레이어에게 당첨금을 지급한다. 이어서 그다음 게임이 진행된다.

3 베이직 전략

블랙잭에는 플레이어의 합계 점수와 딜러의 업카드에 따라 다양한 상황이 존재한다. 그리고 이러한 상황별로 플레이어가 할 수 있는 최선의 선택을

① 4 Decks
② Dealer Peeks for BJ
③ Dealer Stands on Soft 17
④ Double After Split Allowed
⑤ No Surrender

H = 히트
S = 스테이
P = 스플릿
Dh = 더블다운이 가능하면 더블다운, 더블다운이 불가능한 상황이면 히트
Ds = 더블다운이 가능하면 더블다운, 더블다운이 불가능한 상황이면 스테이
SH = 일반적으로는 스테이, 12가 10과 2로 구성되어 있으면 히트
HS = 16이 2장으로 구성되어 있으면 히트, 16이 3장으로 구성되어 있으면 스테이

1. 하드 핸드

	2	3	4	5	6	7	8	9	10	A
5	H	H	H	H	H	H	H	H	H	H
6	H	H	H	H	H	H	H	H	H	H
7	H	H	H	H	H	H	H	H	H	H
8	H	H	H	H	H	H	H	H	H	H
9	H	Dh	Dh	Dh	Dh	H	H	H	H	H
10	Dh	Dh	Dh	Dh	Dh	Dh	Dh	Dh	H	H
11	Dh	Dh	Dh	Dh	Dh	Dh	Dh	Dh	Dh	H
12	H	H	SH	S	S	H	H	H	H	H
13	S	S	S	S	S	H	H	H	H	H
14	S	S	S	S	S	H	H	H	H	H
15	S	S	S	S	S	H	H	H	H	H
16	S	S	S	S	S	H	H	H	HS	H
17	S	S	S	S	S	S	S	S	S	S
18	S	S	S	S	S	S	S	S	S	S
19	S	S	S	S	S	S	S	S	S	S
20	S	S	S	S	S	S	S	S	S	S
21	S	S	S	S	S	S	S	S	S	S

2. 소프트 핸드

	2	3	4	5	6	7	8	9	10	A
13	H	H	H	Dh	Dh	H	H	H	H	H
14	H	H	H	Dh	Dh	H	H	H	H	H
15	H	H	Dh	Dh	Dh	H	H	H	H	H
16	H	H	Dh	Dh	Dh	H	H	H	H	H
17	H	Dh	Dh	Dh	Dh	H	H	H	H	H
18	S	Ds	Ds	Ds	Ds	S	S	H	H	H
19	S	S	S	S	S	S	S	S	S	S
20	S	S	S	S	S	S	S	S	S	S
21	S	S	S	S	S	S	S	S	S	S

3. 페어 핸드

	2	3	4	5	6	7	8	9	10	A
2, 2	P	P	P	P	P	P	H	H	H	H
3, 3	P	P	P	P	P	P	H	H	H	H
4, 4	H	H	H	P	P	H	H	H	H	H
5, 5	Dh	Dh	Dh	Dh	Dh	Dh	Dh	H	H	H
6, 6	P	P	P	P	P	H	H	H	H	H
7, 7	P	P	P	P	P	P	H	H	H	H
8, 8	P	P	P	P	P	P	P	P	P	P
9, 9	P	P	P	P	P	S	P	P	S	S
10, 10	S	S	S	S	S	S	S	S	S	S
A, A	P	P	P	P	P	P	P	P	P	P

* 표 상단의 숫자는 딜러의 업카드를, 좌측의 숫자는 플레이어의 카드 합계 점수를 뜻한다. 단, 페어 핸드의 경우에는 플레이어가 동일한 2장의 카드를 가진 경우를 이야기한다.

모아놓은 것을 베이직 전략Basic Strategy이라고 한다. 베이직 전략은 블랙잭 게임의 기댓값을 가장 높일 수 있는 전략이기 때문에 전 세계 대부분의 블랙잭 플레이어들은 이 전략에 따라 블랙잭 게임을 하고 있다. 베이직 전략은 게임에 사용되는 카드의 숫자 및 규칙에 따라 조금씩 달라진다. 강원랜드에 적용되는 베이직 전략은 왼쪽 표에 제시되어 있다.

먼저 표를 살펴보기 전에 표 상단의 ①~⑤가 각각 의미하는 바가 무엇인지부터 살펴보자. ①4 Decks는 '카드 4벌을 사용한다'는 뜻이고, ②Dealer Peeks for BJ는 플레이어가 게임을 진행하기 전에 딜러가 블랙잭을 확인한다는 뜻이다. 유럽 방식의 블랙잭에서는 확인하지 않는 경우도 있다. ③Dealer Stands on Soft 17은 딜러가 소프트 17에서 스탠드 한다는 뜻이고, ④Double After Split Allowed는 스플릿 이후에 더블다운이 허용된다는 뜻이다. 예를 들어 8, 8을 스플릿 할 경우 각각의 8에 대해 자동으로 카드를 한 장씩 받게 되는데, 이 상태에서 원한다면 더블다운을 할 수 있다는 말이다. 마지막으로 ⑤No Surrender는 앞에서 이야기했듯이, 베팅 금액의 절반을 돌려받고 기권하는 플레이가 없다는 말이다.

첫 번째 표는 소프트 핸드나 페어 핸드가 아닌 일반적인 핸드(하드 핸드)에 적용되며, 두 번째 표는 소프트 핸드, 세 번째 표는 페어 핸드에 대한 내용이다. 예를 들어 하드 핸드의 경우 처음 받은 2장의 카드가 6과 10이고 딜러의 업카드가 7이라면, 첫 번째 표에 따라 히트를 하면 된다. "어라? 내가 지금까지 알고 있던 것과 다른데?" 하고 고개를 갸우뚱하는 독자분도 있을 것이다. 하지만 이 표의 모든 내용은 수학적으로 완벽하게 증명되고 검증된 것이니 의심할 필요는 없다. 더구나 이 표는 일반적인 베이직 표에 나오지 않는, 카드 구성에 따른 예외 사항까지 모두 포함하고 있는 그야말로 완벽한 표다. 그렇기 때문에 이 표의 내용만 잘 기억하고 있으면 강원랜드에서 가장 높은 승률로 블랙잭 게임을 할 수 있다.

　이 표를 완성하기 위해 하드 핸드의 SH와 HS는 https://wizardofodds.com/games/blackjack/hand-calculator에서 모든 핸드 조합을 검증했다. 다른 hand calculator를 통해 검증하더라도 결과는 모두 똑같다.

1) 하드 핸드의 분석

하드 핸드는 11점까지는 카드를 더 받아도 버스트 될 가능성이 없으므로 무조건 히트 또는 더블다운을 해서 카드를 더 받아야 하고, 17점 이상은 메이드 되었다 하여 카드를 더 받지 않는다.

　플레이어의 합계 점수가 12~16점일 때는 딜러 하이 바닥(딜러의 업카드가 7이상인 경우)을 상대로는 히트 하고, 딜러 로우 바닥(딜러의 업카드가 6이하인 경우)을 상대로는 스테이한다. 단, 합계 점수가 12점일 경우 딜러의 업카드가 2또는 3이면 히트가 맞는 선택이며, 딜러가 4일 때도 12가 10(J, Q, K도 포함)과 2로 구성되어 있으면 히트 해야 한다. 또한 16대 10 상황에서는 16이 2장으로 구성되어 있으면 히트, 3장 이상이면 스테이 한다. 16이 3장 이상으로 구성되어 있어도 '10-3-2-A, 10-2-2-2, 10-2-2-A-A, 9-6-A, 8-6-2, 8-6-A-A, 7-6-3, 7-6-2-A, 7-6-A-A-A, 6-6-4, 6-6-3-A, 6-6-2-2, 6-6-2-A-A, 6-6-A-A-A-A'일 때는 히트 하는 것이 조금이라도 유리하다. 단, 그 차이가 크지는 않으므로 3장 이상일 때는 스테이 한다고 기억해두어도 된다.

하드 핸드의 더블다운은 합계 점수가 9, 10, 11일 때만 한다. 합계 점수가 9점이면 딜러의 업카드가 3, 4, 5, 6일 때, 10점과 11점일 경우에는 딜러의 업카드 보다 점수가 높을 때 더블다운 한다.

2) 소프트 핸드의 분석

소프트 핸드는 플레이어의 합계 점수가 17점일 때까지는 무조건 히트 또는 더블다운을 해서 카드를 더 받고, 19점 이상은 무조건 스테이 한다. 18점일 때는 히트와 더블다운, 스테이가 모두 있어 복잡한데, 딜러의 업카드가 9 이 상이면 히트를 해야 한다. 딜러의 업카드가 8 이하인 경우에는 기본적으로 스테이인데, 더블다운이 가능한 상황이고 딜러의 점수가 3, 4, 5, 6이면 더 블다운을 하게 된다.

일부 강원랜드 블랙잭 플레이어들은 소프트 17이 메이드이기 때문에 이 를 건드릴 필요가 없다는 생각을 가지고 있는데, 이는 완전히 잘못된 생각 이다. 소프트 17에서는 무조건 카드를 더 받아야 한다. 블랙잭 게임에서 17점은 메이드라고는 해도 딜러의 업카드가 6인 경우를 제외하면 항상 기 댓값이 마이너스인, 썩 좋다고 볼 수 없는 핸드다. 소프트 17에서 히트를 하 면 4/13의 확률로 핸드가 즉시 좋아지고, 4/13의 확률로 다시 17이 되며, 나 머지 5/13의 확률에 있어서도 핸드가 개선될 여지가 충분히 많이 있다. 그 러므로 소프트 17에 있어서는 절대로 스테이 해서는 안 되며, 오히려 히트 와 더블다운 중에서 어떤 것을 선택할지 고민해야 한다.

소프트 핸드의 더블다운은 18점 이하일 때 이루어지며, 딜러의 업카드가 5와 6일 때는 항상 더블다운을 하고 2 또는 하이 바닥일 때는 더블다운을 하지 않는다. 딜러의 업카드가 3 또는 4일 때는 'Rule of 9'라는 공식이 적용된다. Rule of 9는 에이스와 함께 있는 카드와 딜러의 업카드 점수를 합한 값이 9 이상이면 더블다운, 8 이하면 히트를 하라는 것으로, 예를 들어 A-5(소프트 16) 대 딜러 4의 경우, 5와 4의 합이 9이므로 더블다운을 하면 된다. 이 공식의 유일한 예외는 A-4(소프트 15) 대 딜러 4에서 더블다운을 하는 것으로, 이 경우만 '4-4 더블'로 기억해두면 된다.

3) 페어 핸드의 분석

페어 핸드의 상황에는 100가지가 있으며, 이 중 절반이 넘는 52가지 상황에서 스플릿을 하게 된다. 플레이어의 카드가 8페어와 A페어인 경우에는 항상 스플릿을 하고, 5페어와 10페어일 때는 스플릿을 하지 않는다. 그 외의 페어는 딜러 로우 바닥을 위주로 스플릿을 하게 된다.

(1) 8페어와 A페어

8페어는 스플릿을 하면 매우 불리한 점수인 16점을 8점으로 바꿀 수 있기 때문에 반드시 스플릿 해야 한다. A페어 또한 둘로 나누어야 각각 11점이 되므로 항상 스플릿을 한다.

(2) 5페어와 10페어

5페어와 10페어는 합계 점수가 10과 20인 좋은 핸드이기 때문에 절대로 스플릿을 하지 않는다. 따라서 이 두 핸드는 각각 하드 10과 하드 20으로 간주하고 플레이하면 된다.

(3) 그 밖의 페어 핸드

2페어와 3페어, 7페어는 스플릿을 하면 17점 이상의 핸드를 만들 가능성이 올라간다(예를 들어 7페어의 경우 1장을 더 받았을 때 10점(9점, 8점도 마찬가지)에 해당하는 카드가 나오면 바로 버스트 되어버린다. 반면 2개의 7로 나누었을 경우 10점에 해당하는 카드가 나오면 17로 메이드 된다. 2페어와 3페어 또한 4점과 6점이 각각 2점과 3점으로 낮아지기 때문에 메이드 가능성이 올라간다. 이렇게 점수가 6점 이하일 경우에는 점수가 낮으면 낮을 수록 메이드 가능성이 올라간다). 그렇기 때문에 이 3가지 핸드는 딜러가 2~7일 때 스플릿을 하게 된다. 6페어의 경우 딜러 7을 상대로 6점을 만드는 것은 좋지 않기 때문에 딜러가 2~6일 때 스플릿을 한다.

한편 4페어는 스플릿을 하면 메이드 패를 못 만들 가능성이 올라가기 때문에(4페어는 그냥 두면 8점으로, 10점에 해당하는 카드 또는 9점에 해당하는 카드가 나오면 바로 메이드가 되는 좋은 패다. 반면 이것을 각각 4로 쪼갤 경우 쉽게 메이드 되지 않는 패가 되어버린다. 쉽게 10점에 해당하는 카드가 2번 연속으로 나와 버스트된 것을 생각하면 된다), 딜러의 버스트 가능성이 가장 높은 5와 6일 때만 스플릿을 한다. 9페어의 경우 대부분의 경우에 스플릿을 하며, 딜러가 7과 10, A일 때만 스플릿을 하지 않는다.

이상과 같은 내용을 숙지하고 있으면 누구나 강원랜드와 거의 대등하게 블랙잭 게임을 할 수 있다. 그런데 안타깝게도 강원랜드에는 잘못된, 그것도 너무나도 잘못된 베팅 방법이 활개를 치고 있다. 된장룰이라고도 불리면서 많은 이성적인 플레이어의 지탄과 조롱의 대상이 된 강랜룰이 바로 그것이다.

4 아, 강랜룰! 강랜룰을 어찌할까

강원랜드에서 블랙잭을 하는 사람들은 오래전부터 그들만의 독특한 규칙인 '강랜룰'에 따라 게임을 해왔다. 그들은 강랜룰이 '딜러를 상대로 승리할 수 있는 최선의 방법'이라고 굳게 믿고 있지만, 실상 이 강랜룰이야말로 블랙잭 유저들이 큰 손해를 보게 만든 주범이자 강원랜드에서 반드시 사라져야 하는 적폐 중의 적폐다. 강원랜드에서 앞서 소개한 베이직 전략에 따라 플레이할 경우의 하우스 에지는 0.35퍼센트 미만이지만, 강랜룰대로 하게 되면 하우스 에지가 1퍼센트를 넘기게 된다. 유저들이 무려 3배 이상 불리해진다.

강랜룰의 핵심은 '최대한 내가 버스트 되지 않으면서 딜러가 버스트 되기를 기다리자'다. 강원랜드의 블랙잭 플레이어들은 버스트 될 가능성이 있는 상황에서 카드 받는 것을 지나치게 두려워한다. 그래서 딜러의 카드가 7 이상인 하이 바닥이어도 16이면 무조건 스테이 하고, 말구(마지막으로 카드를 받는 플레이어)에서는 15나 14, 심지어 12에서 스테이 하기도 한다. 또한 플레이어의 카드가 12고 딜러가 2 또는 3인 경우 확률상 히트를 하는 것이 옳지만 그들은 절대로 히트 하지 않으며, 소프트 18인 상태에서도 더 이상 카드를 받지 않는다. 그뿐만 아니라 그들은 스플릿을 하는 것도 싫어해서 9-9 또는 4-4를 가지고는 거의 스플릿을 하지 않으며, 심지어 딜러 로우 바닥을 상대로 7-7이나 8-8을 가지고 스테이 하는 경우도 있다. 자, 그러면 지금부터 강랜룰이 왜, 그리고 얼마나 잘못된 것인지 하나씩 살펴보도록 하자.

강랜룰1. 딜러 하이 바닥을 상대로 16에서 스테이 한다

강원랜드의 블랙잭 유저들은 자신의 카드가 16일 때 히트를 하게 되면 버스트 될 확률이 높으니, 그럴 바에는 딜러가 하이 바닥이더라도 스테이한 다음 딜러 버스트를 기다리는 편이 낫다고 생각한다. 그러나 이것은 완전히 잘못된 생각이다. 16으로 스테이 했을 때 이기는 상황은 딜러가 버스트 되는 경우뿐인데, 이 가능성은 생각보다 높지 않다. 딜러의 업카드가 7일 경우 딜러의 버스트 확률은 26.17퍼센트, 8이면 24.32퍼센트, 9면 22.97퍼센트, 10이면 21.27퍼센트, A일 때는 11.56퍼센트에 불과하다. 반면 플레이어가 16인 상태에서 카드를 1장 더 받을 때 버스트 되지 않을 확률은 대략 5/13이므로 38.46퍼센트에 달하며, 일단 메이드가 되면 높은 확률로 승리를 기대할 수 있다.

예를 들어 딜러 7을 상대로 16에서 히트하고 메이드 되었을 때 이길 확률은 약 68.72퍼센트, 무승부가 나올 확률은 14.77퍼센트로, 무승부를 절반의 승리로 계산하면 승률이 76퍼센트가 넘는다. 이 확률의 계산 과정을 자세히 살펴보면, 딜러 7을 상대로 16에서 히트 해 메이드 되는 상황의 경우 기본적으로 17, 18, 19, 20, 21로 메이드 될 확률이 동일하다. 부록의 '블랙잭 딜러의 업카드별 확률'을 보면 딜러의 업카드가 7일 때 딜러가 버스트 될 확률 및 17, 18, 19, 20, 21이 될 확률이 나온다. 무승부가 될 확률의 경우 딜러가 메이드 되는 5개의 확률을 모두 더해(36.9527+13.7997+7.8326+7.8708+7.3697) 5로 나눠주면 되고(5로 나누는 이유는 5가지 가능성이 기본적으로 모두 동일하기 때문에 평균치를 구하기 위함이다), 이길 확률의 경우는 17로 이길 때(26.1742), 18로 이길 때(26.1742+36.9527), 19로 이길 때

(26.1742+36.9527+13.7997), 20으로 이길 때(26.1742+36.9527+13.7997+7.83
26), 21로 이길 때(26.1742+36.9527+13.7997+7.8326+7.8708)의 확률을 모두
더한 다음 5로 나눠주면 된다.

38.46퍼센트의 76퍼센트는 29.23퍼센트로 애초에 딜러가 버스트 될 확
률이었던 26.17퍼센트보다 높기 때문에 히트를 하는 것이 스테이보다 유리
함을 알 수 있다. 플레이어가 16으로 딜러 하이 바닥을 상대할 때의 정확한
승률 기대치는 다음과 같다.

플레이어 16 대 딜러 하이 바닥의 승률 기대치(플레이어의 16이 10과 6으로 구성된 경우)

(단위: 퍼센트)

딜러의 업카드 플레이어의 선택	7	8	9	10	A
스테이	-47.71	-51.47	-54.22	-54.12	-66.37
히트	-40.55	-45.04	-50.21	-53.21	-51.51
강랜룰의 손해	7.16	6.43	4.01	0.91	14.86

이 표에 나오는 상황인 플레이어 16 대 딜러 하이 바닥은 어떤 선택을 해
도 플레이어가 불리한 상황이지만, 그래도 붉게 표시된 최선의 플레이, 즉
히트를 하면 강랜룰에 따라 스테이를 하는 것에 비해 유리하다는 것을 알
수 있다. 즉, 16으로 딜러의 7 이상을 상대하는 경우에는 히트를 하는 것이
올바른 선택이다. 어떻게 플레이를 하더라도 기댓값이 -40퍼센트가 넘는
매우 불리한 상황이지만, 히트를 해야 그나마 기댓값을 최대한 끌어올릴 수
있는 것이다. 딜러 하이 바닥을 상대할 때는 16으로 항상 히트를 하는 것이
유리하며, 앞의 하드 핸드 분석에서 설명한 바와 같이 16 대 10이면서 16이

3장 이상으로 구성된 경우에는 스테이만 하는 것이 유리하다.

강랜룰 2. 딜러 2 또는 3을 상대로 12에서 스테이 한다

일반적으로 딜러 로우 바닥을 상대할 때는 내가 버스트 될 가능성이 있으면 스테이 하는 것이 옳다. 하지만 예외적으로 플레이어가 12고, 딜러가 2 또는 3인 경우에는 히트를 하는 것이 더 낫다. 그 이유는 12로 히트했을 때 버스트 될 확률이 31퍼센트 정도로 낮고, 딜러가 2와 3일 때 버스트 될 확률 또한 35퍼센트와 37퍼센트로 로우 바닥 중에서는 가장 낮기 때문이다. 12에서 히트 했을 때 손해가 되는 카드는 10, J, Q, K인 4개지만 도움이 되는 카드는 5, 6, 7, 8, 9인 5개로 더 많다.

플레이어 12 대 딜러 2, 3의 승률 기대치(플레이어 12 대 딜러 2, 3의 승률 기대치)

(단위: 퍼센트)

플레이어의 선택 딜러의 업카드	2	3
스탠드	- 29.73	- 25.57
히트	- 25.11	- 23.02
강랜룰의 손해	4.62	2.55

위와 같이 딜러의 업카드가 2일 때는 4.62퍼센트, 3일 때는 2.55퍼센트로 히트를 하는 것이 더 유리하다. 하지만 강원랜드 유저들은 스테이 할 것을 강요하고, 정 카드를 받고 싶으면 더블을 치라고 강요하는데, 이는 참 고약한 심보라고 할 수밖에 없다. 이 상황에서 더블을 하게 되면 그냥 히트를 하는 것에 비해 정확히 2배가 더 불리해져버린다.

강랜룰3. 소프트18에서 무조건 스테이 한다

많은 강원랜드 블랙잭 플레이어는 소프트 17과 소프트 18이 나왔을 때 메이드라서 건드릴 필요가 없다는 생각을 한다. 최근에는 그나마 베이직의 영향으로 소프트 17에서는 히트를 많이 하지만 여전히 스테이 하는 사람들도 있으며, 소프트 18에서 정확하게 플레이하는 사람은 거의 없다.

우선 소프트 17을 살펴보면, 17은 메이드라고는 해도 딜러의 업카드가 6인 경우를 제외하면 항상 기댓값이 마이너스인, 썩 좋다고 볼 수 없는 핸드다. 소프트 17에서 히트를 하면 4/13의 확률로 핸드가 즉시 좋아지고, 4/13의 확률로 다시 17이 되며, 나머지 5/13의 확률에 있어서도 핸드가 개선될 여지가 충분히 많이 있다. 그러므로 소프트 17에 있어서는 절대로 스테이 해서는 안 되며, 오히려 히트와 더블다운 중에서 어떤 것을 선택할지 고민해야 한다. 한편 소프트 18의 경우 딜러의 업카드가 3, 4, 5, 6이면 유리하기 때문에 더블다운을 해야 하고, 딜러가 9, 10, A일 때는 불리하기 때문에 히트를 해야만 한다.

A와 6으로 구성된 소프트 17

(단위: 퍼센트)

	2	3	4	5	6	7	8	9	10	A
스탠드	-14.79	-11.14	-7.02	-3.34	+1.21	-10.23	-38.29	-41.93	-41.95	-47.92
히트	+0.13	+3.06	+6.34	+10.28	+12.98	+5.52	-7.11	-14.60	-19.50	-18.47
더블다운	-0.24	+5.95	+12.69	+20.56	+25.96	-0.64	-24.94	-38.77	-45.26	-53.53
강랜룰의 손해	14.92	17.09	19.71	23.90	24.75	15.75	31.18	27.33	22.45	29.45

A와 7로 구성된 소프트 18

(단위: 퍼센트)

	2	3	4	5	6	7	8	9	10	A
스탠드	+12.51	+15.26	+18.25	+20.49	+27.89	+40.30	+10.92	-18.24	-18.02	-10.03
히트	+6.35	+9.10	+12.74	+15.43	+19.17	+17.24	+4.17	-9.73	-14.24	-9.66
더블다운	+12.16	+18.02	+25.48	+30.85	+38.34	+22.5	-2.72	-28.2	-34.07	-36.20
강랜룰의 손해	-	2.76	7.23	10.36	10.45	-	-	8.51	3.78	0.37

딜러 8을 상대로 소프트 17을 스테이하면 히트 하는 것과 비교해 기대치가 31.18퍼센트나 차이가 난다. 30만 원을 베팅한 상태라면 그 선택 하나로 인해 평균 9만 3천 원이 넘는 손실이 발생하는 것이다. 소프트 18을 가지고 딜러 6을 상대로 스테이하는 것 또한 10.45퍼센트를 손해보는 플레이로, 30만 원을 베팅했을 경우 더블다운 하는 것에 비해 평균 31,350원을 손해보게 된다.

강랜룰4. 스플릿해야 할 상황에서 스플릿을 하지 않는다

블랙잭에서는 스플릿을 해야 할 상황에서 반드시 스플릿을 해야 어느 정도 딜러와 대등하게 승부할 수 있다. 그런데 최대한 카드를 받지 않고 넘어가는 것을 좋아하는 강원랜드 사람들은 마땅히 스플릿 해야 할 상황에서도 스플릿을 하지 않는다. 2페어와 3페어, 7페어는 딜러의 업카드가 7 이하일 경우 무조건 스플릿 해야 하지만 그렇게 하는 경우가 드물고, 4페어로 딜러 5, 6을 상대로 스플릿 하는 경우는 거의 없다시피 하다. 또 9페어의 경우 딜러의 업카드가 7, 10, A인 경우를 제외하면 항상 스플릿을 해야 하지만 그렇게 하려고 하면 그들은 역시나 메이드인데 왜 그러냐면서 막으려고 든다.

가장 최악인 것은 딜러 로우 바닥을 8페어인데 스플릿하지 않는 것이다. 딜러가 낮은 카드일 때 8, 8을 그대로 두면 16점으로 매우 불리하지만, 2개로 나누면 각각의 핸드가 모두 딜러보다 유리한 패가 된다. 유리한 패 2개를 만드는 대신 훨씬 불리한 패 하나를 그대로 가지고 가는 것, 그것이 바로 강랜룰이다.

8페어 핸드

(단위: 퍼센트)

	2	3	4	5	6	7
스탠드	-28.86	-24.65	-21.18	-16.62	-15.94	-48.25
히트	-46.72	-46.06	-45.72	-45.02	-42.27	-40.52
스플릿	+8.60	+15.88	+22.38	+30.61	+40.30	+31.65
강랜룰의 손해	37.46	40.53	43.56	47.23	56.24	72.17

이렇듯 강랜룰은 플레이어에게 매우 큰 손해를 끼치는 베팅 방법이기 때문에, 절대 이대로 게임을 해서는 안 된다. 하지만 강원랜드의 블랙잭 유저들은 자신들의 방식을 너무나도 굳게 신봉하고 있어서 아무리 사실을 이야기 해줘도 듣지 않는다. 실제로는 강랜룰대로 플레이했다가 손해를 본 경우가 더 많지만, 그들의 기억 속에는 강랜룰 덕분에 이득을 본 기억이 더 강하게 자리 잡고 있기 때문이다. 게다가 자기들끼리만 그렇게 하면 괜찮을 텐데 옆에서 정상적으로 게임하는 사람들에게까지 강랜룰을 강요하고, 같은 테이블에 강랜룰을 따르지 않는 사람이 있으면 그것 때문에 자신들이 손해를 본다고 생각한다.

하지만 그들의 믿음과 달리, 각각의 플레이어가 하는 선택은 다른 플레이어의 승률에 전혀 영향을 미치지 않는다. 초구(처음 카드를 받는 플레이어)가 10점으로 스테이를 하든, 말구가 20점으로 히트를 하든 딜러가 버스트 될 확률은 단 0.00001퍼센트도 변하지 않는다. 제비뽑기를 할 때 제비를 누가 먼저 뽑는지에 따라 유불리가 변하지 않는 것과 같은 이치다. 다른 플레이어의 선택으로 인해 결과적으로 손해를 보는 경우도 있지만, 정확히 같은 확률로 다른 플레이어 덕분에 이득을 보는 경우도 생기는 것이다. 그렇기 때문에 다른 사람의 플레이에 대해 불평할 하등의 이유가 없다.

만약 지금까지 강랜룰을 철석같이 믿어온 독자가 이 책을 읽고 있다면, 블랙잭의 모든 상황에 대한 기댓값을 정확하게 계산해주는 Blackjack Hand Calculator(https://wizardofodds.com/games/blackjack/hand-calculator)를 이용해 강랜룰이 손해라는 사실을 직접 확인해보기 바란다. 아무렴 여러분이 직관적으로 믿고 있었던 것보다는 엄밀한 수학적 증명에 의해 소수점아래 6자리까지 계산되어 나온 결과가 정확하지 않겠는가. 직접 두 눈으로 확인하길 바란다.

5 블랙잭 게임의 필수 Tip

1) 인슈어런스 베팅을 하지 마라

블랙잭은 하우스 에지가 매우 낮은 게임이지만, 인슈어런스 베팅만은 예외다. 인슈어런스 베팅이 공정한 베팅이 되기 위해서는 이길 확률이 3분의 1이 되어야 하지만, 실제로 딜러의 업카드가 A일 때 블랙잭일 확률은 31퍼센트가 채 되지 않는다. 결과적으로 강원랜드 인슈어런스 베팅의 하우스 에지는 7.25퍼센트가 되어, 메인 베팅에 비해 무려 20배 이상 하우스 에지가 높다. 플레이어가 블랙잭인 상황에서 인슈어런스에 최대 베팅을 하게 되면 딜러 블랙잭 여부와 상관없이 최초 베팅 금액만큼을 벌게 되지만, 인슈어런스는 본질적으로 메인 베팅과 전혀 별개로 진행되는 독립적인 베팅이기 때문에 항상 베팅 금액의 7.25퍼센트가 손해다. 그러므로 어떤 경우에도 인슈어런스 베팅을 해서는 안 된다.

2) 다른 플레이어들이 하는 말에 휘둘리지 마라

블랙잭은 자신의 선택이 다른 플레이어들의 결과에 영향을 미치는 게임이다. 또한 강원랜드의 블랙잭 플레이어들은 그들만의 강랜룰을 너무나도 신봉하고 있기 때문에, 당신이 베이직 전략으로 플레이하고 있으면 왜 그렇게 하느냐고 간섭하려 들 것이다. 이때 그들에게 휘말려 자신의 플레이를 하지 못하면 손해이므로 절대 흔들리지 말고 앞서 소개한 베이직 전략에 따라 플레이해야 한다. 다른 플레이어들과 싸워서 좋을 것은 없으므로, "나는 이렇게 플레이하는 것이 최선이라고 생각하기 때문에 이렇게 할 수밖에 없다"라고 최대한 좋은 말로 이야기하도록 하자. 게임 시작 전에 미리 각개(강랜룰대로 하지 않고 각자 개별적으로 플레이하는 것)로 하자고 이야기해두는 것도 좋다.

3) 더블다운과 스플릿을 주저하지 마라

블랙잭은 하우스 에지가 낮은 게임이지만, 승률 자체는 무승부를 제외할 때

46퍼센트 정도밖에 되지 않는다. 승률이 낮은 대신 이길 때 더블다운이나 스플릿을 통해 최대한 많은 돈을 당겨옴으로써 하우스 에지를 상쇄시키는 것이다. 그러므로 기회가 왔을 때는 주저하지 말고 더블다운을 해야 한다. 어떤 플레이어들은 조금만 먹어도 만족이라고 생각하고 유리한 상황에서도 더블다운을 하지 않거나 베팅 금액을 조금만 추가하는 더블 포 레스를 하는데, 이렇게 해서는 절대로 블랙잭 테이블에서 좋은 결과를 얻을 수 없다.

4) 항상 여유 자금을 가지고 베팅하라

앞선 이야기와 연관되는 내용이다. 강원랜드의 블랙잭 테이블에서는 베팅을 한 이후에 스플릿과 더블다운을 통해 최대 8배까지 베팅 금액이 올라갈 수 있다. 이때 자금이 부족해서 스플릿이나 더블다운을 못하게 되면 그만큼 손해이므로, 충분한 여유 자금을 확보한 상태에서 베팅하는 것이 좋다.

5) 블랙잭 게임에는 하우스 에지를 상쇄시킬 수 있는 카드 카운팅 기술이 있지만, 강원랜드에서는 통하지 않는다

블랙잭 게임에서는 2에서 7 사이의 숫자가 제거될수록 플레이어가 유리해지고, 높은 숫자인 9, 10, A가 제거될수록 딜러가 유리해진다. 그렇기 때문에 앞에서 어떤 숫자가 많이 나왔는지를 기억해두었다가 유리한 상황에서 베팅 금액을 올리는 카드 카운팅 기술을 사용할 수 있다. 대표적인 카드 카운팅 기법인 하이 로우 카운팅High-Low Count은 2, 3, 4, 5, 6이 나올 때마다 +1을 하고, 9, 10, A가 나올 때마다 -1을 한 다음 이를 남아 있는 카드 벌 수로 나눈 값(트루 카운트라고 부른다)이 높을수록 베팅 금액을 높이는 방식이다. 전통적인 방식으로 진행되는 블랙잭 게임에서는 이러한 방법을 통해 하우스 에지를 상쇄시킬 수 있지만, 강원랜드에서는 매 판이 끝날 때마다 셔플을 진행하는 자동 셔플 기계를 사용하기 때문에 아쉽게도 카드 카운팅이 통하지 않는다.

바카라

1 게임 소개

1) 바카라 게임의 개요

바카라는 카지노에서 가장 오래된 게임 가운데 하나로, 1400년대 이탈리아에서 시작되었다. 게임 방법이 간단하면서도 하우스 에지가 낮기 때문에 인기가 높다. 특히 고액 베팅을 하는 유저들이 선호하는 경향이 있으며, 영화 〈007〉의 주인공 제임스 본드가 가장 좋아하는 게임으로도 알려져 있다.

바카라는 '플레이어Player'와 '뱅커Banker'라는 두 핸드 중에서 어느 쪽이 이길지를 맞히는 게임이다. 플레이어와 뱅커가 각각 2장 또는 3장의 카드를 받은 상태에서 합계 점수의 1의 자리 숫자를 비교하여 승부를 가린다. 이때 '플레이어'가 베팅하는 사람을 의미한다거나 '뱅커'가 카지노를 의미하는 것은 아니므로 어느 쪽에든 자유롭게 베팅할 수 있으며, 무승부인 '타이'에도 베팅할 수 있다. 블랙잭과 달리 일단 베팅이 이루어진 이후에는 유저가 게임에 관여할 여지없이, 딜러가 정해진 규칙에 따라 게임을 진행하여 결과를 확인한다.

게임 결과 플레이어가 이긴 경우 플레이어에 베팅한 사람은 베팅한 것과 동일한 당첨금을 받는다. 뱅커의 배당률은 이보다 약간 낮아서 테이블에 따라 5퍼센트의 수수료(커미션)를 제외한 0.95배의 당첨금을 받거나, 뱅커가 6으로 이겼을 때는 당첨금을 절반만 받게 된다. 타이가 나왔을 경우에는 플레이어와 뱅커에 베팅한 돈은 모두 반환되고, 타이 베팅에 대해 베팅금의 8배를 추가로 페이한다. 페어 베팅은 '뱅커·플레이어·타이'와 무관하게 진행되는 베팅으로 뱅커 또는 플레이어가 처음 받은 2장의 액면이 동일하면 (10과 J, Q, K는 각각 다르게 간주한다) 11배를 페이한다.

2) 카드 점수의 계산

바카라에서는 한 벌이 52장으로 구성되는 일반적인 카드를 사용하며, 각각의 카드에는 점수가 부여되어 있다. 2에서 9까지의 카드는 해당 숫자가 그 카드의 점수고 10, J, Q, K는 0점, A는 1점이다.

바카라 게임에서는 각각의 핸드가 받은 점수를 합산하여 승패를 가리는데, 전체 합계 점수가 아닌 1의 자리만을 비교한다. 그러므로 두 핸드 중에서 1의 자리 점수가 9에 가까운 쪽이 승리하며, 어느 한 쪽이 0점이 되었을 경우 이를 바카라라고 부른다. 두 핸드의 1의 자리가 같을 경우에는 타이, 무승부가 된다.

플레이어

뱅커

플레이어는 ♣3, ♥4로 7이고, 뱅커는 ◆9, ♣5, ♠Q로 14다. 플레이어의 7이 뱅커의 4보다 크기 때문에 결과는 플레이어의 승리다.

3) 카드를 받는 규칙

게임이 시작되면 플레이어와 뱅커는 '플레이어-뱅커-플레이어-뱅커'의 순서로 각각 2장의 카드를 받는다. 그다음 추가 카드 1장을 받을 수도 있고 받지 않을 수도 있는데, 추가 카드를 받는 규칙은 다음과 같다.

(1) 내추럴 Natural

플레이어와 뱅커 어느 한쪽이라도 처음 받은 2장의 카드 합계 점수가 8점 또는 9점이 되면 내추럴이라고 하여 더 이상 카드를 받지 않고 그 상태에서 승부를 가린다.

플레이어는 ♠7, ♥6로 3이고, 뱅커는 ◆K, ♠8로 8이다. 플레이어의 3보다 뱅커의 8이 높으며, 뱅커가 내추럴이기 때문에 그대로 뱅커의 승리다.

플레이어와 뱅커가 모두 내추럴이지만 플레이어의 9가 뱅커의 8보다 높으므로 플레이어의 승리다.

내추럴이 나오지 않았을 때는 우선 플레이어가 추가 카드를 받을지 여부를 결정하고, 이어서 뱅커가 추가 카드를 받을지를 결정한다.

(2) 플레이어의 규칙

처음 받은 2장의 합계 점수가 0~5일 때는 추가 카드를 받고, 6이나 7이면 카드를 받지 않는다. 5 이하일 때는 그대로 있으면 이기기 어렵기 때문에 추가 카드를 받고, 6이나 7일 때는 그대로 있어도 이길 가능성이 높으므로 추가 카드를 받지 않는다고 생각하면 이해하기 쉽다.

(3) 뱅커의 규칙

① 플레이어가 세 번째 카드를 받지 않았을 경우

플레이어가 추가 카드를 받지 않은 경우에는 뱅커도 플레이어와 마찬가지로 0~5일 때 추가 카드를 받고 6, 7일 때 추가 카드를 받지 않는다.

② 플레이어가 세 번째 카드를 받았을 경우

이 경우에는 좀 더 복잡한 규칙이 적용되는데, 자신의 점수가 낮을수록 추가 카드를 자주 받는다는 원칙에는 변함이 없다.

- 뱅커의 점수가 0, 1, 2일 때: 무조건 추가 카드를 받는다.
- 뱅커의 점수가 3일 때: 웬만하면 추가 카드를 받지만, 유일하게 플레이어의 세 번째 카드가 8인 경우에는 카드를 받지 않는다.
- 뱅커의 점수가 4일 때: 이때는 추가 카드를 받지 않는 경우가 많이 늘어나서 플레이어의 추가 카드가 0, 1, 9인 경우에도 카드를 받지 않는다. 플레이어의 카드가 2, 3, 4, 5, 6, 7일 때는 카드를 받는다.
- 뱅커의 점수가 5일 때: 플레이어의 카드가 2, 3일 때도 카드를 받지 않고 4, 5, 6, 7일 때만 카드를 받는다.
- 뱅커의 점수가 6일 때: 플레이어의 카드가 6, 7일 때만 카드를 받는다.
- 뱅커의 점수가 7일 때: 추가 카드를 받지 않는다.

그렇다면 다음 상황에서 플레이어가 추가 카드를 받을 때, 플레이어 입장에서 가장 유리한 카드는 무엇일까?

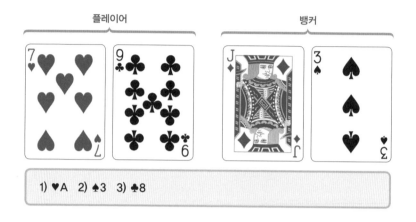

1) ♥A   2) ♠3   3) ♣8

정답은 3번 클럽8이다. 추가 카드 8이 나오면 플레이어의 점수가 6에서 4로 내려가지만, 뱅커의 점수가 3이고 추가 카드를 받지 않기 때문에 그대로 플레이어의 승리다. 8 이외의 추가 카드가 나왔을 경우에는 뱅커의 추가 카드에 따라 승부가 결정된다.

2   바카라의 하우스 에지

바카라 게임에서는 뱅커가 나올 확률이 플레이어가 나올 확률에 비해 조금 더 높다. 뱅커와 플레이어, 타이가 나올 확률은 각각 45.9퍼센트와 44.6퍼센트, 9.5퍼센트다. 타이를 제외하고 생각하면 뱅커가 나올 확률이 50.7퍼센트, 플레이어의 확률이 49.3퍼센트로, 바카라의 뱅커 베팅은 카지노에서 유일하게 맞출 가능성이 틀릴 가능성보다 높은 베팅이다. 그렇기 때문에 뱅커 베팅에 대해서는 당첨금을 온전히 지급하지 않고 일부만 지급함으로써 하우스 에지를 유지하게 된다. 바카라 베팅의 하우스 에지는 다음과 같다.

바카라 베팅의 하우스 에지

(단위: 퍼센트)

	커미션 바카라	커미션 없는 바카라
뱅커 베팅	1.06	1.46
플레이어 베팅	1.24	1.24
타이 베팅	14.36	14.36
페어 베팅	-	10.36

*페어 베팅은 리미트 30만 원 테이블에서만 할 수 있는 사이드 벳으로, 뱅커 페어와 플레이어 페어가 있다. 뱅커 또는 플레이어가 처음 받은 2장의 액면이 동일하면 11배를 페이한다.

위의 표에서 알 수 있듯 하우스 에지가 가장 낮은 바카라 베팅은 커미션 테이블의 뱅커 베팅이며, 커미션 없는 테이블의 뱅커 베팅은 이보다 하우스 에지가 높아진다. 전체 뱅커 승리 가운데 11.75퍼센트의 비중을 차지하는 Banker 6 Win에 대해서 절반만 페이하기 때문에 커미션이 5퍼센트보다 높아지는 효과가 생기는 것이다. 결과적으로 커미션 테이블에서는 뱅커 베팅이 플레이어 베팅에 비해 유리하고, 커미션 없는 테이블에서는 플레이어 베팅이 뱅커 베팅에 비해 유리하다. 한편 타이 베팅과 페어 베팅의 하우스 에지는 각각 14.36퍼센트와 10.36퍼센트다.

이상과 같이 바카라 모든 베팅의 하우스 에지에 대해 알아보았는데, 뱅커와 플레이어의 하우스 에지를 구할 때는 타이가 나오는 경우를 제외하고 계산해야 보다 의미 있는 결과를 얻을 수 있다.

예를 들어 99.9퍼센트의 확률로 무승부가 나오고 0.1퍼센트의 확률로 베팅금을 잃는 카지노 게임이 있다고 하자. 이 게임의 하우스 에지는 0.1퍼센트에 불과해 블랙잭에 비해서도 훨씬 더 낮지만, 아무도 이런 게임을 하려고 하지는 않을 것이다. 돈을 딸 가능성이 전혀 없기 때문이다. 이 경우 무승부가 나오는 판은 승패가 갈리지 않고 의미 없이 지나간 허수임에도, 단순히 하우스를 상대로 오링(판돈을 전부 잃었다는 뜻의 은어)이 나지 않고 오랫동안 게임을 할 수 있다는 의미에서 하우스 에지를 낮추는 역할을 하게 된다. 그렇기 때문에 이를 배제해줄 필요가 있는 것이다.

타이를 배제한 뱅커와 플레이어 베팅의 하우스 에지

(단위: 퍼센트)

	커미션 바카라	커미션 없는 바카라
뱅커 베팅	1.17	1.61
플레이어 베팅	1.36	1.36

결국 승패가 갈리는 경우만을 고려한 바카라의 하우스 에지는 뱅커 베팅 1.17퍼센트 또는 1.61퍼센트, 플레이어 베팅 1.36퍼센트이다.

Tip 바카라에서 뱅커가 플레이어에 비해 자주 나오는 이유

바카라에서는 내추럴이 아닐 때 플레이어가 먼저 세 번째 카드를 받을지 결정한다. 뱅커는 플레이어의 결과를 보고 나서 플레이어의 추가 카드가 플레이어에게 유리할수록 더 적극적으로 추가 카드를 받게 된다. 이렇듯 뱅커의 핸드가 플레이어의 핸드보다 나중에 결정되는 이점이 있기 때문에 뱅커가 플레이어보다 더 자주 나오는 것이다.

3 강원랜드의 바카라 테이블

강원랜드의 바카라 테이블에는 1번부터 8번까지 핸디의 자리가 표시되어 있는데, 4번이 없기 때문에 핸디는 총 7명이다. 단, 30만 원 테이블에서는 9명의 핸디가 게임을 할 수 있다. 또한 30만 원 테이블의 경우 페어 베팅이 가능하고, 뒤에서 관전하거나 뒷전 베팅을 할 수 없다는 점에서도 다른 테이블과 차이가 있다.

강원랜드의 바카라 테이블은 대부분 커미션 없는 바카라 테이블이며, 커미션 바카라 테이블은 21A피트에서만 소규모로 운영되고 있다. 커미션 없는 바카라 게임의 진행 속도가 훨씬 빠른 데다 하우스 에지도 더 높기 때문에 카지노 측에서 선호한다.

게임 진행

① 강원랜드의 바카라 게임은 카드 8벌로 진행된다. 게임이 시작될 때 핸디 중에서 1명이 인디케이터Indicator 카드라고 불리는 검은색 플라스틱 카드를 8벌의 카드 중간에 끼워 넣으면, 딜러는 위아래로 양분된 카드의 위치를 바꾼 다음 셔플 머신 안에 넣는다. 그다음 인디케이터 카드 또한 셔플 머신의 표시된 위치에 넣는데, 이로 인해 뒤쪽 1벌을 조금 넘는 카드가 분리된다.

② 첫 게임은 오픈 게임이라고 불리는 일종의 테스트 게임으로 베팅 없이 진행되며, 두 번째 게임부터 베팅이 시작된다.

③ 핸디는 원하는 베팅 옵션에 자유롭게 베팅할 수 있는데, 단 플레이어와 뱅커에 동시에 베팅할 수는 없다. 핸디가 베팅을 마치거나 테이블을 두드려서

베팅 가능 금액

(단위: 원)

리미트 \ 베팅 옵션	플레이어 / 뱅커	타이	페어
5만	5천 ~ 5만	1천 ~ 5천	-
10만	5천 ~ 10만	1천 ~ 1만	-
20만	1만 ~ 20만	1천 ~ 2만	-
30만	1만 ~ 30만	1천 ~ 3만	1천 ~ 2만 5천

베팅하지 않겠다는 의사를 표시하면 뒤에 서 있는 사람들도 뒷전 베팅에 참여할 수 있다.

④ 베팅이 어느 정도 진행되면 딜러는 "No More Bet"을 선언하고 셔플 머신에서 카드를 꺼낸다. 첫 번째 카드가 나온 이후에는 베팅을 수정하거나 취소할 수 없다.

⑤ 결과가 나오면 딜러는 당첨되지 않은 칩을 회수하고, 당첨된 칩에 대해서는 정해진 배당률에 따라 페이를 진행한다. 매 판이 끝날 때마다 전광판에는 플레이어가 이기면 빨간색, 뱅커가 이기면 파란색, 타이가 나오면 초록색으로 결과가 표시되며 해당 슈Shoe(카드를 넣어두는 박스)에서 각각의 결과가 나온 확률도 표시된다.

⑥ 셔플 머신에서 인디케이터 카드가 나오면 더 이상 새로운 게임이 진행되지 않고 해당 슈Shoe의 게임이 종료된다. 한 슈는 70게임 정도로 구성되며, 잠시 휴식 시간을 가진 뒤 다시 새로운 슈의 게임이 시작된다.

한편 강원랜드의 바카라 테이블에는 블랙잭 테이블과 마찬가지로 수많은 오해와 착각, 미신이 판을 치고 있는데, 이제부터 자세히 알아보도록 하겠다.

_4_ 오늘도 그림을 찾는 당신, 셔플 머신은 화가가 아니에요

강원랜드의 바카라 유저들은 그림 찾는 것을 참 좋아한다. 예를 들어 5번 연속으로 뱅커가 이기는 결과가 나와서 전광판에 아래로 내려가는 그림이 그려졌으면(5번 연속으로 뱅커가 이겼다는 뜻이다. 바카라 게임에서는 플레이어가 이기면 빨간색, 뱅커가 이기면 파란색으로 결과가 표시되는데, 같은 결과가 연달아 이어갈 경우 앞서 표시된 결과의 아래에 새로운 결과가 표시되는데 이것을 내려가는 줄이라고 부른다. 앞선 결과와 다른 결과가 나왔을 경우에는 오른쪽 옆칸에 결과가 표시된다) 다음번 결과도 그 그림의 추세대로 뱅커가 나올 것이며, 플레이어가 3번 연속으로 나온 이후에 뱅커가 3번 나왔다면 이번에는 앞서 만들어진 2개의 줄과 평행한 새로운 줄을 그리기 위해서 플레이어가 나올 것이다 하는 식이다.

수많은 강원랜드 유저들이 이렇듯 그림을 분석함으로써 결과를 예측할 수 있다는 생각으로 베팅을 한다. 그리고 결과가 좋으면 "역시 내 분석이 맞았어" 하면서 만족해하고, 결과가 나쁘면 "중간에 한 번 타이가 나왔으니 꺾었어야 했는데 잘못했구나" 하는 식으로 나름의 분석을 하면서, 방법만 잘 찾으면 카지노를 상대로 승리할 수 있다는 믿음을 간직하고 있다. 하지만 안타깝게도 이는 한심하기 그지없는, 완벽한 착각일 뿐이다.

생각해보자. 셔플 머신이나 전광판은 화가가 아니다. 그림이 무엇인지 모르고, 전광판의 화면을 인식하거나 기억하지도 않으며, 앞서 나온 추세대로 그림을 그리려고도 하지 않는다. 셔플 머신은 그저 안에 들어 있는 카드들을 랜덤하게 섞을 뿐이며, 셔플 머신의 셔플이 끝나는 순간 전광판에는 아무 것도 표시되지 않은 상태지만 이미 그 슈의 결과는 결정되어 있다. 한마디로 전광판에 표시되는 화면은 이미 결정된 결과를 표시해주는 것일 뿐 결과를 예측할 수 있는 어떠한 수단도 되지 못한다.

이렇게 말해도 많은 강원랜드 유저들은 자신들이 틀렸다는 것을 인정하지 않고 "전광판이 그림을 그리는 쪽으로 결과가 나오는 경우가 그렇지 않은 경우보다 훨씬 많고, 나는 수없이 그런 것들을 목격해왔다"는 식으로 이야기한다. 하지만 그것은 전광판에 예쁘게 그림이 그려졌을 때의 상황이 그렇지 않았을 때 보다 더 강하게 기억에 남아 있기 때문에 생긴 착각일 뿐, 실제로 전광판에 그림이 그려지는 쪽으로 결과가 나올 확률과 그림을 그리지 않는 쪽으로 결과가 나올 확률은 동일하다.

그래도 강원랜드 유저들은 여전히, 자신들은 오랫동안 그림 분석을 바탕으로 베팅하는 방법을 연구해왔으며 또 그것으로 효과를 봤다고 주장할 것이다. 그분들에게 되묻고 싶다. 그토록 열심히 연구해서 찾아낸 방법으로 그동안 재미 좀 보셨느냐고. 아마도 모두 꿀 먹은 벙어리가 될 것이다. 그림을 분석해서 돈을 벌 수 있다면 카지노에서 돈을 못 벌 사람은 아무도 없다. 그리고 지금껏 그림을 잘 봐서 돈을 벌었다는 사람의 이야기는 들어본 적이 없다. 그림을 통한 베팅 예측은 아무 생각 없이 랜덤하게 베팅하는 것과 아무런 차이가 없다.

그렇지만 "내가 정말 확실하다고 생각한 경우에는 베팅 결과가 대부분 맞았단 말이야!"라고 말하고 싶은 사람이 분명 있을지도 모른다. 그런데 이 또한 확실하다고 예측했던 결과가 우연히 맞았을 때를 그렇지 않았을 때보다 더 잘 기억하고 있기 때문에 그렇게 느끼는 것뿐이다.

베팅 없이 진행되는 오픈 게임의 결과가 그다음 게임에 영향을 준다고 생각하는 것이나, 쌍타이가 나오면 흐름이 바뀔 것이라는 생각 또한 그림을 찾는 것과 마찬가지로 잘못된 생각이다.

Tip **바카라의 그림 표시 방법**

바카라 게임에서 그림을 표시하는 방법에는 여러 가지가 있다. 앞서 설명한 것과 같이 뱅커 또는 플레이어의 결과가 앞선 게임과 같으면 아래로 내려가고, 다를 경우에는 옆으로 옮겨가는 것이 가장 일반적인 방식이며, 이를 원매라고 부른다. 또 바카라 게임의 결과를 세로 3줄로 나타낸 것을 3매, 6줄로 나타낸 것을 6매라고 하며 원매에 대한 보조지표로 사용된다. 그 외에도 그림이 연속해서 나타났는지 여부를 긍정과 부정으로 표시하는 중국점과 같은 그림 표시 방법이 있으나, 위에서 설명한 것처럼 그림을 보는 것은 바카라 게임의 승률을 올리는 데 조금의 도움도 되지 않는다.

5 갈 땐 가야죠, 어차피 죽어도 한 번 죽는 건데

강원랜드 바카라 테이블에서 빨간색(플레이어 승)이든 파란색(뱅커 승)이든 내려가는 줄이 길게 이어지면, 너 나 할 것 없이 그 줄을 따라 베팅하는 '올뱅(올뱅커)'이나 '올플레이어'가 나오는 현상을 자주 목격할 수 있다. 그들은 이처럼 어느 한쪽만 계속해서 나오고 있는, 소위 '줄을 타는 상황'이 오면 "주는 걸 안 받아 먹을 이유가 없다"라고 하면서 당연하다는 듯 그렇게 베팅을 한다. 그 밑바탕에는 플레이어가 계속 나오고 있으면 플레이어에게, 뱅커가 계속 나오고 있으면 뱅커에게 상황이 유리하다는 생각이 자리 잡고 있다. 하지만 실제로는 상황이 조금도 유리하지 않고, 그저 '뜨거운 손 오류'에 해당할 뿐이다.

만약 A라는 사람이 3일 연속으로 모자를 썼다면 그는 다음 날에도 모자를 쓸 확률이 높다. 그 이유는 A가 모자를 쓰고자 하는 의지가 강한 사람이기 때문이다. 하지만 바카라 카드는 사람이 아니다. 어떠한 결과를 만들고자 하는 의지가 있을 수 없다. 그렇기 때문에 새로운 바카라 게임의 결과에 영향을 미치는 것은 셔플 머신 안에 들어 있는 카드의 종류와 숫자일 뿐, 앞에서 나온 결과와는 완전히 무관하다. 오히려 앞에서 뱅커가 많이 나왔다는 것은 뱅커가 나오는 데 유리한 카드인 5, 6, 7, 8, 9가 많이 소모되었을 가능성이 있음을 의미하기 때문에, 그 이후의 결과는 플레이어가 나올 가능성이 극히 미미하게나마 올라가게 된다. 결과적으로 뱅커가 연달아 나오고 있는 상황에서 뱅커가 나올 확률은 평소에 비해 올라가지 않고 오히려 내려가게 된다. 확률상 조금의 이점도 없는 베팅을 어떻게 '주는 거'라고 말할 수 있단 말인가?

나는 이렇듯 강원랜드 유저들이 줄을 타는 베팅을 할 때 혼자 반대쪽에 베팅하는 것을 좋아한다. 그 이유에는 2가지가 있는데, 하나는 그들의 생각이 틀렸다는 것을 보여주고 싶기 때문이고 다른 하나는 베팅에서 이겼을 때 페이가 빨리 끝나면 기분이 더 좋기 때문이다. 하지만 남들 다 잃고 혼자 돈을 따는 상황에서 너무 좋아하는 반응을 보이면 옆에서 싫어하니 표정 관리를 하는 게 좋다. 과묵한 성격인 나는 꼭 그런 것 때문이 아니더라도 항상 조용히 무표정한 얼굴로 베팅을 한다. 바카라 테이블에서 굳이 포커페이스를 유지해야 할 필요는 없지만, 포커페이스를 하는 것이 게임 외적인 부분에서 조금이라도 도움이 될 수는 있다.

한번은 계속 플레이어가 나오고 있는 상황에서 나 외에도 다른 한 사람이 뱅커에 돈을 건 적이 있다. 결과는 플레이어의 승으로 나와 그 사람이 돈을 잃었는데, 그때 딜러가 한 말이 가관이었다.

"갈 땐 가야죠, 어차피 죽어도 한 번 죽는 건데."

그 딜러가 가지고 있는 생각은 이런 것이다. 지금까지 플레이어가 연달아 나온 상황에서 플레이어에 베팅하면, 흐름이 전환되어 뱅커가 나오기 전까지는 계속해서 이기는 것이니 연승이 가능하다. 혹시 예상과 달리 뱅커가 빠르게 나오더라도 한 번 지는 것뿐이니 크게 아쉬울 게 없다는 것이다. 과연 그럴까?

강원랜드의 모든 베팅, 아니 강원랜드뿐 아니라 지구상의 모든 베팅은 기본적으로 지기 전까지는 이기게 되어 있다. 플레이어가 연달아 나오고 있는 상황에서 향후 5번의 베팅을 '플플플플플'로 한다고 했을 때, 5번을 계속 이길 수도 있고 중간에 지더라도 그때까지 진 횟수가 1번뿐인(처음 졌을 때의 상황) 것은 맞다. 하지만 그것은 '플플플플플'이 아니라 '뱅뱅뱅뱅뱅' '플뱅플뱅플' '뱅뱅플플뱅' 또는 그 어떤 다른 방식으로 베팅을 하더라도 마찬가지다. 그렇기 때문에 플레이어가 이길 확률이 평소에 비해 특별히 올라가 있다는 전제가 성립하지 않는 한, "죽어도 한 번 죽는 것이니 계속 플레이어에 가는 것이 이득이다"와 같은 말은 성립하지 않는다. 듣고 보면 참으로 당연한 이치가 아닌가?

이처럼 강원랜드에서는 유저들뿐만 아니라 딜러들도 도박에 대해 잘 모른 채 이야기하는 경우가 많다. 강원랜드 측에서 딜러들에게조차 도박의 기

145

본 이론을 가르쳐주지 않는 '우민화 정책' 때문이라는 것을 다시 한번 상기시키는 바다.

<u>6</u> 바카라 베팅의 필수 노하우

1) 타이 베팅과 페어 베팅을 하지 마라

바카라는 블랙잭 다음으로 하우스 에지가 낮은 게임으로, 뱅커와 플레이어 모두 1퍼센트대 초반의 하우스 에지를 가지고 있다. 이에 반해 타이 베팅의 하우스 에지는 무려 14.36퍼센트가 넘고, 페어 베팅 또한 하우스 에지가 10.36퍼센트나 된다. 이는 뱅커나 플레이어에 비해 타이는 10배, 페어는 7배 이상 불리하다는 것을 의미한다. 그러므로 절대로 타이나 페어에 베팅해서는 안 된다. 바카라는 기본적으로 룰렛에 비해 4배 더 유리한 게임이지만 이런 베팅을 하는 순간 룰렛보다 2배는 더 불리한 게임이 되어버린다.

2) 다른 사람들이 하는 말을 믿지 마라

강원랜드의 바카라 테이블에 고수를 자처하는 사람들은 많지만, 그중에 진짜 고수는 아무도 없다. 바카라는 본질적으로 동전 던지기와 같아 실력이 결과에 별다른 영향을 미치지 않는다. 단지 하우스 에지가 낮아서 운이 어느 정도 따라주면 돈을 딸 수 있고, 그러다 보니 수많은 사람이 자신의 방식대로 베팅하면 카지노를 이길 수 있다는 착각에 빠져 있는 것이다. 그러므로 바카라 테이블에서 남들이 하는 말만 듣고 베팅하면 손해를 보기 쉽다.

줄을 잘 타면 돈을 딸 수 있다는 말을 믿고 최대 금액으로 베팅하다가 낭패를 본 사람만 해도 부지기수라는 것을 명심하자.

3) 바카라의 베팅에는 왕도가 없다

앞에서 설명한 것과 같이 커미션 테이블의 뱅커에만 베팅하면 정해진 자금으로 가장 오래 게임을 할 수 있고, 바로 뒤에서 소개할 시뮬레이션 방법을 이용하면 바카라 게임의 결과를 가장 잘 재현해볼 수 있다. 그러나 어느 쪽도 하우스 에지를 극복할 수 있는 방법은 아니기 때문에 꼭 어떤 것이 정답이라고 말하기는 어렵다. 경우에 따라서는 자신의 감을 믿고 베팅하는 것이 최선의 방법이 될 수도 있다. 단, 이 책을 읽은 독자라면 전광판을 보면서 그림을 찾는 등 쓸데없는 노력은 하지 않길 바란다. 또한 어느 쪽에 베팅할지 감이 안 잡힐 때는 커미션 테이블에서는 뱅커에, 커미션 없는 테이블에서는 플레이어에 베팅하는 것이 좋다. 그래야 하우스 에지를 조금이라도 낮출 수 있기 때문이다.

4) 바카라의 카드 카운팅은 이론적으로는 가능하지만, 실전에서 도움이 되는 경우는 거의 없다

바카라에서는 게임 도중 0, 1, 2, 3, 4에 해당하는 카드가 나올 때마다 뱅커에 베팅하는 것이 유리해지고, 5, 6, 7, 8, 9가 나올 때마다 플레이어에 베팅하는 것이 유리해진다. 또한 0, 1, 8, 9가 나오면 타이 베팅이 유리해진다. 그렇기 때문에 앞에서 어떤 카드가 많이 나왔는지를 기억해두었다가 유리한 쪽에 베팅하는 플레이를 생각해볼 수 있으나, 하우스 에지를 상쇄시킬 정도로 유리해지는 경우는 거의 없다. 바카라 베팅의 기댓값이 플러스가 되

147

기 위해서는 게임 초반에 유리한 카드가 불리한 카드에 비해 100장 이상, 그리고 막판일 때 유리한 카드가 불리한 카드보다 40장가량 더 많이 나와 있어야 한다. 그런데 이런 상황이 나올 가능성이 극히 희박해서 2만 판 중에 한 번도 채 나오지 않는다. 그러므로 바카라 게임에서 카드 카운팅은 불가능하다고 생각해도 된다.

5) 바카라 게임에서는 카드 1장에 따라 유불리가 달라지고 희비가 엇갈린다. 이를 잘 파악하고 있으면 도움이 된다

바카라 게임에서 각각의 숫자가 나올 확률은 모두 똑같이 약 1/13이다. 1장의 카드를 받는 상황에서 +1에 해당하는 카드인 A가 나올 확률도 1/13이고, +2에 해당하는 2가 나올 확률도 1/13이며, +3부터 +9에 해당하는 카드가 나올 확률도 마찬가지로 1/13이다. 한편 장(10, J, Q, K)이 나올 확률은 4/13이기 때문에 4/13의 확률에 대해서는 점수 변화가 없다.

예를 들어 플레이어의 점수가 9고, 뱅커의 점수가 이보다 낮은 상태에서 마지막 카드를 받는다면, 뱅커를 9로 만드는 카드가 나올 확률인 1/13에 있어서는 타이가 되고 나머지 12/13는 플레이어가 승리한다. 플레이어가 8이었을 경우에는 뱅커가 이길 확률과 타이가 나올 확률이 각각 1/13이고, 플레이어가 이길 확률은 11/13이다. 이런 식으로 플레이어의 점수가 내려갈수록 뱅커의 승률이 높아져서, 플레이어가 3점이고 뱅커가 0~2점일 때는 플레이어와 뱅커가 이길 확률이 반반이 된다.

어차피 게임 결과는 알아서 판정이 되기 때문에 이러한 확률을 몰라도 결과에는 영향이 없지만, 알고 있으면 게임에 집중하는 데 많은 도움이 된다.

스마트폰을 이용한 바카라 게임결과 시뮬레이션

앞에서 살펴본 바와 같이, 바카라 베팅 중에서 가장 하우스 에지가 낮은 것은 커미션 바카라의 뱅커다. 정해진 자본금으로 최대한 오래 게임을 하려면 커미션 테이블에서 뱅커에만 베팅을 하는 것이 최선이다. 하지만 항상 같은 곳에만 기계적으로 베팅하면서 게임의 재미를 느끼기는 어려운 법. 그렇기에 여기에서는 스마트폰을 이용해 실제 바카라 게임의 결과를 예상해보는 방법을 알려주겠다.

타이를 제외하고 뱅커가 나올 확률 약 50.7퍼센트, 플레이어가 나올 확률 약 49.3퍼센트인 바카라 게임의 결과를 가장 잘 재현하는 방법은 실제로 뱅커에 50.7퍼센트, 플레이어에 49.3퍼센트의 비중으로 베팅하는 것이다. 이는 바카라 테이블의 상황을 그대로 시뮬레이션 해봄으로써 가능하다. 조종사 교육이나 핵실험 등에서 컴퓨터 시뮬레이션이 폭넓게 사용되는 것처럼 도박에서도 시뮬레이션을 활용할 수 있다. 요즘은 스마트폰 하나만 있어도 어렵지 않게 시뮬레이션을 할 수 있는데, 스마트폰에서 바카라 결과를 시뮬레이션 하려면 Microsoft Excel 앱을 사용해야 한다. 우선 앱을 실행한 다음 아무 셀이나 하나를 더블클릭 한 다음 정확하게 다음과 같이 입력하면 된다.

= IF(RANDBETWEEN(1,4522770849030144)<=2230518282592256,1,0)

이 함수의 의미는 1부터 4522770849030144 사이의 숫자 하나를 랜덤으로 생성해서, 그 숫자가 2230518282592256보다 작거나 같으면 1을 표시하고 그렇지 않으면 0을 표시하라는 뜻이다. 여기서 1이 나오면 시뮬레이션 결과 플레이어가 나온 것이고, 0이 나오면 뱅커가 나온 것이다. 단, 이러한 시뮬레이션 방식을 활용한다고 해서 게임의 장기적인 기댓값이 높아지는 것은 아니며 승률 자체도 뱅커에만 베팅하는 것보다 낮으므로, 이러한 방법을 써서 카지노에서 돈을 딸 생각은 하지 않는 것이 좋다.

바카라에서 플레이어와 뱅커가 나올 수 있는 모든 경우의 수는 16자리인데, 엑셀은 최대 15자리까지만 숫자를 표시할 수 있다. 그렇기 때문에 자동으로 1의 자리를 0으로 버림한 상태에서 시뮬레이션이 이루어진다. 결과에 미치는 영향은 극히 미미하기 때문에 무시해도 상관없지만, 조금의 오차도 없는 시뮬레이션 결과를 원한다면 Visual Basic이나 C언어, 자바 JAVA 등의 프로그램을 사용해야 한다.

텍사스 홀덤

1 게임 소개

텍사스 홀덤은 포커 게임의 한 종류로, 모든 포커 게임 가운데 전 세계적으로 가장 큰 인기를 끌고 있다. 텍사스 홀덤의 특징은 모든 플레이어가 공유하는 카드인 커뮤니티 카드가 존재한다는 점이다. 게임이 시작되면 모든 플레이어는 자신만 볼 수 있는 2장의 포켓 카드(홀 카드라고도 한다)를 받는다. 그다음 5장의 커뮤니티 카드가 3장(플롭 카드), 1장(턴 카드), 1장(리버 카드)의 순서로 공개된다. 포켓 카드 및 커뮤니티 카드(포켓 카드는 자신만 볼 수 있는 2장의 카드, 커뮤니티 카드는 모든 플레이어가 공유하는 카드라고 간략하게 설명할 수 있다)가 공개될 때마다 한 번씩 총 4번의 베팅이 이루어지게 된다. 1명의 플레이어를 제외한 모든 플레이어가 게임을 포기하면 해당 플레이어가 승리하며, 2명 이상의 플레이어가 끝까지 남았을 경우에는 더 강한 5장의 포커 족보를 만들 수 있는 사람이 승리한다.

텍사스 홀덤의 인기는 2000년대 들어서 급격히 상승해 세계적으로 수많은 사람들이 즐기고 있다. 매년 수백만 달러의 상금이 걸린 월드시리즈오브포커WSOP와 월드포커투어WPT라는 국제대회가 열리며, 영화 〈007 카지노 로얄〉에 등장하는 포커 게임도 텍사스 홀덤이다. 국내에서는 임요환, 해외에서는 기욤 패트리, 베르트랑 그르소펠리에 등 유명 프로게이머들이 은퇴 이후에 텍사스 홀덤 플레이어로 전향해 활약하고 있다.

텍사스 홀덤이 지금처럼 인기를 끌게 된 이유 가운데 하나는 운 이외에도 전략이나 두뇌 회전, 심리전과 같은 다양한 요소에 의해 승부가 결정되기 때문이다. 외국에서는 텍사스 홀덤이 단순한 도박이 아니라 두뇌를 이용해 승부를 겨루는 마인드 스포츠로 인정받고 있으며, 세계에서 가장 권위 있는 마인드 스포츠 대회인 '마인드스포츠올림피아드MSO'의 정식 종목이기도 하다.

이렇듯 텍사스 홀덤은 실력이 크게 영향을 미치는 게임이자 유저들끼리 승부를 겨루는 게임이기 때문에, 다른 플레이어에 비해 뛰어난 실력을 가지고 있으면 지속적으로 돈을 따는 것이 가능하다. 나는 현재 강원랜드에서 꾸준히 하루 평균 20만 원가량의 수익을 올리고 있는데, 다른 플레이어들에 비해 월등히 좋은 성적을 내는 이유는 남들이 모르는 지식을 바탕으로 매 순간 최선의 플레이를 하기 때문이다. 강원랜드의 텍사스 홀덤 테이블에는 독특한 규칙과 플레이 스타일이 있으며 여기에 최적화된 전략 또한 존재한다. 현재 국내에 홀덤 관련 서적은 여럿 나와 있으나 하나같이 노리밋No limit

홀덤에 대해 써놓았기 때문에 강원랜드에서는 별 도움이 되지 않는다. 강원랜드에서 홀덤을 할 때 도움이 되는 책은 오직 이 책뿐이다. 지금까지 혼자서만 알고 있었던, 강원랜드에서 텍사스 홀덤으로 돈을 버는 노하우를 최초로 공개한다.

2 기본 용어 정리

텍사스 홀덤에는 진행을 위해 기본적으로 알아두어야 할 게임 용어들이 있다. 여기에서 간단하게 정리해보도록 한다.

- 레이즈 Raise

  상대가 베팅한 금액을 한 번 더 올리는 액션이다.

- 리레이즈 Re-raise

  상대방의 레이즈에 대해 다시 레이즈 하는 것. 강원랜드에서 리버 단계를 제외한 베팅 단계의 리레이즈는 해당 베팅 라운드에서 허용되는 마지막 레이즈이기 때문에 '캡'이라고도 부른다.

- 리버 River

  턴 카드 다음으로 공개되는 다섯 번째 커뮤니티 카드 혹은 리버 카드가 공개된 이후에 진행되는 마지막 베팅 단계를 말한다.

- 바이인 Buy-in

  플레이어가 포커 게임에 참여하기 위해 현금을 칩스로 교환하는 행위 또는 칩으로 교환하는 금액. 강원랜드에서는 10만 원에서 100만 원 사이의 금액으로 바이인 해야 한다.

- 번 Burn

플롭, 턴, 리버 카드를 오픈하기 전에 카드를 한 장씩 버리는 것을 뜻한다.

- 벳 Bet

해당 베팅 단계에서 최초로 돈을 거는 행위다.

- 빅 블라인드 Big Blind

스몰 블라인드의 바로 왼쪽 자리 혹은 빅 블라인드 위치에 있는 플레이어가 의무적으로 포스트 Post 해야 하는 금액을 말한다. 강원랜드의 빅 블라인드 금액은 5천 원이다.

- 쇼다운 Show-down

베팅이 종료된 뒤 남아 있는 플레이어들이 승패를 확인하기 위해 카드를 공개하는 것이다.

- 스몰 블라인드 Small Blind

딜러버튼의 바로 왼쪽 자리 혹은 스몰 블라인드 위치에 있는 플레이어가 의무적으로 포스트 하는 금액으로 강원랜드의 스몰 블라인드 금액은 2천 원이다.

- 스플릿 Split

2명 이상의 플레이어가 동등한 핸드를 가지고 있어서 팟을 나누는 상황 또는 프리플롭에서 다른 플레이어들이 모두 폴드하고 스몰 블라인드와 빅 블라인드 2명만 남았을 때, 각자의 포스트 비용을 돌려받고 해당 게임을 마무리하는 강원랜드 고유의 룰을 말한다. 찹 Chop 이라고도 한다.

- 액션 Action

체크, 벳, 콜, 레이즈, 폴드 등 자신의 베팅 순서가 돌아왔을 때 플레이어가 취할 수 있는 일체의 행동을 뜻한다.

- 올인 All-in

플레이어가 가진 모든 칩스를 베팅하여 더 이상 베팅할 칩스가 없는 상태다. 올인이 이루어진 이후에 다른 플레이어들이 베팅한 칩은 기존의 메인 팟Main Pot과 별개인 사이드 팟Side Pot으로 분류되며, 올인 플레이어는 사이드 팟을 차지할 권리가 없다.

- 체크 Check

베팅을 하지 않고 그냥 턴을 넘기는 액션이다.

- 체크레이즈 Check-raise

한 베팅 라운드에서 플레이어가 일단 체크를 한 뒤, 다른 플레이어의 베팅에 대해 레이즈 하는 것이다.

- 캡 Cap

마지막 레이즈를 함으로써 해당 베팅 라운드에 허용된 최대 베팅 한도를 채우는 것이다.

- 커뮤니티 카드 Community Card

모든 플레이이어들이 공유하는 5장의 카드를 말한다.

- 콜 Call

상대가 베팅한 금액을 그대로 따라간다는 의사표시다.

- 턴 Turn

플롭 카드 다음으로 공개되는 네 번째 커뮤니티 카드 혹은 턴 카드가 공개된 이후에 진행되는 세 번째 베팅 단계를 말한다.

- 팟 Pot

  해당 게임에 베팅된 칩스를 모아 놓는 곳 또는 모여 있는 칩스를 가리킨다.

- 폴드 Fold

  해당 게임을 포기하는 것을 뜻한다.

- 프리플롭 Pre-Flop

  2장의 포켓 카드를 받은 상태에서 이루어지는 첫 번째 베팅 단계다.

- 플롭 Flop

  프리플롭 이후에 공개되는 3장의 커뮤니티 카드 또는 플롭 카드가 공개된 이
  후에 진행되는 두 번째 베팅 단계를 뜻한다.

- 홀 카드 Hole Card

  포켓 카드 Pocket Card 라고도 부르며, 각각의 플레이어가 가지고 있는 2장의 카
  드를 말한다.

3   강원랜드의 텍사스 홀덤 테이블

강원랜드에는 4대의 텍사스 홀덤 테이블이 있는데, 주중에는 2대만 운영한
다. 일반적인 텍사스 홀덤 테이블은 10명의 플레이어로 구성되지만 강원랜
드의 홀덤 테이블에는 자리가 8개밖에 없다. 따라서 테이블마다 8명씩 총
32명이 플레이 할 수 있는데, 전 좌석 예약제로 운영되기 때문에 예약을 해
야만 게임을 할 수 있다. 게임에 참여하는 플레이어들 중에는 강원랜드 주
변에 상주하는 유저들 이외에 신규 유저도 많이 있으며, 딜러들 또한 게임

의 진행이나 결과에 관심이 많기 때문에 텍사스 홀덤을 하다 보면 딜러들과도 친해질 수 있다.

텍사스 홀덤 테이블에서는 5천 원짜리 칩과 1천 원짜리 칩이 사용되며, 테이블 옆에 있는 텍사스 홀덤 전용 환전소에서 환전을 해준다. 카드 2벌과 셔플 머신을 이용해 게임이 진행되는 동안 셔플을 하기 때문에 게임 진행 속도는 빠른 편이다. 게임 1판에 대략 2~3분 정도가 소요되며, 정해진 휴식 시간은 없지만 플레이어들이 합의하면 10분간 휴식 시간을 가질 수 있다.

텍사스 홀덤은 기본적으로 플레이어들끼리 승부를 겨루는 게임으로 강원랜드는 판돈의 5퍼센트를 레이크(수수료)로 가져가는데, 다른 게임에 비하면 수익이 적은 편이다. 그런데도 강원랜드에서 텍사스 홀덤 테이블을 유지하는 데는 게임의 다양성 확보와 포커 인구 유입 등 여러 가지 목적이 있는 것으로 생각된다.

1) 베팅 가능 금액

텍사스 홀덤에는 베팅 금액의 제한 없이 언제든 테이블 위에 있는 칩 전체를 베팅할 수 있는 노리밋 홀덤과, 베팅할 수 있는 금액이 정해져 있는 리밋 홀덤이 있다. 현재 세계적으로 많이 플레이되는 방식은 노리밋 홀덤이지만 강원랜드에서는 리밋 홀덤 방식을 사용한다. 이에 따라 한 번에 올릴 수 있는 베팅 금액이 프리플롭 단계(첫 번째 베팅 단계)와 플롭 단계(두 번째 베팅 단계)에서는 5천 원, 턴 단계(세 번째 베팅 단계)와 리버 단계(네 번째 베팅 단계)에서는 1만 원으로 정해져 있다. 또한 각 단계마다 4번까지 베팅 금액을 올릴 수 있는 게 리밋 홀덤의 일반적인 방식이지만 강원랜드에서는 턴 단계

강원랜드의 베팅 금액

	바이인	스몰 블라인드	빅 블라인드
금액	10만 ~ 1백만	2천	5천

(단위: 원)

	프리플롭·플롭 단계	턴 단계	리버 단계
벳	5천	1만	1만
레이즈	1만	2만	2만
리레이즈	-	-	3만
캡	1만 5천	3만	4만

까지는 3번까지만 베팅 금액을 올릴 수 있고, 리버 단계에서만 4번까지 베팅 금액을 올릴 수 있다.

예를 들어 플롭 단계에서 처음 베팅하는 사람은 5천 원을 베팅할 수 있고, 그 뒤에 베팅하는 사람은 여기에 5천 원을 더해 1만 원까지 베팅 금액을 올릴 수 있으며, 1만 원 베팅이 나온 이후에 베팅하는 사람은 다시 5천 원을 더한 1만 5천 원까지 베팅이 가능하다. 1만 5천 원 베팅이 나왔을 경우 더이상의 레이즈Raise는 불가능하며, 이렇듯 베팅 금액을 최대로 끌어올리는 베팅을 캡Cap이라고 부른다. 각 단계별 최대 베팅 금액은 프리플롭 1만 5천 원, 플롭 1만 5천 원, 턴 3만 원, 리버 4만 원으로, 한 사람이 최대한 베팅할 수 있는 금액은 10만 원이다. 따라서 한 판에 최대 80만 원까지 판돈이 모일 수 있지만 실제로는 이보다 훨씬 적은 규모로 베팅이 이루어지며, 30만 원을 넘기는 판은 하루에 한 번 나올까 말까.

리밋 홀덤과 노리밋 홀덤의 비교

리밋 홀덤	노리밋 홀덤
베팅 전략이 제한적이다	다양한 전략 구사가 가능하다
칩스의 변동이 완만하다	한순간에 자본금이 몇 배로 불어나거나 올인이 될 수 있다
팟 오즈가 중요하다	상대의 핸드를 읽는 능력이 중요하다
포지션이 그다지 중요하지 않다	포지션이 매우 중요하다

2) 그 밖의 규칙

① 모든 플레이어는 10만 원에서 100만 원 사이의 금액에 해당하는 칩을 가지고 게임을 시작해야 하는데, 이를 바이인Buy-in이라고 부른다. 게임 도중 칩이 100만 원을 넘어가거나 10만 원 밑으로 떨어지는 것은 상관없지만, 올인All-in이 되었을 경우에는 다시 10만 원 이상의 금액으로 리바이인Re-Buy-in을 해야 한다.

② 게임 도중 자리를 비울 경우 빅 블라인드Big Blind가 2번 돌아오기 전에 자리에 돌아와야 한다. 그렇지 않을 경우에는 자동으로 아웃된다. 플레이어들의 합의하에 휴식할 때에는 10분 이내에 돌아와야 한다. 또한 0시부터 30분간 카드 교체 시간이 있는데, 끝나는 0시 30분까지 자리에 착석해 있어야 한다.

③ 레이즈를 하기 위해서는 한 번의 동작으로 레이즈에 해당하는 금액을 흰색 선 안에 넣어야 하며, 그렇지 않으면 콜로 간주된다. 단, 코멘트를 먼저 했을 경우에는 무조건 코멘트대로 베팅이 인정된다.

④ 프리플롭 단계에서 모두 폴드Fold하고 스몰 블라인드와 빅 블라인드만 남았을 경우 두 사람의 합의하에 찹Chop(무승부로 하고 스몰 블라인드와 빅 블라인드 금액을 그대로 돌려받는 것)을 할 수 있다.

⑤ 체크레이즈와 콜레이즈Call-raise (일단 한번 콜하고 나서 상대의 레이즈를 다시 레이즈 하는 것) 등은 모두 가능하다. 즉, 자신의 차례만 돌아오면 언제든지 레이즈 할 수 있다(앞에서 캡이 나온 경우는 제외한다).

⑥ 게임 진행 도중 플레이어의 칩이 모두 떨어질 경우 올인이 되며, 올인 플레이어는 이후에 진행된 베팅금에 대해서는 획득할 수 있는 권한이 없다.

⑦ 쇼 다운Show down 시에 2장의 카드가 모두 덮인 상태로 흰색 선 안쪽에 들어오면 폴드한 것으로 간주되어, 이기는 패를 가졌어도 패배하게 된다.

⑧ 게임이 종료되면 딜러는 2만 원당 1천 원의 레이크(수수료)를 제하고 남은 금액을 승리한 플레이어에게 지급한다. 2만 원에 미달하는 자투리 금액에 대해서는 레이크를 떼지 않으며, 레이크는 최대 2만 원까지만 뗀다. 찹Chop (무승부)이 나오면 해당 플레이어들이 판돈을 나누어 갖는데, 똑같이 나눌 수 없을 경우에는 뒤쪽 자리에 있는 플레이어가 1천 원을 덜 받는다.

⑨ 게임 도중 다른 사람에게 자신의 패를 보여주었을 경우에는 해당 패를 모든 플레이어에게 공개해야 한다.

⑩ 텍사스 홀덤 테이블에서 핸드폰을 비롯한 전자기기 사용은 원칙적으로 금지된다. 또한 핸디가 아닌 사람은 텍사스 홀덤 구역에 들어올 수 없다.

Tip 체크레이즈란?

일단 체크 했다가 다른 플레이어의 베팅에 대해 레이즈 하는 것을 말하며, 아주 좋은 패가 들어왔을 때 베팅 금액을 최대한 끌어올리기 위해 사용하는 전략이다. 강원랜드의 텍사스 홀덤은 리밋 방식이기 때문에, 내가 벳을 했을 때 다른 사람이 레이즈를 해주지 않으면 5천 원(프리플롭·플롭 단계) 또는 1만 원(턴·리버 단계)까지밖에 베팅 금액이 올라가지 않는다. 그렇기 때문에 내

패가 강한 것을 숨기고 일단 체크를 했다가 다른 사람이 베팅하기를 기다려 레이즈 하는 것이다. 단, 내가 체크했을 때 다른 사람들도 모두 체크를 해버리면 그대로 베팅이 종료되는 위험 부담도 있다.

4 텍사스 홀덤 게임의 진행

텍사스 홀덤 테이블에는 딜러 버튼이라는 흰색의 버튼이 있으며, 이 버튼을 중심으로 게임이 진행된다. 시계방향으로 딜러 버튼의 다음 위치는 스몰 블라인드, 그다음 위치는 빅 블라인드라고 하여 이 자리에 앉은 플레이어는 게임 시작 전에 각각 2천 원과 5천 원을 의무적으로 포스트 해야 한다. 텍사스 홀덤의 모든 플레이는 스몰 블라인드에서 시작해서 시계방향으로 진행된다. 단, 프리플롭 단계의 경우에는 스몰 블라인드와 빅 블라인드가 이미 포스트 금액을 베팅한 상태이기 때문에 빅 블라인드의 다음 위치인 UTG^{Under the Gun}(언더 더 건)부터 베팅이 시작된다.

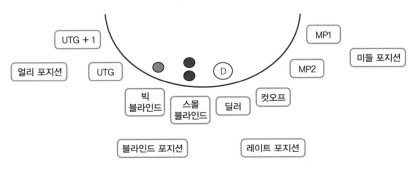

▲ 텍사스 홀덤의 자리

텍사스 홀덤 게임은 홀 카드 공개 → 프리플롭 단계 베팅 → 플롭 카드 공개 → 플롭 단계 베팅 → 턴 카드 공개 → 턴 단계 베팅 → 리버 카드 공개 → 리버 단계 베팅 → 쇼다운과 승패의 판정 순으로 진행된다.

1) 딜러 버튼의 위치를 정한다

처음 게임이 시작될 때 선뽑기를 통해 딜러 버튼의 위치를 정한다. 게임 진행자인 딜러가 시계방향으로 1장씩 카드를 돌려 가장 높은 카드를 받은 플레이어가 딜러가 되는데, 무승부가 나왔을 경우에는 해당 플레이어들끼리 카드를 한 번 더 받아서 딜러를 결정한다. 여기서 딜러라는 말은 게임 진행자인 딜러와 전혀 상관없이 단순히 딜러 버튼 위치에 있는 플레이어를 의미한다.

2) 스몰 블라인드와 빅 블라인드가 정해진 금액을 포스트 한다

게임이 시작되기 전에 스몰 블라인드는 2천 원, 빅 블라인드는 5천 원을 포스트해야 한다. 이는 게임에 전혀 참여하지 않고 폴드만 하는 플레이를 방지하기 위함이다(만약 블라인드가 없다면 하루 종일 한 푼도 손해보지 않고 자리에 앉아만 있을 수 있기 때문이다).

3) 홀 카드(포켓 카드)가 공개된다

포스트가 끝나면 딜러는 스몰 블라인드부터 시계방향으로 1장씩 2번에 걸쳐 카드를 돌리고, 각각의 플레이어는 자신의 카드를 확인한다. 이때 카드를 너무 높이 들면 다른 플레이어에게 보일 수 있으므로 카드를 바닥에 붙인 상태에서 끝부분만 살짝 들어서 확인하는 것이 원칙이다.

4) 첫 번째 베팅이 시작된다: 프리플롭 단계

베팅의 첫 단계는 플롭 카드가 공개되기 전이라는 의미에서 프리플롭이라고 부르며, 빅 블라인드의 다음 위치인 언더 더 건, 즉 UTG부터 시작된다. UTG는 블라인드 금액인 5천 원을 콜하거나 1만 원으로 레이즈하거나, 또는 폴드(기권)를 해야 한다. 다른 플레이어들 또한 게임에 참여하기 위해서는 앞서 나온 금액 이상을 베팅해야 한다. 만약 빅 블라인드 위치까지 레이즈 없이 왔다면(UTG가 베팅한 이후 레이즈 없이 미니멈 베팅 금액인 5천 원으로만 계속 베팅이 이어져 빅 블라인드까지 온 상황을 말한다) 빅 블라인드는 이미 베팅되어 있는 5천 원으로 체크(플롭 단계에서 게임에 참여하려면 레이즈가 없을 경우 5천 원이 필요한데, 빅 블라인드는 이미 해당 금액인 5천 원이 베팅되어 있기 때문에 체크가 가능한 것이다)를 해서 베팅을 끝내거나 또는 레이즈를 할 수도 있는데, 이를 빅 블라인드의 옵션이라고 한다.

5) 플롭 카드가 공개된다

프리플롭 단계의 베팅이 끝나면, 딜러는 가장 위에 있는 1장의 카드를 번^{Burn}한 다음 3장의 플롭 카드를 테이블 중앙에 공개한다.

6) 두 번째 베팅이 시작된다: 플롭 단계

플롭 카드가 공개되고 나면 스몰 블라인드 위치부터 베팅이 시작된다. 스몰 블라인드는 간단히 체크를 하거나 5천 원 벳^{Bet}을 할 수 있으며, 이어서 시계방향으로 베팅이 진행된다. 모든 플레이어가 체크할 경우에는 그대로 베팅이 종료되고, 베팅 금액을 올리는 액션이 나왔을 경우에는 해당 플레이어를 제외한 모든 플레이어가 콜, 레이즈, 폴드 중 하나를 선택할 때까지 베팅이 이어진다.

7) 턴 카드가 공개된다

딜러는 1장의 카드를 번 한 다음 1장의 턴 카드를 공개한다. 이로써 테이블 중앙에는 4장의 커뮤니티 카드가 깔리게 된다.

8) 세 번째 베팅이 시작된다: 턴 단계

턴 단계부터는 베팅 단위가 1만 원으로 올라가며, 베팅의 진행 방식은 플롭 단계와 동일하다.

9) 리버 카드가 공개된다

딜러는 1장의 카드를 번 한 다음 마지막 다섯 번째의 커뮤니티 카드인 리버 카드를 공개한다.

10) 네 번째 베팅이 시작된다: 리버 단계

턴 단계와 마찬가지로 기본 베팅 금액은 1만 원이며, 리버 단계의 경우 다른 단계와 달리 최대 3번까지 레이즈가 가능하다.

11) 남아 있는 플레이어들이 카드를 공개하고, 딜러는 승패를 판정한다

마지막까지 폴드하지 않고 남은 플레이어들은 자신의 카드를 공개해 승패를 가린다. 리버 단계에서 베팅이 이루어지지 않고 모두가 체크했을 경우에는 스몰 블라인드부터 시계방향으로 카드를 오픈하고, 베팅이 나왔을 경우에는 마지막으로 베팅 금액을 올린 플레이어가 먼저 카드를 오픈한다. 자신이 졌다고 생각할 경우에는 굳이 패를 보여주지 않고 폴드해도 상관없다. 승자가 결정되면 딜러는 5퍼센트의 수수료를 제외한 당첨금을 승자에게 지급한다.

12) 그다음 게임이 진행된다

게임이 종료되면 딜러는 딜러 버튼을 시계방향으로 1칸 옮기고, 그다음 판을 진행한다.

텍사스 홀덤에서는 일반적으로 딜러 버튼에 가까운 자리에 앉을 수록 유리한데, 그 이유는 다른 사람의 베팅을 보고 나서 자신의 플레이를 결정할 수 있기 때문이다. 가장 유리한 자리인 딜러, 그리고 딜러의 바로 옆자리인 컷오프는 뻥카를 치기 좋은 위치라 하여 블러핑 포지션Bluffing Position(뻥카 자리)이라고도 부른다.

5 텍사스 홀덤의 족보

텍사스 홀덤에서는 홀카드 2장과 커뮤니티 카드 5장을 합친 7장 가운데 5장을 골라서 족보를 만든다. 경우에 따라서는 커뮤니티 카드 5장이 그대로 족보가 되기도 하며, 2명 이상이 동일한 족보를 가지고 있을 때는 무승부가 된다. 또한 스페이드, 하트, 다이아몬드, 클럽 4가지 무늬 사이에는 우열이 전혀 없으므로 무늬는 승패에 영향을 미치지 않는다. 텍사스 홀덤의 족보는 강한 순서대로 다음과 같다.

1) 스트레이트 플러시(스티플) Straight Flush

같은 무늬의 연속된 숫자 5장으로 구성된 핸드다. 스트레이트이면서 동시에 플러시에도 해당하는 희귀한 핸드로, 텍사스 홀덤에서 가장 높은 족보다. 가장 높은 스트레이트 플러시인 같은 무늬의 A, K, Q, J, 10을 특별히 로열 스트레이트 플러시(로티플) Royal Straight Flush 라고 부른다. 가장 낮은 스트레이트 플러시는 5-4-3-2-A의 5하이 스트레이트 플러시다.

▲ 가장 높은 족보인 로열 스트레이트 플러시

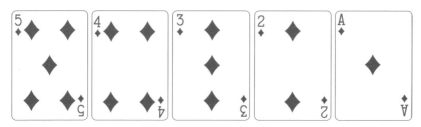

▲ 스트레이트 플러시 중 가장 낮은 5하이 스트레이트 플러시

2) 포카드(포커) Four of a Kind, Quads

같은 숫자 4장을 포함하는 핸드다. 포카드 중에서는 A포카드가 가장 높고 2포카드가 가장 낮으며, 2명 이상이 동일한 포카드를 가지고 있을 때는 마지막 다섯 번째 카드(키커)에 의해서 승패가 갈린다.

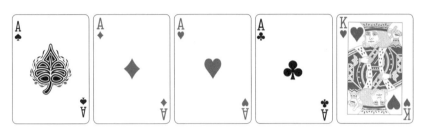

▲ 가장 높은 포카드

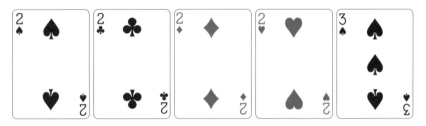

▲ 가장 낮은 포카드

3) 풀하우스(집, 타이틀) Full House

같은 숫자 3장과 같은 숫자 2장이 조합된 핸드다. 풀하우스 중에서는 트리플을 구성하는 숫자가 높을수록, 그다음으로 페어를 구성하는 숫자가 높을수록 더 좋은 풀하우스가 된다.

▲ 가장 높은 풀하우스

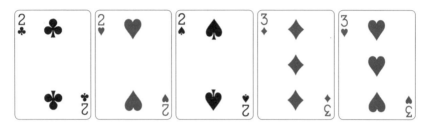

▲ 가장 낮은 풀하우스

4) 플러시Flush

같은 무늬의 카드 5장으로 구성된 핸드다. 2명 이상이 플러시인 경우에는
우선 가장 높은 카드를 비교하고, 가장 높은 카드가 동일하면 그다음으로
높은 카드를 순서대로 비교하여 승부를 가린다. 플러시를 이루는 5장의 카
드가 모두 같으면 무승부가 된다.

▲ 가장 높은 플러시

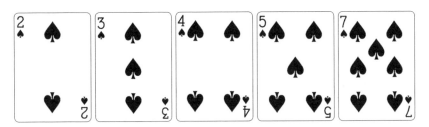

▲ 가장 낮은 플러시

5) 스트레이트(줄)^{Straight}

연속된 숫자 5개로 구성된 핸드다. 가장 높은 스트레이트인 A-K-Q-J-10을 '마운틴'이라고 부르기도 하며, 가장 낮은 스트레이트는 A-2-3-4-5이고 '백스트레이트'라고도 부른다.

▲ 가장 높은 스트레이트

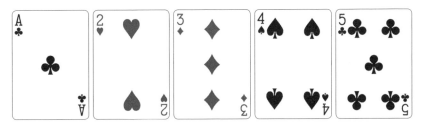

▲ 가장 낮은 스트레이트

6) 트리플(삼봉)Three of a Kind

같은 숫자 3개를 포함하는 핸드다. A트리플이 가장 높고, 2트리플이 가장 낮다. 같은 숫자의 트리플인 경우에는 나머지 2장 중에서 높은 카드를 비교하며, 이 또한 같은 경우에는 마지막 다섯 번째 카드를 비교하여 승부를 가린다.

▲ 가장 높은 트리플

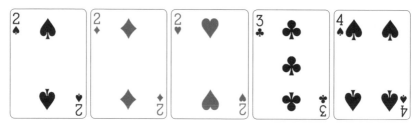

▲ 가장 낮은 트리플

7) 투페어(투피) Two Pair

2개의 같은 숫자(페어)가 있는 핸드다. 투페어끼리 승부를 가릴 때는 먼저 높은 페어를 비교하고, 높은 페어가 동일하면 낮은 페어를 비교한다. 2개의 페어가 모두 같을 때는 나머지 숫자가 높은 쪽이 승리한다.

강원랜드 완전정복

▲ 가장 높은 투페어

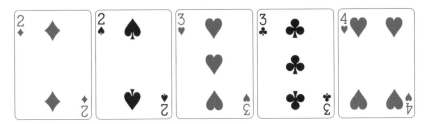

▲ 가장 낮은 투페어

8) 원페어 One Pair

2개의 같은 숫자(페어)가 1개 있는 핸드다. 원페어 중에서는 A원페어가 가장 높고 2원페어가 가장 낮다. 2명 이상이 동일한 원페어를 가지고 있을 때는 나머지 카드 3장을 순차적으로 비교한다.

▲ 가장 높은 원페어

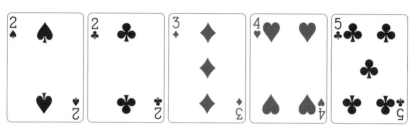

▲ 가장 낮은 원페어

9) 하이카드 High Card

원페어 이상의 족보에 해당하지 않는 핸드(위에 나온 여덟 가지에 모두 해당하지 않는 경우)다. 하이카드끼리 승부를 가릴 때는 5장의 카드를 높은 숫자부터 순차적으로 비교한다.

▲ 가장 높은 하이카드

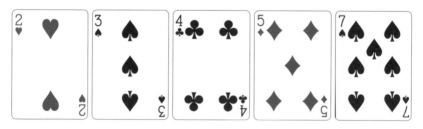

▲ 가장 낮은 하이카드

강원랜드 완전정복

8명이 플레이하는 텍사스 홀덤 테이블에서 아무도 폴드하지 않는다고 했을 때, 1위를 차지하는 핸드의 확률은 다음과 같다.

1위를 차지하는 핸드의 확률

(단위: 퍼센트)

로열 스트레이트 플러시	스트레이트 플러시	포카드	풀하우스	플러시	스트레 이트	트리플	투페어	원페어	하이카드
0.0248	0.2061	1.1747	13.2294	12.6536	19.0885	15.9563	26.4703	11.1931	0.0033

(출처 : wizardofodds.com)

위 표에서 알 수 있듯이 8인 게임에서 아무도 폴드하지 않을 경우 투페어가 1위를 차지할 확률이 26.47퍼센트로 가장 높다. 단순 하이카드로만 1위를 할 확률은 0.0033퍼센트로 로열 스트레이트 플러시보다도 낮지만, 실제의 테이블에서는 많은 플레이어가 베팅 중간에 폴드를 하기 때문에 하이카드가 팟을 차지하는 경우도 종종 생긴다.

10) 승패 판정의 예시

플레이어 모두 트리플이고 트리플을 구성하는 숫자도 같지만, 플레이어

1의 K가 플레이어 2의 10보다 높기 때문에 플레이어 1의 승리다. 이렇듯 같은 족보일 때 승패를 가리는 그다음 카드를 키커Kicker라고 한다.

보드 { ◆Q ♣Q ♥J ♥8 ◆A

플레이어 1 { ◆J ♠K

플레이어 2 { ◆J ♣2

이 경우에는 플레이어 1과 플레이어 2가 만들 수 있는 족보가 모두 Q-Q-J-J-A로 동일하다. 따라서 무승부(찹)가 된다. 플레이어 1의 K가 플레이어 2의 2보다 높기는 하지만, 홀덤에서는 5장만 가지고 족보를 만들기 때문에 여기서는 상관이 없다.

보드 { ♠Q ◆3 ♥10 ◆7 ♣3

플레이어 1 { ◆Q ◆10

플레이어 2 { ♥A ◆A

플레이어 1은 Q-10 투페어, 플레이어 2는 A-3 투페어로 플레이어 2의 승리다. 턴까지(턴 카드가 공개되어 있는 상황으로, 다이아 7이 나온 상황까지는 앞서 있었다는 뜻이 된다)는 플레이어 1이 플레이어 2의 원페어보다 앞서 있었지만, 리버에서 3이 뜨면서 역전된 경우다.

보드 {	♣10 ◆7 ♥8 ♥6 ◆9	플레이어 1 {	◆7 ♣6
		플레이어 2 {	◆K ♣K

플레이어 1과 플레이어 2 모두 보드에 있는 5장으로 구성되는 스트레이트가 최고의 족보로 무승부가 된다.

보드 {	♥A ♠Q ♣10 ◆8 ♣8	플레이어 1 {	◆K ♥J
		플레이어 2 {	♠A ♠3
		플레이어 3 {	♠A ◆A
		플레이어 4 {	♥8 ♣8
		플레이어 5 {	♠J ♠9

플레이어 1은 스트레이트, 플레이어 2는 A하이 플러시, 플레이어 3은 A 풀하우스다. A풀하우스는 굉장히 강한 족보지만 지금은 플레이어 4의 포카드가 더 높고, 플레이어 5는 그보다도 강한 스트레이트 플러시를 가지고 있기 때문에 플레이어 5의 승리다. 이 핸드는 5명의 플레이어가 모두 좋은 족보를 가지고 있는 극단적인 예시다.

6 베팅의 기초

텍사스 홀덤의 베팅 단계에서 플레이어가 취할 수 있는 액션에는 5가지가 있다. 아직 베팅 금액이 올라가 있지 않은 상태일 경우에는 베팅하지 않고 간단히 턴을 넘기는 '체크'와 처음으로 베팅 금액을 올리는 액션인 '벳', 두 가지 가운데 하나를 선택할 수 있다. 물론 폴드를 하는 것도 가능하지만 체크를 해서 턴을 넘길 수 있는데 군이 폴드할 이유는 없다. 베팅 금액을 올리는 액션이 나온 이후에는 똑같은 금액을 맞춰서 베팅하는 '콜', 베팅 금액을 한 번 더 올리는 액션인 '레이즈' 그리고 더 이상 베팅을 이어나가지 않고 게임을 포기하는 '폴드' 중에서 하나를 선택해야 한다.

베팅의 기본은 내 핸드가 나쁘면 폴드하고, 내 핸드가 좋은 경우에는 레이즈를 통해 베팅금을 최대한 올림으로써 게임에 남고 싶어 하는 모든 플레이어들이 같은 금액을 베팅하도록 강제하는 것이다. 핸드가 아주 좋거나 아주 나쁘지 않아서 좀 더 상황을 지켜보고 싶은 경우에는 콜을 해서 베팅 금액을 올리지 않고 다음 단계로 넘어가는 선택을 하게 된다.

1) 언제 레이즈 할 것인가

좋은 패가 들어왔을 때는 내 핸드의 예상 승률과 나의 레이즈에 대해 콜 할 것으로 예상되는 플레이어의 숫자를 고려해서 레이즈 여부를 결정해야 한다. 예를 들어 내가 1만 원을 레이즈 했을 때 1명이 콜 할 것으로 예상된다면, 나의 레이즈로 인해 2만 원의 판돈이 추가되고 내가 낸 돈은 그중 절반이므로 승률이 절반 이상 된다고 판단되면 레이즈를 할 수 있다. 마찬가지로 나의 레이즈를 콜 할 것으로 예상되는 플레이어가 2명이면 3분의 1, 3명이라면 4분의 1 이상 승률이 될 때 레이즈를 하면 된다.

2) 언제 상대의 베팅에 대해 콜을 할 것인가

상대의 베팅에 대해 콜이나 폴드냐를 결정할 때는 기존에 쌓여 있는 판돈 (팟 금액)이 얼마인지가 중요하다. 예를 들어 현재까지 베팅된 총 금액이 9만 원인 상태에서 게임에 남아 있기 위해 1만 원을 콜 해야 하는 상황을 생각해보자. 내가 콜을 하는 순간 전체 판돈은 10만 원이 되며 그중 내가 추가한 금액은 10분의 1인 1만 원이므로, 이 경우에는 이길 확률이 10퍼센트만 돼도 콜을 할 수 있다. 이때 기존에 쌓여 있는 판돈과 내가 콜해야 하는 금액의 비율인 9 대 1을 '팟 오즈'라고 하며, 팟 오즈상에서 오른쪽에 있는 숫자인 1을 두 숫자의 합인 10으로 나눈 10퍼센트가 콜을 하는 기준이 된다. 만약 현재의 팟 금액이 3만 5천 원이고 콜 하기 위해 필요한 비용이 5천 원이라면 팟오즈는 7 대 1이 되고, 승률이 8분의 1 이상이라고 판단될 때 콜을 하면 된다.

한편 팟 오즈 보다 조금 더 심화된 개념으로 '임플라이드 오즈'라는 것이 있는데, 이는 현재의 팟 금액뿐 아니라 이후의 팟에 추가될 수 있는 금액까지를 고려한 것이다. 예를 들어 턴 단계에서 보드에 다이아몬드A, 하트Q, 클럽5, 스페이드6이 있고 내 핸드가 하트8, 다이아몬드7인 상황을 생각해보자. 플롭 단계까지 쌓인 팟 금액이 4만 원이고 상대가 1만 원 베팅을 했다면, 콜을 해야 할까 아니면 폴드를 해야 할까?

리버에서 내가 스트레이트가 되기 위해서는 4 또는 9가 떠야 하며, 일단

4나 9가 뜨기만 하면 내 핸드는 넛츠Nuts(절대로 질 수 없는 최고의 핸드)가 되면서 리버 단계에서 추가로 1만 원의 수익을 얻을 가능성이 높다. 이때의 임플라이드 오즈는 6 대 1이며(플롭 단계까지의 팟 금액인 4만 원, 상대가 베팅한 1만 원, 리버 단계에서 상대가 추가로 베팅할 것으로 예상되는 1만 원을 모두 더하면 6만 원이다), 7분의 1 확률인 14.29퍼센트로 콜을 하는 기준이 된다. 리버에서 4 또는 9가 뜰 확률은 17.39퍼센트로 14.29퍼센트보다 높기 때문에, 이 상황에서는 콜을 하는 것이 옳은 선택이다.

3) 기타 용어 정리

- 수딧Suited

Suited hand를 축약한 말로 같은 무늬의 포켓 핸드를 뜻한다.

- 스트레이트 드로Straight Draw

인접한 숫자 4개가 있어서 숫자 하나만 더 추가되면 스트레이트가 되는 핸드를 말한다. 스트레이트 드로에는 5-6-8-9와 같이 스트레이트 가능성이 하나인 핸드와 5-6-7-8처럼 위 아래 양쪽 스트레이트 가능성이 있는 핸드가 있는데, 전자를 '빵꾸', 후자를 '양차(양빵)'라고 부른다.

- 아웃츠Outs

더 좋은 족보를 만들기 위해서 필요한 카드를 아웃츠라고 한다. 만약 나에게 하트 2장이 있고 보드에도 하트 2장이 있어서 플러시 드로인 상태라면, 남아 있는 하트 9장이 아웃츠가 된다. 이처럼 플러시 드로의 아웃츠는 9개고, 양차의 아웃츠는 8개며, 빵꾸의 아웃츠는 4개다.

- 탑페어 Top-pair

  보드의 가장 높은 카드와 일치하는 페어를 탑페어라고 한다. 일반적으로 탑
  페어 이상의 핸드가 있을 때 벳을 하게 된다.

- 투오버 Two-over

  포켓카드 2장이 모두 보드의 가장 높은 카드보다 높은 경우를 투오버라고 한
  다. 탑페어가 될 수 있는 아웃츠가 6개 있기 때문에 나쁘지 않은 핸드다.

- 플러시 드로 Flush Draw

  같은 무늬 4장이 있어서 1장만 더 추가되면 플러시가 완성되는 핸드를 플러
  시 드로라고 한다. 우리나라에서는 흔히 뽀뽈이라고 부른다.

이상이 포커 베팅의 기초에 해당하는 내용이다. 플롭 단계부터 리버 단계
까지의 베팅 전략을 비롯해 강원랜드에서 텍사스 홀덤으로 수익을 낼 수 있
는 방법에 대해서는 11장 '나의 텍사스 홀덤 노하우'에서 좀 더 자세히 다루
기로 하겠다.

룰렛

1 게임 소개

룰렛Roulette은 바퀴를 의미하는 프랑스어 'Roue'와 작다는 뜻의 이탈리아어 'Ette'가 합성된 단어로 '작은 바퀴'를 의미하며, 숫자와 색깔이 표시된 회전 원반Wheel 위에 떨어진 볼이 어떤 숫자 또는 색깔에서 멈출지를 맞추는 게임이다. 18세기 프랑스에서 처음 시작된 이후 유럽과 미국을 중심으로 큰 인기를 얻었으며, 현재는 카지노를 대표하는 게임으로 자리 잡았다. 베팅 방법이 매우 간단하고 이해하기 쉽기 때문에 처음 카지노를 접하는 입문자에게 특히 제격이다. 강원랜드를 처음 방문하는 사람이라면, 원반에서 회전하던 볼이 내가 베팅한 곳으로 떨어지는 순간의 짜릿한 기분을 느껴보도록 하자.

1) 룰렛 원반의 구성과 베팅 방법

룰렛의 원반에는 1부터 36까지의 숫자가 표시되어 있으며, 이 숫자들은 빨간색과 검정색으로 구별된다. 1~10, 19~28에서는 홀수가 빨강이고 짝수가 검정이며, 11~18, 29~36에서는 홀수가 검정이고 짝수가 빨강이다. 여기에 유럽식 룰렛에는 초록색의 숫자 0이 추가되고, 미국식 룰렛에는 0과 00이 추가된다. 강원랜드에서는 아래 그림과 같은 미국식 룰렛을 사용한다. 룰렛 원반 위에서 회전하던 볼은 38개 위치 가운데 한 곳에 떨어지게 되며, 이에 따라 게임의 승패가 결정된다.

룰렛 게임에서는 38개 숫자 가운데 원하는 숫자 하나에만 베팅할 수도 있고, 2개 이상의 숫자에 동시에 베팅할 수도 있으며, '홀수' '짝수' '빨강' '검정'과 같이 반반 확률에 해당하는 베팅도 가능하다. 베팅을 하려면 룰렛 테

▲ 룰렛 원반

181

이블 레이아웃 위의 베팅하고자 하는 위치에 칩을 올려놓으면 된다.

예를 들어 숫자 5에 베팅하고 싶다면 5가 표시된 사각형 테두리 안쪽 (A)에 원하는 만큼의 칩을 올려놓으면 된다. 만약 칩을 8과 9 사이의 선 (B)에 걸쳐두게 되면 8 또는 9에 베팅하겠다는 뜻이며, 세로로 놓여 있는 세 숫자를 바라보는 모서리(C)에 칩을 올리는 것은 그 세 숫자에 대한 베팅이 된다. 이렇듯 레이아웃에 있는 1개, 또는 인접한 몇 개의 숫자를 구체적으로 지정해서 베팅하는 것을 인사이드 벳Insdie Bet이라고 하며, 자신이 사용할 칩을 미리 배정받아야 베팅을 할 수 있다. 한편 레이아웃의 바깥쪽에는 12개 또는 18개의 숫자에 동시에 베팅할 수 있는 항목들이 있는데 이러한 베팅을 아웃사이드 벳Outside Bet이라고 하며, 칩을 배정받지 않았어도 베팅에 참여할 수 있다.

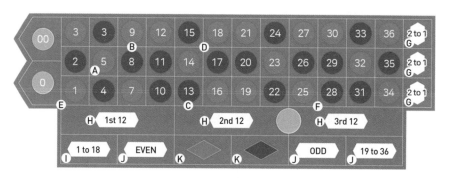

▲ 룰렛 테이블 레이아웃과 베팅 포지션

룰렛 베팅의 종류

베팅 포지션	이름	설명	칩을 놓는 방법	페이*	확률	하우스 에지 (퍼센트)
A	Straight Bet	하나의 숫자에 대한 베팅	베팅 하고자 하는 번호가 적힌 사각형 내에 둔다	35	1/38	5.26
B	Split Bet	2개의 숫자에 대한 베팅	베팅 하고자 하는 두 숫자에 겹치게 놓는다	17	1/19	5.26
C	Street Bet	일렬로 놓인 3개의 숫자에 대한 베팅	일렬로 놓인 세 숫자를 바라보는 가장자리 선 위에 놓는다	11	3/38	5.26
D	Square Bet / Corner Bet	4개의 숫자에 대한 베팅	베팅하고자 하는 네 숫자에 겹치게 놓는다	8	2/19	5.26
E	Five Number Bet	5개 숫자(0, 00, 1, 2, 3)에 대한 베팅	0, 00, 1, 2, 3이 교차하는 모서리 지점에 놓는다	6	5/38	7.89
F	Line Bet	6개의 숫자에 대한 베팅	2개의 Street가 교차하는 선 위에 놓는다	5	3/19	5.26
G	Column Bet	가로 한 열(12개의 숫자)에 대한 베팅	베팅하고자 하는 열의 오른쪽에 있는 '2 to 1' 위치에 놓는다	2	6/19	5.26
H	Dozen Bet	1부터 12, 13부터 24, 25부터 36 중 하나에 대한 베팅	1st 12, 2nd 12, 3rd 12 중 한 곳에 놓는다	2	6/19	5.26
I	High/Low Number Bet	1부터 18 또는 19부터 36에 대한 베팅	높은 수에 베팅하려면 High Number, 낮은 수에 베팅할때는 Low Number	1	9/19	5.26
J	Odd/Even Number Bet	홀수 또는 짝수에 대한 베팅	홀수는 Odd, 짝수는 Even	1	9/19	5.26
K	Color Bet	적색 또는 흑색에 대한 베팅	-	1	9/19	5.26
L	Courtesy Line Bet	0, 00 두 숫자에 대한 베팅	2nd Dozen과 3rd Dozen 사이의 0 00 공간에	17	1/19	5.26

*페이: 따는 돈을 뜻한다. 페이가 1이라면 1천 원짜리 칩 하나를 걸었을 때 페이로 1천 원을 지급받고 원래 베팅한 1천 원도 돌려받으므로 총 2천 원을 받게 된다. Straight Bet의 경우 1천 원을 베팅해서 맞췄으면 원래 베팅한 1천 원과 페이 3만 5천 원을 합친 3만 6천 원을 받게 된다.

2) 룰렛의 하우스 에지

룰렛 게임은 초보자도 쉽게 즐길 수 있는 대신 하우스 에지가 다른 테이블 게임에 비해 높은 편이다. 강원랜드 룰렛 베팅의 하우스 에지는 대부분 5.26퍼센트며, '0, 00, 1, 2, 3' 5가지 숫자에 베팅하는 Top Line Bet의 경우에는 7.89퍼센트다.

룰렛에 이와 같은 하우스 에지가 발생하는 이유는 0과 00이라는 2개의 함정 카드가 존재하기 때문이다. 이 두 숫자는 홀수와 짝수, 빨강과 검정, 높은 수와 낮은 수 어디에도 해당되지 않는다. 그렇기 때문에 이기는 경우가 18가지인 반면 지는 경우는 20가지다. 결과적으로 룰렛에 1을 베팅한다고 했을 때 기대할 수 있는 결과는 $-0.052631579[(18/38 \times 1 + 20/38 \times (-1)]$ 가 된다. 이는 곧 룰렛에 베팅하면 평균적으로 베팅 금액의 19분의 1을 하우스가 가져간다는 것을 의미한다.

룰렛의 하우스 에지 5.26퍼센트를 블랙잭의 0.35퍼센트, 바카라의 1.06~1.46퍼센트와 비교해보면 상당히 플레이어에게 불리하다는 것을 알 수 있다. 그렇기 때문에 룰렛으로 돈을 따겠다는 생각보다는 카지노의 분위기를 익히고 베팅하는 재미를 느껴보는 목적으로 활용하는 것이 현명하다. 이렇듯 카지노에서는 규칙이 간단하고 이해하기 쉬운 게임일수록 하우스 에지가 높다.

2 강원랜드의 룰렛 테이블

강원랜드에는 2019년 9월 현재 10대의 룰렛 테이블이 있다. 룰렛 테이블은 크기가 매우 큰데, 정중앙에 볼이 들어 있는 회전 원반이 있고 그 양쪽으로 베팅할 수 있는 레이아웃이 있다. 각 레이아웃마다 6개씩 총 12개의 의자가 있으며, 게임 결과를 표시해주는 대형 전광판도 하나 있다. 하나의 레이아웃에서 인사이드 베팅을 할 수 있는 인원수는 8명(10만 원 테이블) 또는 9명(30만 원 테이블)이며, 아웃사이드 베팅의 경우 인원수에 제한이 없다.

룰렛은 게임에 참여하는 사람도 많고 페이에 시간이 많이 걸리기 때문에, 주말의 경우 한 게임을 하는 데 10분이 훨씬 넘게 걸린다. 하지만 이는 블랙잭이나 바카라에 비해 하우스 에지가 높은 룰렛 테이블에서 오히려 더 오래 게임을 즐기게 하는 이점이 되기도 한다.

1) 베팅 가능 금액

강원랜드의 룰렛 테이블에는 최대 베팅 금액이 10만 원인 테이블(10다이)과 30만 원인 테이블(30다이) 두 종류가 있다. 각각의 테이블에는 아래와 같이 베팅 종류에 따른 베팅 한도가 정해져 있다.

예를 들어 리미트 30만 원 테이블에서 아웃사이드 베팅을 할 경우, 홀수에도 30만 원을 걸고 빨강에도 30만 원을 걸어서(룰렛 레이아웃의 Odd(J)와 빨강(K)에 동시 베팅한다는 의미다) 총 베팅 금액이 30만 원을 넘는 것은 상관없다. 하지만 어느 하나의 베팅 옵션에 30만 원을 넘는 베팅을 한다거나(홀수라는 하나의 베팅 옵션에 30만 원이 넘는 금액을 베팅하면 안 된다), 2개 이상의 테이블에서 동시에 베팅하는 것은 허용되지 않으므로 주의하도록 하자.

2) 룰렛 전용 칩

룰렛 테이블에서는 강원랜드에서 일반적으로 사용되는 칩 이외에도 룰렛 전용 칩을 사용한다. 인사이드 베팅의 경우 여러 사람이 동일한 칩을 사용하면 나중에 누가 베팅한 것인지 알기 어렵기 때문에, 플레이어들이 각기 다른 고유의 칩을 가지고 베팅할 수 있도록 한 것이다.

리미트 10만 원 테이블에서는 1천 원짜리 전용 칩 5개와 5천 원짜리 청록색, 와인색 칩 그리고 5천 원 머니칩(일반칩)까지 총 8개의 칩이 사용된다. 30만 원 테이블에서는 룰렛 전용 칩 6개, 그리고 1만 원, 5천 원, 1천 원 머

▲ **룰렛 전용 칩** 맨 위의 흰색, 카키색, 형광색 칩은 1만 원, 그 밑의 청록색, 연보라색, 와인색 칩은 5천 원 그리고 마지막 줄에 있는 칩들은 모두 1천 원이다.

베팅 종류에 따른 베팅 한도

(단위: 원)

베팅	룰렛 리미트 10만 원 테이블	룰렛 리미트 30만 원 테이블
Inside	1천 ~ 5천	1천 ~ 1만
Outside	1천 ~ 10만	1천 ~ 30만
Column, Dozen	1천 ~ 5만	1천 ~ 15만

니칩까지 총 9개의 칩이 사용된다. 이상과 같은 칩을 배정받은 사람만이 인사이드에 베팅에 참여할 수 있다. 칩을 배정받으려면 사용되지 않는 칩이 있을 때 딜러에게 요청하면 된다. 또한 룰렛 전용 칩은 환전소에서 환전이 되지 않으므로 룰렛 테이블에서 일반 칩으로 바꿔가야 한다.

3) 게임 진행

① 플레이어는 항상 반시계방향으로 회전하고 있는 회전 원반 양쪽에 자리한 룰렛 테이블에서 자신이 원하는 레이아웃 위치에 칩을 올려 베팅한다.

② 베팅이 어느 정도 이루어지면 딜러는 원반의 회전과 반대 방향인 시계방향으로 볼을 강하게 회전시킨다. 볼이 회전하고 있는 상황에서도 플레이어는 베팅할 수 있다.

③ 볼의 회전 속도가 느려지면 딜러는 "No More Bet"을 선언하고 초인종을 울린다. 이때부터는 추가로 베팅을 하거나 기존의 베팅을 수정할 수 없다.

④ 회전하던 볼이 번호가 표시된 홈에 떨어져 원반이 멈추면 딜러는 결과를 알리고 당첨 번호에 윈Win 마커를 올려놓는다.

⑤ 딜러는 당첨되지 않은 칩을 회수하고, 당첨된 칩에 대해서는 정해진 배당률에 따라 페이를 진행한다. 페이가 완전히 종료되면 새로운 베팅을 시작할

수 있다.

ⓑ 볼이 3회 이상 회전하지 않은 경우, 볼과 원반의 회전 방향이 같은 경우, 볼
이 원반 밖으로 떨어지는 경우, 기기의 결함으로 정상적인 작동이 불가능한
경우에는 룰렛 노게임을 선언한다.

3 룰렛 베팅 전략

나는 강원랜드에서 블랙잭과 바카라, 텍사스 홀덤을 주로 하지만 룰렛을 하
는 경우도 종종 있다. 내가 룰렛을 하는 이유는 돈을 벌기 위해서가 아니라,
다른 게임과 다른 독특한 재미가 있기 때문이다. 룰렛은 베팅이 잘 맞을 때
는 세상에서 돈을 가장 쉽게 버는 방법처럼 느껴지지만 안 맞을 때는 또 그
렇게 지독하게 안 맞을 수가 없다. 그만큼 룰렛은 운에 의해 좌우되는 게임
이기 때문에 필승법은 존재하지 않는다. 강원랜드에서 룰렛을 할 때 승률을
조금이라도 높일 수 있는 베팅 전략 몇 가지를 소개하면 다음과 같다.

1) 상반되는 베팅을 하지 마라

룰렛 테이블에서 홀수에 돈을 걸면서 짝수에도 돈을 건다거나, 검정과 빨강
에 또는 High Number와 Low Number에 동시에 베팅하는 것은 모두 상
반되는 베팅으로 절대 해서는 안 된다. 이런 식으로 베팅을 하게 되면 돈을
따는 경우는 없고, 0이나 00이 나왔을 때는 양쪽에 베팅한 돈을 모두 잃기
때문이다.

2) Five Number Bet을 하지 마라

룰렛 테이블에서 특별히 좋은 베팅은 존재하지 않지만, 대신 특별히 나쁜 베팅은 있다. 모든 베팅의 하우스 에지가 5.26퍼센트일 때 혼자 7.89퍼센트인 Five Number Bet(0, 00, 1, 2, 3에 대한 베팅)이 그 주인공이다. 이 베팅은 뭔가 특이하기 때문에 하고 싶어지지만, 실상 여기에 베팅하는 것은 손해다.

3) 인사이드 보다는 아웃사이드에 베팅하라

강원랜드의 룰렛 유저들은 인사이드에 베팅하는 것을 참 좋아한다. 보통은 레이아웃의 4분의 1에서 3분의 1정도 되는 구역에 30~50개의 칩을 몰아서 베팅하는데, 이렇게 한다고 해서 하우스 에지가 올라가는 것은 아니지만 썩 좋은 베팅법이라고도 할 수는 없다. 오히려 아웃사이드 베팅이 맞출 확률도 높고 시스템을 적용해볼 여지도 있기 때문에 조금이라도 더 낫다. 강원랜드 룰렛 유저들이 인사이드 베팅을 선호하는 이유 가운데 하나는 맞췄을 경우 돌려받는 금액이 맞출 확률이 절반에 해당하는 베팅에 비해 높다는 것인데, 그럴 바에는 차라리 아웃사이드의 Column이나 Dozen에 베팅하는 편이 더 간단하고 게임 진행 속도도 빨라진다.

4) 선택의 기로에서는 최근에 자주 나오고 있는 결과에 베팅하라

룰렛 머신이 완벽한 대칭이라면 38개의 숫자가 나올 확률은 모두 동일하지만, 실제로는 원반의 미세한 불균형이나 흠집 등으로 인해 한쪽으로 편중된 결과가 나올 수 있다. 1990년대 초반 스페인의 영화감독 곤잘로 가르시아 펠라요 Gonzalo Garcia-Pelayo는 이러한 허점을 이용하여 카지노에서 100만 달러 정도를 벌기도 했는데, 그 이후로는 세계의 모든 카지노에서 룰렛 머신을 신경 써서 관리하기 때문에 더 이상 이 방법으로 돈을 벌 수는 없다. 그래도 아주 미세하게나마 특정 결과가 나올 확률이 올라가 있을 수는 있으므로, 정 어디에 베팅해야 할지 모르겠을 때는 홀짝, 적과 흑, 대소 가운데 한쪽으로 치우쳐서 많이 나오고 있는 결과에 베팅하는 것이 좋다. 단, 이렇게 베팅을 한다고 해도 하우스 에지를 극복할 수 없다는 점은 기억해두어야 한다.

그 밖의
테이블 게임

1 다이사이

다이사이Taisai, 大小는 고대 중국에서 시작된 주사위 게임으로, 주사위 용기 내에 있는 3개의 주사위 숫자의 합이나 조합을 맞추는 게임이다. 다이사이는 주사위 한 쌍을 의미하는 '식보Sic Bo'라는 이름으로도 널리 알려져 있다. 초보자들도 쉽게 이해할 수 있으며, 룰렛에 비해 하우스 에지가 낮기 때문에 선호도가 높은 게임이다.

룰렛과 마찬가지로 다이사이에도 매우 다양한 베팅 옵션이 존재하지만, 유저 입장에서 가장 유리한 것은 Big(대), Small(소), Odd(홀수), Even(짝수) 4개의 베팅이다. 대/소 또는 홀/짝이 나올 확률은 정확히 반반이지만 트리플이 나왔을 경우에는 배당을 하지 않기 때문에 약간의 하우스 에지가 발생

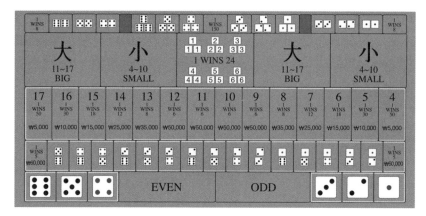

▲ **다이사이 레이아웃**

한다. 이 베팅들의 하우스 에지는 2.78퍼센트로 룰렛의 절반 정도이며, 단기적으로는 충분히 돈을 딸 수도 있을 정도의 차이다.

한편 강원랜드 다이사이 테이블에서는 Pair Dice에 베팅하는 사람도 자주 볼 수 있는데, 이 베팅의 하우스 에지는 무려 33.33퍼센트로 강원랜드의 모든 게임을 통틀어 최악의 베팅이다. Pair Dice뿐 아니라 Triple과 Any Triple 베팅 또한 하우스 에지가 30퍼센트를 넘어가므로 이런 베팅은 하지 않는 것이 좋은데, Triple 베팅의 경우 배당률이 150배로 강원랜드에서 가장 높다는 장점은 있다. 강원랜드의 다이사이 게임 진행 순서는 다음과 같다.

① 베팅이 어느 정도 이루어지면 딜러가 30초 타이머를 작동시킨다.
② 타이머의 카운트다운이 끝나면 딜러가 "No More Bet"을 선언하고, 주사위 진동기^{Dice Shaker}를 작동시킨다.
③ 주사위가 정지하면 딜러는 결과를 알리고 이를 전광판에 표시한다.

④ 딜러는 당첨되지 않은 칩을 회수하고, 당첨된 칩에 대해서는 정해진 배당률에 따라 페이를 진행한다.

⑤ 페이가 모두 종료되고 레이아웃의 불이 꺼지면 새로운 베팅이 시작된다.

다이사이 베팅 정리표

베팅 종류	설명	배당	확률(퍼센트)	하우스 에지(퍼센트)
Big(大)	주사위의 합이 11이상이면서 트리플이 아닌 경우	1	48.61	2.78
Small(小)	주사위의 합이 10이하이면서 트리플이 아닌 경우	1	48.61	2.78
Odd	주사위의 합이 홀수면서 트리플이 아닌 경우	1	48.61	2.78
Even	주사위의 합이 짝수면서 트리플이 아닌 경우	1	48.61	2.78
Pair Dice	특정 숫자가 2개 이상의 주사위에서 나오는 경우	8	7.41	33.33
Any Triple	세 주사위의 숫자가 동일한 모든 경우	24	2.78	30.56
Triple	세 주사위의 숫자가 모두 특정 숫자인 경우	150	0.46	30.09
Total Number	주사위의 합이 4 & 17	50	1.39	15.18
	주사위의 합이 5 & 16	30	2.78	13.89
	주사위의 합이 6 & 15	18	4.63	16.67
	주사위의 합이 7 & 14	12	6.94	9.72
	주사위의 합이 8 & 13	8	9.72	12.50
	주사위의 합이 9 & 12	6	11.57	18.98
	주사위의 합이 10 & 11	6	12.50	12.50
Domino	주사위 2개가 특정 조합을 이루는 경우	5	13.89	16.67
Single Dice	특정 숫자가 하나 이상 나오는 경우	1개 일치 : 1 2개 일치 : 2 3개 일치 : 3	1개 일치 : 34.72 2개 일치 : 6.94 3개 일치 : 0.46	7.87

강원랜드 다이사이 베팅 가능 금액

(단위: 원)

베팅 종류		리미트 10만		리미트 30만	
		페이	베팅 가능 금액	페이	베팅 가능 금액
대/소		1배	1천 ~ 10만	1배	1천 ~ 30만
홀수/짝수		1배	1천 ~ 10만	1배	1천 ~ 30만
싱글다이스		1 ~ 3배	1천 ~ 3만	1 ~ 3배	1천 ~ 10만
도미노		5배	1천 ~ 2만	5배	1천 ~ 6만
페어다이스		8배	1천 ~ 1만	8배	1천 ~ 2만 5천
애니 트리플		24배	1천 ~ 5천	24배	1천 ~ 1만
트리플		150배	1천	150배	1천 ~ 2천
Total Number	4 또는 17	50배	1천 ~ 2천	50배	1천 ~ 5천
	5 또는 16	30배	1천 ~ 3천	30배	1천 ~ 1만
	6 또는 15	18배	1천 ~ 5천	18배	1천 ~ 1만 5천
	7 또는 14	12배	1천 ~ 1만	12배	1천 ~ 2만 5천
	8 또는 13	8배	1천 ~ 1만	8배	1천 ~ 3만 5천
	9 또는 12	6배	1천 ~ 1만 5천	6배	1천 ~ 5만
	10 또는 11	6배	1천 ~ 1만 5천	6배	1천 ~ 5만

2 빅휠

빅휠^{Big Wheel}은 커다란 원반^{Wheel}을 회전시킨 결과를 예측하는 카지노 게임이다. 금색 핀에 의해 54등분 되어 있는 원반 위에는 'Silver, Gold, Emerald, Diamond, Crystal, Joker, Mega'의 7가지 영역(이 영역의 색깔은 카지노마다 다르다)이 존재한다. 딜러가 원반을 돌리면 원반 중앙 상단에 고정돼 있는 가죽 띠^{Big Wheel Flipper}가 핀과 마찰하면서 원반의 회전 속도가 점

강원랜드 빅휠 정리표

베팅 종류	베팅액(Max 10만)	베팅액(Max 30만)	개수	확률	페이	하우스 에지
1 Silver	1천 ~ 10만	1천 ~ 30만	24	44.44 퍼센트	1 : 1	11.11 퍼센트
2 Gold	1천 ~ 5만	1천 ~ 15만	15	27.78 퍼센트	2 : 1	16.67 퍼센트
5 Emerald	1천 ~ 2만	1천 ~ 6만	7	12.96 퍼센트	5 : 1	22.22 퍼센트
10 Diamond	1천 ~ 1만	1천 ~ 3만	4	7.41 퍼센트	10 : 1	18.52 퍼센트
20 Crystal	1천 ~ 5천	1천 ~ 1만 5천	2	3.70 퍼센트	20 : 1	22.22 퍼센트
40 Joker	1천 ~ 3천	1천 ~ 8천	1	1.85 퍼센트	40 : 1	24.07 퍼센트
40 Mega	1천 ~ 3천	1천 ~ 8천	1	1.85 퍼센트	40 : 1	24.07 퍼센트

차 느려지는데, 최종적으로 원반이 멈췄을 때 가죽 띠가 위치한 영역을 맞추면 당첨금을 지급받게 된다. 강원랜드에는 2대의 빅휠 테이블이 있는데, 최근 LED 빅휠로 바뀌면서 시각적인 효과가 더 화려해졌다.

빅휠 원반에서는 Silver가 24개로 가장 많은 비중을 차지하며, 하우스 에지 또한 11.11퍼센트로 가장 낮다. 반면 Joker와 Mega의 경우 각각 1개씩밖에 없고 하우스 에지는 24.07퍼센트나 된다. 15개가 있는 Gold의 하우스 에지는 16.67퍼센트, 4개가 있는 Diamond의 하우스 에지는 18.52퍼센트, 그 외 Emerald와 Crystal의 하우스 에지는 22.22퍼센트다. 모든 베팅의 하우스 에지가 두 자리 수인 것을 보면 짐작할 수 있듯 빅휠은 강원랜드의 테이블 게임 중에서 하우스 에지가 가장 높은 게임이다. 그러므로 빅휠로 돈을 딸 생각은 하지 않는 것이 좋다.

3 카지노워

카지노워Casino War는 딜러와 유저가 각각 1장의 카드를 가지고 승부를 겨루는 게임이다. 처음 받은 카드의 랭크(숫자)가 동일하여 무승부가 나왔을 경우 유저는 베팅금의 절반을 포기하고 기권Surrender하거나, 또는 베팅금을 2배로 늘리면서 추가로 1장의 카드를 받아Go To War 승부를 가릴 수 있다. 카지노워는 카지노에 있는 카드 게임 가운데 가장 간단하면서도 하우스 에지가 비교적 낮은 게임에 속한다.

1) 게임 진행

① 강원랜드의 카지노워는 자동 셔플 머신에 들어 있는 카드 4벌을 가지고 진행된다. 1벌의 카드는 52장으로 구성되며, 카드의 랭크는 A가 가장 높고 2가 가장 낮다. 카드의 무늬는 승부에 영향을 주지 않는다.

② 7명의 플레이어는 자신의 앞에 표시되어 있는 베팅 구역에 1천 원에서 10만 원 사이의 금액을 베팅할 수 있다. 또한 메인 베팅을 하고 나서 무승부에 추가적으로 베팅하는 것도 가능하다(최소 1천 원, 최대 1만 원, 배당률 10 대 1).

③ 베팅이 종료되면 딜러와 플레이어는 각각 1장씩 카드를 받는다. 딜러에 비해 높은 카드를 받은 플레이어는 베팅금과 동일한 금액을 따고, 딜러보다 낮은 카드를 받은 플레이어는 베팅금을 잃게 된다. 무승부가 나왔을 경우 플레이어는 서렌더Surrender와 고 투 워Go To War 2가지 중 하나를 선택할 수 있다.

④ 플레이어가 Surrender를 선택하게 되면 플레이어는 베팅금의 절반을 돌려받고 게임이 종료된다.

⑤ Go To War를 선택할 경우 플레이어는 처음 베팅했던 것과 같은 금액을 베팅되어 있는 칩의 오른쪽에 추가로 베팅해야 한다. 그러면 딜러도 그와 똑같은 금액을 베팅되어 있는 칩의 왼쪽에 쌓아두는데, 이는 플레이어가 이겼을 때 지급해야 하는 칩을 미리 쌓아두는 쇼맨십일 뿐 큰 의미는 없다. 그다음 딜러는 위에 있는 카드 3장을 버리고 나서(이렇듯 카드를 버리는 것을 '번Burn'이라고 부른다) 플레이어와 자신에게 1장씩 카드를 돌린다.

⑥ 플레이어의 카드가 딜러의 카드보다 낮을 경우 플레이어는 모든 베팅 금액(최초 베팅 금액의 2배)을 잃는다. 플레이어의 카드가 딜러의 카드보다 높을 경우 플레이어는 최초 베팅 금액 만큼 따게 되고, 플레이어의 카드가 딜러의 카드와 같을 경우 최초 베팅 금액의 2배를 따게 된다.

2) 카지노워 베팅 전략

카지노워에 하우스 에지가 존재하는 이유는 첫 카드에서 무승부가 나왔을 때 플레이어가 불리하기 때문이다. 무승부 이후 Go To War를 한다고 했을 경우 플레이어의 승률은 50퍼센트가 넘지만, 또다시 무승부가 나오는 경우를 제외하면 이겼을 때 따는 금액이 졌을 때 잃는 금액의 절반밖에 되지 않는다. 따라서 플레이어는 어떤 선택을 하든 딜러에 비해 불리할 수밖에 없다.

최초 베팅 금액이 1만 원이라고 했을 때, Go To War의 기댓값은 대략 -3,077($6/13 \times -20000 + 6/13 \times 10000 + 1/13 \times 20000$)로, 평균 3,077원 정도를 손해보게 된다. Surrender를 할 경우 이보다 많은 5천 원을 손해보게 되므로 카지노워에서는 항상 Go To War를 하는 것이 옳바른 베팅 전략이다. 무승부 시 항상 Go To War를 할 때 카지노워의 하우스 에지는 2.31퍼센트고, 무승부 시 항상 Surrender를 할 경우의 하우스 에지는 3.62퍼센트다.

카지노워의 베팅 정리표

베팅 종류	최초 베팅 금액(원)	페이	하우스 에지(퍼센트)
오리지널 Bet(무승부 시 Go to war)	1천 ~ 10만	1 ~ 2	2.31
오리지널 Bet(무승부 시 Surrender)	1천 ~ 10만	1	3.62
Tie Bet	1천 ~ 1만	10	20.29

Tip 카지노워 Tie Bet의 하우스 에지가 20.29퍼센트인 이유

플레이어(핸디)가 어떤 카드를 받았을 때, 딜러가 받을 수 있는 카드는 4덱의
카드 208장(52장×4덱) 중에서 플레이어가 받은 카드를 제외한 207장이다.
이 중 타이가 만들어지는 카드는 15장(플레이어가 9를 받았다고 할 경우, 4덱
의 카드에는 총 16장의 9가 있고, 이 중 플레이어가 받은 카드를 제외한 15장
의 카드가 무승부를 만들 수 있는 카드가 된다)이기 때문에 결과적으로 타이
가 나올 확률은 15/207이다. $15/207 \times (+10) + 192/207 \times (-1) ≒ -0.2029$이
므로 타이의 하우스 에지는 20.29퍼센트가 된다.

4 캐리비안스터드포커

캐리비안스터드포커는 플레이어와 딜러가 5장의 카드로 승부를 겨루는 포
커 게임이다. 각각의 플레이어가 딜러를 상대한다는 점에서 플레이어들끼
리 상대하는 일반적 포커와 차이가 있으며, 딜러의 패가 에이스-킹의 조합
또는 그 이상의 족보에 해당되지 않을 경우 일부 베팅이 무효가 된다.

강원랜드의 캐리비안스터드포커와 쓰리카드포커 게임은 저작권 문제로
인해 몇 년간 서비스가 중단되었다가 2019년 2월부터 재개되었다.

1) 게임 진행

① 플레이어가 게임에 참여하기 위해서는 앤티^{Ante}라는 베팅 공간에 1천 원에서 10만 원 사이의 금액을 베팅해야 한다. 그 이후에 프로그레시브^{Progressive}라는 추가 베팅 옵션에 1천 원을 베팅을 할 수도 있다.

② 베팅이 종료되면 딜러는 각각의 플레이어와 자신에게 5장씩 카드를 보이지 않게 나누어준 다음 자신의 카드를 1장만 공개한다. 강원랜드에서는 플레이어가 받은 카드 가운데 딜러의 카드와 일치하는 카드가 1장 있으면 "아이고", 2장 있으면 "아이고 두야"라고 말하며 다른 플레이어들에게 정보를 제공하기도 한다.

③ 플레이어는 자신의 카드를 확인한 다음 게임을 포기^{Fold}할지 아니면 계속 진행할지^{Double} 결정한다. 앤티 구역 옆에 자신의 카드를 세로로 두면 게임을 포기한다는 뜻이며, 앤티 베팅 금액을 잃게 된다. 플레이어가 게임을 계속 진행할 경우에는 벳^{Bet}이라고 쓰여 있는 베팅 구역에 카드를 가로로 놓고 그 위에 앤티 베팅 금액의 2배를 추가 베팅해야 한다.

④ 모든 플레이어가 선택을 완료하면 딜러는 자신의 카드를 오픈한다. 딜러의 패가 에이스-킹의 조합 또는 원페어 이상의 족보에 해당하지 않을 경우 플레이어는 앤티 벳에 대해서만 1배의 페이를 지급받고 추가 베팅한 금액은 무승부가 된다. 딜러가 에이스-킹 조합 이상의 서열을 가진 경우에는 딜러의 패와 플레이어의 패를 비교하여 승패를 가린다. 플레이어가 이겼을 경우 앤티 베팅 금액의 1배와 추가 베팅한 금액의 1~100배를 당첨금으로 지급받으며, 플레이어가 졌을 경우에는 모든 베팅 금액을 잃게 된다.

2) 족보와 배당

캐리비안스터드포커 게임에는 일반적인 포커의 족보가 사용되며, 플레이어가 어떤 족보를 가지고 이겼는지에 따라 추가 베팅의 페이가 달라진다.

캐리비안스터드포커의 족보와 배당

족보	추가 베팅에 대한 페이
로열 플러시	100배
스트레이트 플러시	50배
포 오브 어 카인드	20배
풀하우스	7배
플러시	5배
스트레이트	4배
쓰리 오브 어 카인드	3배
투페어	2배
원페어와 하이카드	1배

3) 하우스 에지

캐리비안스터드포커 게임을 최선의 전략으로 플레이 할 경우의 기댓값은 다음과 같다.

캐리비안스터드포커의 기댓값

상황	수익	조합	확률	기댓값
플레이어가 로열 플러시로 승리	201	16,759,740	0.000001	0.000169
플레이어가 스트레이트 플러시로 승리	101	156,929,720	0.000008	0.000795
플레이어가 포 오브 어 카인드로 승리	41	2,832,435,800	0.000142	0.005826
플레이어가 풀하우스로 승리	15	16,624,475,280	0.000834	0.01251
플레이어가 플러시로 승리	11	21,856,990,280	0.001097	0.012062
플레이어가 스트레이트로 승리	9	43,805,516,100	0.002198	0.019779
플레이어가 쓰리 오브 어 카인드로 승리	7	234,242,908,320	0.011751	0.08226
플레이어가 투페어로 승리	5	488,012,139,360	0.024482	0.122412
플레이어가 원페어 이하로 승리	3	2,343,248,003,808	0.117555	0.352665
딜러가 에이스-킹의 조합 이하인 경우	1	4,532,514,033,720	0.227385	0.227385
무승부	0	321,623,100	0.000016	0
플레이어가 폴드한 경우	-1	9,523,005,974,460	0.477745	-0.477745
승패 판정 결과 딜러가 승리한 경우	-3	2,726,592,727,512	0.136786	-0.410359
합계	-	19,933,230,517,200	1	-0.052243

위 표의 가장 오른쪽 아래 칸에서 확인할 수 있듯 캐리비안스터드포커의 하우스 에지는 5.22퍼센트다.

4) 전략

캐리비안스터드포커 게임의 최선의 전략은 매우 복잡하기 때문에 완전히 숙지하기 어려우며, 일반적으로 추천하는 전략은 다음과 같다.

- 원페어 이상의 핸드로는 항상 게임을 진행Double한다.
- 에이스-킹의 조합(원페어 이상의 족보에 해당되지 않으면서 에이스와 킹을 포함하

는 핸드)보다 낮은 핸드로는 항상 게임을 포기한다.

- 에이스-킹의 조합에 해당하는 핸드로는 다음 세 가지 가운데 만족하는 조건
  이 있을 때 게임을 진행한다.

① 딜러의 카드가 2에서 Q 사이(2와 Q 포함)고, 나에게 딜러의 카드와 일치하는
  카드(무늬는 상관없음)가 있을 경우

② 딜러의 카드가 A 또는 K고, 나에게 Q 또는 J가 있을 경우

③ 나에게 딜러의 카드와 일치하는 카드가 없고, 내가 Q를 가지고 있으며, 딜러
  의 카드가 나의 네 번째로 높은 카드보다 낮을 경우

위와 같이 플레이 할 경우의 하우스 에지는 5.225퍼센트로, 최선의 플레
이와 비교해보면 0.001퍼센트밖에 차이나지 않는다. 따라서 위의 전략만 기
억해두어도 캐리비안스터드포커 게임을 하는 데 전혀 무리가 없다.

5) 프로그레시브

캐리비안스터드포커 게임에는 프로그레시브 잭팟이 있으며 여기에 1천 원
을 베팅할 경우 플러시 이상의 족보가 들어왔을 때 일정한 당첨금을 지급
받을 수 있다. 프로그레시브 베팅을 하는 원형 공간에는 평소에는 주황색
형광 빛이 들어와 있다가 칩을 올려서 베팅을 시작하면 색깔이 파란색으로
바뀐다.

캐리비안스터드포커와 쓰리카드포커의 경우 잭팟이 적립되는 과정에서
세금을 미리 떼기 때문에 잭팟에 당첨되면 화면에 표시된 금액을 그대로 받
을 수 있다. 2019년 9월 현재 누적 잭팟 금액은 1억 원을 조금 넘는데, 잭팟

강원랜드의 프로그레시브 당첨금

(단위: 원)

핸드	당첨금
로열 플러시	잭팟 금액의 100퍼센트
스트레이트 플러시	잭팟 금액의 10퍼센트
포 오브 어 카인드	30만
풀하우스	20만
플러시	10만

금액이 1억 5천만 원 이상으로 올라야 손익분기점에 도달하게 된다.

5 쓰리카드포커

쓰리카드포커는 플레이어와 딜러가 각각 3장의 카드를 받아 높은 서열의 패를 가진 쪽이 승리하는 게임이다. 기본 베팅 외에도 페어 게임Pair Game과 프로그레시브Progressive라는 추가 베팅 옵션이 있다. 페어 게임은 승패와 관계없이 플레이어의 패가 원페어 이상일 경우에 정해진 페이를 지급받는 베팅 옵션이며, 프로그레시브에 베팅할 경우 쓰리 오브 어 카인드 이상이 나왔을 때 잭팟 당첨금을 지급받게 된다.

1) 게임 진행

① 게임에 참여하기 위해서는 앤티Ante라는 베팅 공간에 1천 원에서 10만 원 사이의 금액을 베팅해야 한다. 앤티에 베팅한 이후에 페어 게임이나 프로그

레시브에 추가 베팅을 할 수도 있다.

② 딜러는 플레이어와 자신에게 각각 3장의 카드를 보이지 않게 나누어준다.

③ 플레이어는 자신의 카드를 확인한 다음 게임을 계속 진행할지 아니면 포기 할지 결정한다. 플레이어가 게임을 포기하면 앤티 베팅 금액을 잃게 된다. 플레이어가 게임을 계속 진행할 경우에는 벳Bet이라고 쓰여 있는 베팅 영역 에 자신의 카드를 가로로 놓고 그 위에 앤티 벳과 동일한 금액을 추가 베팅 해야 한다.

④ 모든 플레이어가 선택을 완료하면 딜러는 자신의 카드를 오픈한다. 딜러의 패가 퀸 하이Queen High 이상의 서열을 가지지 못할 경우 플레이어는 앤티 벳에 대해서만 1배의 페이를 지급받고 추가 베팅한 금액은 무승부가 된다. 딜러가 퀸 하이 이상의 서열을 가진 경우에는 딜러의 패와 플레이어의 패를 비교하여 승패를 가린다. 플레이어가 이겼을 경우 베팅한 모든 금액에 대해 1배의 페이를 지급받으며, 플레이어가 졌을 경우에는 모든 베팅 금액을 잃 게 된다.

2) 쓰리카드포커의 족보

쓰리카드포커는 5장을 가지고 하는 일반적인 포커와 족보가 다르다. 쓰리카 드포커의 족보는 높은 순서대로 다음과 같다.

- 스트레이트 플러시Straight Flush : 무늬가 동일하고 연속된 숫자로 구성된 핸드
- 쓰리 오브 어 카인드Three of a Kind : 같은 숫자 3장으로 구성된 핸드
- 스트레이트Straight : 연속된 3개의 숫자로 구성된 핸드

- 플러시Flush : 같은 무늬의 카드 3장으로 구성된 핸드

- 원페어One Pair : 같은 숫자의 카드 2장이 포함된 핸드

- 하이카드High Card : 원페어 이상의 족보에 해당되지 않는 핸드

쓰리카드포커 족보의 확률

핸드	경우의 수	확률(퍼센트)
스트레이트 플러시	48	0.2172
쓰리 오브 어 카인드	52	0.2353
스트레이트	720	3.2579
플러시	1,096	4.9593
원페어	3,744	16.9412
하이카드	16,440	74.3891

쓰리카드포커에서는 원페어도 없는 단순 하이카드만 들어올 가능성이 74퍼센트를 넘는다.

3) 앤티 보너스

플레이어가 스트레이트 이상의 족보를 가진 경우 승패와 상관없이 앤티 보너스를 받게 된다. 보너스 금액은 스트레이트는 앤티 벳 금액의 1배, 쓰리 오브 어 카인드는 4배, 스트레이트 플러시는 5배다.

4) 전략

강원랜드 쓰리카드포커에서 최선의 플레이는 Q-6-4 이상의 패(Q-7-3은 해당되고 Q-5-5는 해당되지 않는다)를 가지고 있을 때 게임을 진행하고,

Q-6-3 이하의 패를 가지고 있을 때는 폴드하는 것이다. 이렇게 플레이 했을 경우의 결과에 대한 기댓값은 다음의 표와 같다.

쓰리카드포커의 기댓값

수익	경우의 수	확률	기댓값
7	617,044	0.001515	0.010608
6	931,972	0.002289	0.013733
5	289,104	0.000710	0.003550
3	8,976,452	0.022046	0.066138
2	91,100,696	0.223741	0.447482
1	80,955,780	0.198825	0.198825
0	249,216	0.000612	0
−1	132,923,304	0.326456	−0.326456
−2	91,126,832	0.223805	−0.447610
합계	407,170,400	1	−0.033730

이 표에서 '수익' 항목은 앤티 벳 대비 수익을 가리킨다. 예를 들어 플레이어가 스트레이트 플러시로 이겼을 경우 앤티와 추가 베팅 금액에 대해 1배의 페이를 받고 앤티 보너스도 5배 받게 되므로 수익이 7이 되며, 이것이 한 판에 나올 수 있는 최대 수익이다. 또한 표의 오른쪽 아래에서 확인할 수 있듯 강원랜드 쓰리카드포커 게임의 하우스 에지는 3.37퍼센트다.

5) 페어 게임

페어 게임은 승패와 관계없이 플레이어의 패가 원페어 이상일 경우에 당첨금을 지급받는 베팅 옵션이다. 강원랜드에서는 스트레이트 플러시에 대해

40배, 쓰리 오브 어 카인드에 30배, 스트레이트에 6배, 플러시에 4배, 원페어에 1배의 페이를 지급한다. 페어 게임의 확률과 기댓값은 다음의 표에 정리되어 있다. 페어 게임의 하우스 에지는 2.32퍼센트다.

페어 게임의 확률과 기댓값

핸드	페이	조합	확률	기댓값
스트레이트 플러시	40	48	0.002172	0.086878
쓰리 오브 어 카인드	30	52	0.002353	0.070588
스트레이트	6	720	0.032579	0.195475
플러시	4	1,096	0.049593	0.198371
원페어	1	3,744	0.169412	0.169412
하이카드	−1	16,440	0.743891	−0.743891
합계	−	22,100	1	−0.023167

6) 프로그레시브

캐리비안스터드포커와 마찬가지로 형광 빛이 들어와 있는 원형 공간에 프로그레시브 베팅을 할 수 있으며 베팅 금액은 1천 원이다. 프로그레시브에 베팅할 경우 쓰리 오브 어 카인드 이상의 족보가 들어오면 당첨금을 지급

프로그레시브 베팅의 배당금

(단위: 원)

핸드	배당금	Envy 배당금
스페이드 A-K-Q	잭팟 금액의 100퍼센트	10만
같은 무늬의 A-K-Q	5만	3만
스트레이트 플러시	10만	−
쓰리 오브 어 카인드	9만	−

받을 수 있고, 같은 테이블에서 게임하는 다른 플레이어에게 같은 무늬의 A-K-Q이 들어왔을 경우에도 엔비Envy 배당금을 받게 된다. 7명 전원이 프로그레시브에 베팅 했을 경우의 손익분기점은 1038만 원이다.

6 전자게임

강원랜드의 테이블 게임 중에서 룰렛, 바카라, 다이사이는 전자게임으로도 제공된다. 전자게임이라고 해서 전산으로만 게임이 진행되는 것은 아니고 맨 앞에 있는 테이블에서 실제로 진행되는 게임의 결과가 모니터에 표시되는 방식이다. 전자게임은 일반 게임에 비해 상대적으로 박진감이 떨어지고, 최대 베팅 금액이 5만 원으로 제한되는 단점이 있다. 그 대신 자리 경쟁이 심하지 않고 옆 사람 간섭 없이 할 수 있다는 장점이 있기 때문에 가벼운 마음으로 베팅을 즐기기에 알맞다. 강원랜드에는 룰렛 122대, 다이사이 48대, 바카라 48대 등 총 218대의 전자게임 기기가 있다.

1) 전자게임 하는 방법

전자게임을 하려면 우선 잔액이 없는 빈 기기에 자리를 잡아야 하는데, 파란색 불이 들어오지 않은 기기를 찾으면 된다. 그다음 충전소에 가서 기기 번호를 말하고 리조트 카드에 게임머니를 충전한 뒤, 다시 자리로 돌아와서 리조트 카드를 넣으면 게임이 가능하다.

베팅을 하려면 터치스크린 방식으로 화면상에 있는 칩을 원하는 위치에

강원랜드의 전자게임 베팅 정리표

베팅 종류	페이	베팅 가능 금액(원)
바카라		
뱅커	1배 (뱅커6은 0.5배)	5천 ~ 10만
플레이어	1배	5천 ~ 10만
타이	8배	1천 ~ 1만
다이사이		
대 / 소	1배	1천 ~ 10만
홀수 / 짝수	1배	1천 ~ 10만
싱글다이스	1 ~ 3배	1천 ~ 3만
도미노	5배	1천 ~ 2만
페어다이스	8배	1천 ~ 1만
애니 트리플	24배	1천 ~ 5천
트리플	150배	1천
룰렛		
Inside	5배 ~ 35배	1천 ~ 5천
Outside	1배	1천 ~ 10만
Column, Dozen	2배	1천 ~ 5만

놓으면 된다. '2배'를 눌러서 베팅 금액을 2배로 늘리거나 '베팅 취소'를 눌러서 조금 전의 행동을 취소할 수 있으며, '베팅 삭제'를 누르면 베팅 금액이 0으로 된다. 전 판과 똑같이 베팅하려면 '다시 베팅'을 선택하면 된다. 베팅 결과가 나오면 다음 번 베팅을 할 수 있는 시간으로 20초(바카라) 또는 50초(룰렛, 다이사이)의 시간이 주어진다.

게임을 중단할 때는 출금 버튼을 누르면 티켓이 출력된다. 이 티켓은 출입구 왼쪽 편에 있는 '티켓교환소'에서 현금으로 바꿀 수 있다.

머신 게임

텍사스 홀덤이 유저들에게 돈을 벌 수 있게 해주는 게임이라면, 머신 게임은 카지노에게 가장 큰돈을 벌어다 주는 게임이다. 그렇다고 해서 카지노에서 슬롯머신을 할 이유가 없는 것은 아니다. 머신 게임에는 테이블 게임과 다른 독특한 재미가 있으며, 잭팟에 당첨될 수만 있다면 머신 게임이야말로 가장 큰 대박을 낼 수 있는 게임인 것은 분명하다.

1 게임 소개

머신 게임은 자동화된 기계를 이용하는 도박 게임이다. 머신 게임에 사용되는 상자 모양의 기계를 슬롯머신^{Slot Machine}이라고 부르는데, 슬롯이란 말은 본래 동전 투입구를 의미한다.

슬롯머신에는 릴^{Reel}(그림이나 기호가 새겨진 원통)을 이용하는 릴 슬롯머신과 모니터 화면을 이용하는 비디오 슬롯머신이 있다. 릴 슬롯머신 내부에는 3개에서 5개의 릴이 들어 있는데, 지폐 또는 티켓을 투입한 다음 게임을 진행시키면 이러한 릴이 몇 초간 회전하다가 멈춘다. 이때 나타난 그림이나 기호가 특정한 조합을 이루면 당첨금을 지급받게 된다. 비디오 슬롯머신 또한 기본적인 방식은 동일하지만 기계적인 릴의 회전 대신 모니터 화면을 이용해 게임이 진행되는 점이 다르다.

최초의 슬롯머신은 1891년 미국의 시트먼 앤 피트$^{Sittman and Pitt}$라는 회사에서 만든 포커 머신으로, 5개의 원통이 들어 있는 기계에 동전을 넣고 레버를 당기면 원통이 회전하면서 족보가 만들어지는 방식이었다. 1895년에는 슬롯머신의 아버지라고 불리는 찰스 페이$^{Charles Fey}$가 당첨금을 자동으로 지급하는 Liberty Bell이라는 슬롯머신을 만들었고, 이 기계는 곧 엄청난 성공을 거두면서 미국 전역으로 퍼져 나갔다. 그러나 슬롯머신은 1902년에 불법화되면서 현금 대신 껌이나 캔디를 지급하는 방식으로 바뀌었고, 1907년에는 과일과 BAR 기호를 사용하는 Operator Bell이란 슬롯머신이 최초로 등장했다.

슬롯머신이 현재와 같이 기계 자체의 힘으로 작동하는 전자기기로 발전한 것은 1963년 Money Honey라는 슬롯머신이 등장하면서 부터였다. 1976년에는 최초의 비디오 슬롯머신이 개발되면서 슬롯머신 역사에 새로운 이정표를 세웠고, 1996년부터 비디오 슬롯머신에 보너스 라운드가 도입되었다. 이후로도 슬롯머신은 보다 흥미롭고 사용자의 편의를 증대시키는 방향으로 발전하면서 현재에 이르고 있다.

테이블 게임과 머신 게임의 비교

	테이블 게임	머신 게임
게임 참여 인원	다수	1인
게임 진행 주체	딜러	슬롯머신
게임 방식	복잡하다	단순하다
베팅 금액	크다	작다
게임 진행 속도	느리다	빠르다
하우스 에지	작다	크다
잭팟	없다	있다

머신 게임은 게임 방법이 매우 간단하고 다른 사람의 간섭 없이 오락실 게임 하듯 편하게 즐길 수 있는 것이 장점이다. 또한 여러 대의 기계에서 적립된 금액이 당첨자에게 한꺼번에 지급되는 잭팟이 있기 때문에 테이블 게임에는 없는 대박을 노릴 수도 있다. 반면 테이블 게임과 달리 정확한 게임 작동 방식이나 하우스 에지가 공개되지 않고, 또 그렇기 때문에 일반적으로 테이블 게임에 비해 하우스 에지가 높다는 것이 머신 게임의 단점으로 꼽힌다. 이렇듯 머신 게임과 테이블 게임은 그 속성이 판이하게 달라 테이블 게임을 하는 사람들은 테이블 게임만 하고, 머신 게임을 하는 사람들은 보통 테이블 게임을 쳐다도 보지 않는다. 카지노 이용객들이 머신 게임 유저와 테이블 게임 유저 두 부류로 나뉘는 것이다.

머신 게임은 한 판당 베팅 금액이 몇천 원 안팎에 불과해 별것 아닌 듯 보이지만 실제로는 그렇지 않다. 2018년 강원랜드 카지노 매출액 1조 4001억 원 가운데 머신 게임은 40퍼센트에 육박하는 5514억 원을 차지했다. 억대의 판돈이 오가는 VIP 테이블보다 몇 배나 되는 돈을 슬롯머신이 벌어다 준 것이다. 외국의 경우 머신 게임의 비중이 더 높아서 전체 수익의 70퍼센트 정도를 머신 게임이 차지한다. 카지노 입장에서는 슬롯머신이야말로 진정한 황금알을 낳는 거위인 셈이다.

2   강원랜드의 머신 게임

강원랜드에는 4개 피트에 총 1,360대의 슬롯머신이 있다. 이 중 릴 슬롯머신이 212대고, 비디오 슬롯머신은 1,148대다. 릴 머신은 전통적인 슬롯머신 특유의 손맛을 느낄 수 있는 기계로, 대표적인 릴 머신 게임으로는 억대의 당첨금을 노릴 수 있는 강원랜드잭팟Kangwon Land Jackpot이 있다.

한편 비디오 머신은 그래픽이 화려하고 다양한 추가 기능이 있기 때문에 선호하는 고객이 많고, 릴 머신에 비해 게임 진행 속도가 훨씬 빨라 카지노 측에서도 선호하는 추세다. 강원랜드에서 가장 규모가 크고 유명한 잭팟인 슈퍼메가잭팟Super Mega Jackpot의 경우 얼마전까지만 해도 릴 머신으로 진행되었지만 최근 비디오 머신으로 바뀌었으며, 4층 기존 영업장에 있는 50대의 머신이 연동되어 작동한다. 한편 머신 2피트 207번에 있는 재신財神. Brother of Fortune 게임은 별명이 '왕서방'으로, 5천만 원 이상의 잭팟이 비교적 잘 터진다고 하여 강원랜드에서 가장 인기 있는 게임이다. 그 뒤쪽 208번에 있는 차이나 쇼어스China Shores와 경극명단京剧名旦. Opera Beauty, 건괵장군巾帼将军. Heroine of the East은 왕서방과 그림이 똑같아 가짜 왕서방이라고 불리며 잭팟은 없지만 역시 인기가 높다.

비디오 머신 가운데 여러 가지 게임 중에서 하나를 골라서 할 수 있는 기계를 멀티머신이라고 하는데, 강원랜드에는 Super-V+ Gaminator와 Novoline Interactive 두 종류의 멀티머신이 있다. Super-V+ Gaminator 중에서는 시카고^{Chicago}가, 그리고 Novoline Interactive 중에서는 인디애나 존스를 테마로 한 북 오브 라^{BOOK OF RA}가 가장 많이 플레이된다. 또한 4층에 전시된 자동차를 둘러싸고 있는 19대의 Super-V+ Gaminator 머신은 잭팟으로 르노 삼성 자동차를 주는데, 게임 자체의 인기도 높을 뿐 아니라 마니아들이 많이 하기 때문에 아주 일찍 입장해야 게임을 할 수 있다.

그 외에 텍사스 홀덤 구역 옆에 있는 킹덤 오브 더 타이탄스^{Kingdom of the Titans}와 4피트 중간 위치에 있는 비트 더 필드^{Beat the Field}도 인기 게임에 속하며, 일반적인 슬롯머신과 게임 방식이 다른 비디오 포커 머신도 비디오 슬롯머신의 한 종류다.

베팅 가능 금액을 살펴보면, 강원랜드 슬롯머신의 액면 금액에는 5원, 10원, 50원, 100원, 500원 5가지 종류가 있다. 액면에 따라 선택할 수 있는 베팅 금액에는 차이가 있지만 최대 베팅 금액은 모든 기계가 2천 원 정도로 동일하며, 2피트 217번에 있는 비디오 포커 게임은 2,500원까지 베팅이 가능하다.

Tip   강원랜드의 자리 경쟁

강원랜드에는 1,000대가 넘는 슬롯머신이 있지만, 이보다 훨씬 많은 사람이 입장하기 때문에 자리 경쟁이 치열하다. 가장 인기 있는 왕서방의 경우 100번대 안쪽으로 입장해야 자리에 앉을 수 있다. 워낙 경쟁이 치열하다 보니 30만 원 정도의 가격에 자리 매매가 이루어지기도 했는데, 최근 좌석예약 제도가 도입되면서 자리 매매가 불가능해졌다. 슈퍼메가잭팟의 경우 기계 대수가 많기 때문에 경쟁이 심한 편은 아니지만, 잭팟 금액이 올라갈수록 자리를 구하기 어려워진다.

3 게임 하는 방법

머신 게임을 하기 위해서는 우선 잔액Credit이 0으로 표시된 슬롯머신에 자리를 잡아야 한다. 기기 상단에 '게임 가능'이라는 초록불이 들어와 있는 머신을 찾으면 되는데, 간혹 잔액이 있는데도 초록불이 들어오는 경우가 있으므로 반드시 잔액이 없는 것을 확인하고 자리에 앉아야 한다. 또한 게임을 하던 사람이 10분 이상 자리를 비울 경우 기기 상단에 빨간불이 들어오는데, 이때 호출 버튼을 눌러서 직원에게 이야기하면 해당 기계에서 게임을 할 수 있다.

1) 게임 진행

카지노에는 수많은 종류의 슬롯머신이 있지만 기본적인 게임 방법은 동일하다. 우선 지폐 투입구에 현금 또는 티켓을 투입한다. 그다음 기계에 있는 버튼을 이용해 베팅할 라인의 숫자와 1라인당 베팅액을 정하면 되는데, 일부 기계의 경우 라인당 베팅액을 결정하는 순간 게임이 시작되므로 라인 설정을 먼저 하는 것이 좋다. 그다음 게임 시작 버튼Spin을 누르면 게임이 진행되며, 플레이 중인 라인에 족보가 뜰 경우 당첨금이 자동으로 지급된다.

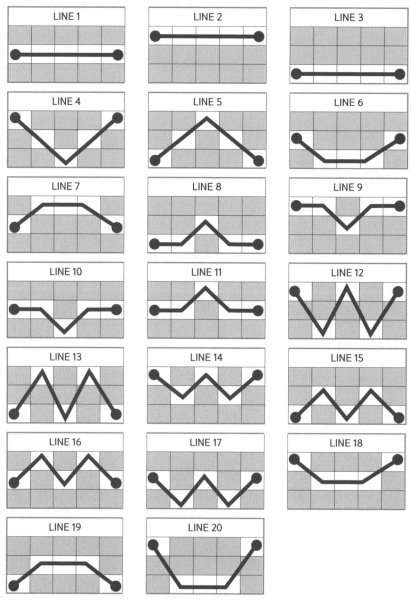

▲ 강원랜드에서 가장 흔한 5*3 게임의 라인

강원랜드 완전정복

화면상에 Bet이라고 표시된 항목은 베팅 금액, Credit은 잔액, Win은 현재 진행 중인 게임에서 획득한 금액을 나타낸다.

게임을 그만둘 때는 '현금 인출' 버튼을 누르면 티켓이 출력된다. 이 티켓을 근처의 티켓자동환전기 또는 입구 근처의 '티켓교환소'에서 현금으로 바꿀 수 있다. 티켓은 200일 동안은 재사용이 가능하므로 나중에 다시 머신 게임을 할 것이라면 굳이 현금으로 바꾸지 않아도 상관없다.

2) 릴 머신 하는 방법

릴 머신을 할 때는 버튼을 누르는 대신 기계 오른쪽에 있는 레버를 당겨서 게임을 진행할 수도 있다. 대부분의 사람이 빠른 게임 진행을 위해서 최대 금액으로 베팅하지만, 라인이나 베팅을 적게 설정한다고 해서 하우스 에지가 높아지는 것은 아니다. 그러므로 손실을 최소화하면서 천천히 게임을 즐기고 싶은 사람이라면 최소 금액으로 베팅해도 상관없다.

3) 비디오 머신 하는 방법

비디오 머신 또한 기본적인 게임 방법은 릴 머신과 동일하다. 릴 머신과 달리 레버가 없기 때문에 게임 시작 버튼을 눌러야 게임을 진행할 수 있으며, 일부 머신은 게임 시작 버튼을 연타하면 즉시 화면의 회전이 멈추고 결과가 표시된다. 또한 '더블업' 버튼이 있는 머신의 경우 족보가 나왔을 때 더블업 버튼을 누르면 당첨금이 2배로 불어나거나 꽝이 되는 보너스 게임을 할 수 있다.

강원랜드에서 가장 많이 플레이되는 시카고의 경우 1라인, 5라인, 10라인, 15라인, 20라인 중에서 하나를 선택할 수 있으며, 1라인당 베팅 금액은 100원으로 고정되어 있다. 시계탑 모양의 CHICAGO 5개가 뜨는 것이 최고 족보로 100만 원의 당첨금이 지급되며, CHICAGO는 자동차 모양의 SCATTER를 제외한 다른 모든 그림을 대체할 수도 있다. SCATTER가 3개 이상 뜰 경우 12판의 보너스 게임이 진행되는데, 이 보너스 게임이야말로 사람들이 시카고를 하는 이유라고 해도 과언이 아니다. 보너스 게임 내에서는 족보에 당첨될 확률도 높을 뿐 아니라 Bottle Shooting Bonus를 통해 당첨금이 최대 10배까지 뻥튀기될 수 있고, 보너스 게임 내에서 추가로 보너스 게임이 뜰 수도 있기 때문에 그야말로 시원하게 당첨금이 올라가는 것을 볼 수 있다.

4) 비디오 포커 하는 방법

비디오 포커는 2번에 걸쳐서 받은 카드가 잭 원페어 이상의 족보를 만들면 당첨금을 지급받는 게임이다. 게임 시작 버튼을 누르면 5장의 카드를 받게 되며, 이 중에서 보유하고 싶은 카드를 선택하고 나머지 카드를 새로 받을 수 있다. 게임 시작 버튼의 왼쪽에 있는 5개의 버튼이 각각의 카드에 해당하는데, 가장 유리한 카드가 자동으로 선택되어 있으므로 굳이 바꿀 필요 없이 '게임 시작' 버튼을 한 번 더 누르면 된다. 게임 결과 잭 원페어 이상의 족보가 완성되면 당첨금을 지급받을 수 있다. 강원랜드의 비디오 포커 머신은 100원에서 2,500원 사이의 금액을 베팅할 수 있으며, 베팅 금액이 높아질수록 더 많은 당첨금을 지급하기 때문에 유리하다. 또한 기계별로 족보에 따른 당첨 금액이 조금씩 다르다.

각각의 숫자는 게임별 당첨금을 의미한다. 강원랜드의 비디오 포커 머신은 4가지 종류가 있으며 기기별로 당첨금 지급 기준이 조금씩 다르다. 이 표를 기준으로 보면, 로열 플러시의 경우 4종류 기기 모두 공통적으로 25베팅(최대 베팅)을 했을 경우 2만 점(단위가 100원이므로 200만 원)을 지급한다는 뜻이다.

잭 원페어 이상의 족보에 당첨되었을 때 더블업 버튼을 누르면 보너스 게임을 할 수 있다. 맨 왼쪽에 있는 딜러의 카드가 공개되어 있고, 나머지 4장의 카드 중에서 1장을 플레이어가 고르는 방식이다. 더블업은 200만 원이 되기 전까지만 가능한데, 강원랜드 사람들은 대개 30만 원이 될 때까지는 더블업을 한다. 이 보너스 게임은 이길 확률이 정확히 반반인 복불복 게임

강원랜드 비디오 포커 머신의 당첨금

(25베팅 기준, 단위: 100원)

	로열 플러시	2만	2만	2만	2만	
	스트레이트 플러시	1,250	1,250	1,250	1,250	
족보	포카드	625	750	2천	에이스 포카드 + 2,3,4 2,3,4포카드 + A~4 에이스 포카드 2,3,4 포카드 5~K 포카드	1만 4천 4천 2천 1,250
	풀하우스	175	150	175	200	
	플러시	125	125	125	125	
	스트레이트	100	100	100	100	
	트리플	75	75	75	75	
	투페어	50	50	25	25	
	잭 이상의 원페어	25	25	25	25	
하우스 에지		3.8528 퍼센트	3.8228 퍼센트	3.7474 퍼센트	3.2139퍼센트	
기기 대수		4	4	3	3	

10. 머신 게임

이기 때문에 하우스 에지에 미치는 영향은 없으며, 마틴게일 시스템을 반대로 이용해 한 번에 큰돈을 따는 방식으로 이해하면 된다.

 Tip   슬롯머신의 하우스 에지

슬롯머신의 하우스 에지는 정확히 공개되지 않지만, 겜블러들의 수많은 경험과 실험을 통해 어느 정도는 알려져 있다. 해외 카지노에 있는 슬롯머신의 하우스 에지는 대략 10퍼센트 안팎이며, 강원랜드의 하우스 에지는 이보다 다소 높은 15퍼센트 정도로 추정된다. 또한 같은 카지노 내에서도 기계에 따라 하우스 에지가 조금씩 다른데, 일반적으로 액면 금액이 큰 기계일수록, 그리고 릴 머신의 경우 회전하는 릴의 숫자가 적은 머신일 수록 하우스 에지가 낮은 것으로 알려져 있다.

4   머신 게임의 꽃, 잭팟을 해부한다

잭팟이란 슬롯머신에 투입된 금액의 일부가 적립되다가 특정 조건을 만족시키는 상황이 발생했을 때 당첨자에게 한꺼번에 지급되는 것을 말한다. 카지노를 찾는 사람들은 누구나 한 번쯤 잭팟에 당첨되는 꿈을 꾼다. 단 한 번의 행운으로 거액의 당첨금을 움켜쥘 수 있는 잭팟은 테이블 게임에는 없는 머신 게임만의 매력이며, 오늘도 수많은 사람이 잭팟에 당첨되기 위해 슬롯머신에 앉아서 버튼을 누르고 있다. 슬롯머신 잭팟의 역대 최고 당첨금은 2003년 라스베이거스에서 터진 3971만 달러, 우리 돈 약 450억 원짜리 잭팟이며, 강원랜드에서는 2018년 2월 4일에 9억 100만 7,800원짜리 잭팟이 터진 바 있다. 잭팟은 어떤 의미에서 복권과 비슷하지만 복권과 달리 당첨금이 계속해서 올라가거나 특정 시점 이전에 반드시 터지게 되어 있는데, 이러한 특성을 잘 이용하면 기대치가 플러스인 상태에서 베팅을 하는 것도 가능하다. 여기에서 머신 게임의 꽃인 잭팟을 공략하는 방법에 대해 알아보도록 하자.

1) 강원랜드의 잭팟

강원랜드에 있는 1,360대의 슬롯머신 가운데 약 40퍼센트 정도에 잭팟이 있다. 대부분의 잭팟은 여러 대의 슬롯머신이 연동되어 작동하며, 연결된 기계 상단에 있는 전광판에 잭팟 금액이 표시되어 있다. 다른 기계와 연결되지 않고 하나의 슬롯머신에서만 잭팟 금액이 누적되는 기계는 전광판 없이 머신 자체에 잭팟 금액이 표시된다.

잭팟 금액은 기계에 따라 수십만 원에서 수억 원까지 다양하며, 잭팟이 여러 개로 나누어져 있을 경우 작게는 몇천 원짜리 잭팟도 있다. 당첨금이 200만 원을 넘을 경우에는 직원이 확인 후에 세금을 제하고 남은 금액을 지급한다. 세율은 200만 원 초과 3억 원까지는 22퍼센트고, 3억 원을 초과하는 금액에 대해서는 33퍼센트가 과세된다.

2) 프로그레시브 잭팟과 미스터리 잭팟

잭팟의 작동 방식에는 프로그레시브 잭팟과 미스터리 잭팟 2가지가 있다. 프로그레시브 잭팟은 당첨금이 누적되다가 특정 족보가 나왔을 때 잭팟이 터지며, 반드시 최대 금액으로 베팅해야만 잭팟에 당첨될 수 있다. 한편 미

강원랜드 미스터리 잭팟의 당첨 금액

(잭팟 금액이 공개되지 않는 Win a Car 잭팟은 제외, 단위: 원)

게임 \ 단계	1단계	2단계	3단계	4단계
Diamond Jackpot	1000만 ~ 2000만	100만 ~ 500만	10만 ~ 50만	–
Novo Line	1000만 ~ 2000만	100만 ~ 200만	50만 ~ 100만	–
God of Fortune	100만 ~ 200만	50만 ~ 100만	10만 ~ 20만	5만 ~ 10만
Quick Strike	50만 ~ 100만	5만 ~ 10만	–	–

스터리 잭팟은 일정 금액 범위 안에서 족보와 상관없이 잭팟이 터지는데, 꼭 최대 금액으로 베팅하지 않아도 잭팟에 당첨될 수 있다.

강원랜드의 프로그레시브 잭팟 가운데 왕서방은 특이하게 프로그레시브 잭팟이면서도 최대 금액으로 베팅하지 않아도 잭팟에 당첨될 수 있다. 왕서방의 잭팟은 4가지로 나누어져 있고 가장 금액이 큰 잭팟은 5천만 원부터 시작되는데, 한 판에 적립되는 금액이 적기 때문에 항상 6천만 원이 되기 전에 잭팟이 터진다. 1피트 106번에 있는 강원랜드잭팟의 경우 시작 금액은 5천만 원으로 동일하지만 1억 원 이상으로 잭팟 금액이 올라가는 경우도 종종 있다. 그 외에 3피트 319번의 777 Free Games와 1피트 127번의 머신들도 1억 원 이상의 잭팟을 노려볼 수 있는 기계들이다.

한편 강원랜드에서 가장 규모가 큰 슈퍼메가잭팟은 1억 원에서 10억 원 사이에서 잭팟이 터지는 미스터리 잭팟이다. 잭팟 금액이 1억 원에서 시작해서 계속 올라가다가 10억 원이 되기 전에 터지는데, 하루에 250만 원가량 적립되기 때문에 보통 3개월에서 길게는 9개월이 지나야 당첨자가 나오게 된다. 자동차를 지급하는 윈 어 카Win a Car 잭팟 또한 미스터리 방식으로 작동되며, 그 외에도 골든 피라미드Golden Pyramids, 다이아몬드Diamond, 빅 캐시Big Cash, 퀵 스트라이크Quick Strike 등의 미스터리 잭팟이 있다. 또한 소액 게임 구역에 있는 머신들은 미니 붐Mini Boom 잭팟 또는 미니 붐 2 잭팟에 연결되어 있다.

(1) 프로그레시브 잭팟 공략법

프로그레시브 잭팟은 최대 베팅을 해야만 잭팟에 당첨될 수 있기 때문에(왕서방 제외) 최대 금액으로 베팅하면 하우스 에지가 낮아지며, 잭팟 금액이 올라갈수록 하우스 에지는 더 낮아진다. 하지만 잭팟 당첨 확률 자체가 워낙 낮기 때문에 하우스 에지를 낮추기 위해 최대 금액으로 베팅하는 것은 일반적으로 손해다. 프로그레시브 잭팟은 특정 시점 이전에 반드시 터지게 되어 있는 미스터리 잭팟과 달리 잭팟 금액이 올라가도 당첨 확률이 처음과 동일하기 때문에, 잭팟이 손익분기점에 도달하는 상황은 거의 나오지 않는다. 그러므로 프로그레시브 잭팟으로 대박을 노리기보다는 즐기는 목적으로 게임을 하는 것이 좋다.

(2) 미스터리 잭팟 공략법

미스터리 잭팟은 프로그레시브 잭팟과 달리 최대 금액으로 베팅하지 않아도 잭팟에 당첨될 수 있지만, 잭팟 당첨 확률은 베팅 금액에 비례한다. 따라서 베팅 금액이 올라갈수록 하우스 에지가 낮아지게 된다. 또한 미스터리 잭팟은 잭팟 금액이 최대 잭팟 금액에 근접할수록 당첨 확률이 높아진다. 예를 들어 슈퍼메가잭팟의 잭팟 금액이 9억 9999만 9,990원이 되었을 때

단계별 잭팟 손익분기점 도달 조건

잭팟	손익분기점 도달 조건
Diamond Jackpot	A + B + C ≥ 50
Novo Line	2A + B + C ≥ 80
GOD OF FORTUNE	A + B + C + D ≥ 70
Quick Strike	A + B ≥ 30

(A=1단계, B=2단계, C=3단계, D=4단계를 뜻하며, 각 단계별로 '잭팟의 현재 잭팟 금액/(최대 잭팟 금액−현재 잭팟 금액)'을 계산해 더한다.)

베팅하는 사람은 무조건 잭팟에 당첨되므로 어마어마하게 유리한 게임이라는 것을 알 수 있다.

이렇듯 미스터리 잭팟은 잭팟 금액이 일정 금액 이상으로 올라가게 되면 기대치가 플러스인 상태에서 게임을 할 수 있다. 슈퍼메가잭팟의 경우 베팅 금액이 잭팟으로 적립되는 비중이 낮고 세금도 33퍼센트나 떼기 때문에 잭팟을 노리기에 적합하지 않다. 미스터리 잭팟의 손익분기점(t)은 다음의 공식, t=m×[(h+r)/(h+2r)]을 통해 구할 수 있는데, 여기서 m은 최대 잭팟 금액, h는 잭팟 당첨 가능성을 고려한 기계의 하우스 에지, r은 투입된 금액이 잭팟으로 적립되는 비율을 말한다. 내가 추산한 바에 의하면 잭팟이 9억 8천만 원 이상으로 올라가야 손익분기점에 도달하게 된다.

슈퍼메가잭팟을 제외한 미스터리 잭팟은 2단계 이상으로 잭팟이 분리되어 있으며(예를 들어 퀵 스트라이크 잭팟의 경우 잭팟이 1단계(Level 1)와 2단계(Level 2) 2가지 종류가 있어서 1단계는 50~100만 원 사이, 2단계는 5~10만 원 사이에서 당첨된다. 이것을 잭팟이 분리되어 있다고 표현한다), 잭팟이 손익분기점 이상으로 올라갔는지를 확인하기 위해서는 약간의 계산이 필요하다. 우선

각 단계의 잭팟에 대해서 현재 잭팟 금액을 최대 잭팟 금액까지 남은 금액으로 나눈 다음, 그 값을 위의 표에 대입해보면 된다.

예를 들어 다이아몬드 잭팟의 1단계 잭팟 금액이 1950만 원, 2단계가 400만 원, 3단계가 45만 원이라면 $1950/(2000-1950) + 400/(500-400) + 45/(50-45) = 52$이므로 손익분기점을 넘어선 것이다.

또는 1단계 1500만 원, 2단계 250만 원, 3단계 49만 원인 경우에도 A + B + C = 53이 된다. 일단 이런 상황이 오게 되면 게임의 기대치 자체가 플러스인 상태이므로 최대 금액으로 쉬지 않고 게임을 하는 것이 좋다. 프로그레시브 잭팟과 달리 잭팟이 터지기까지 오랜 시간이 걸리지 않으므로 투입해야 하는 금액에 대한 부담도 덜하다.

> **Tip 강원랜드에서 잭팟에 당첨된다는 것**
>
> 강원랜드에서 규모가 큰 잭팟이 터지면 요란한 팡파르가 울려 퍼지고, 주위에 있던 사람들이 몰려들면서 많은 축하를 받게 된다. 또 당첨자가 원할 경우 무료 호텔 숙박과 경호 서비스까지 지원받을 수 있다. 그런데 이렇게 높은 액수의 잭팟에 당첨된 사람들을 보면 그 이전에 당첨금의 몇 배나 되는 돈을 카지노에 쏟아부은 경우가 많다. 또 기껏 힘들게 얻은 돈을 흥청망청 쓰다가 얼마 못 가 모두 탕진해버리기도 한다. 그래도 1년에 서너 번 정도만 카지노에 와서 잭팟에 당첨되는 사람이 없지는 않고, 그 와중에 당첨금 전액을 기부한 사람도 있으니 존경할 만한 일이다. 2010년 5월 15일, 7억 6680만 4,250원이란 잭팟 당첨금을 카이스트에 기부한 안승필 씨가 그 주인공으로, 그의 손 모양을 본뜬 동판이 페스타 플라자에 영구 전시되어 있다.

5 슬롯머신의 필수 노하우

1) 자신에게 맞는 기계를 선택하라

카지노에는 대단히 많은 종류의 슬롯머신이 있으며, 이러한 기계들은 각기 다른 특성을 가지고 있다. 릴 머신과 비디오 머신은 기본적인 작동 방식이 다르며, 5원부터 베팅을 할 수 있는 기계가 있는가 하면, 기본 베팅 금액이 500원인 기계도 있다. 또 수억 원에 달하는 잭팟을 노릴 수 있는 대신 평소에 당첨금을 잘 주지 않는 기계도 있고, 잭팟은 작지만 소소한 배당을 잘 주는 기계도 있으며, 누적되는 방식의 잭팟이 없는 대신 보너스 게임을 통해 많은 당첨금을 주는 기계도 있다. 그러므로 자신의 게임 목적이나 기호에 잘 맞는 기계를 선택해서 게임을 하는 것이 좋다.

2) 슬롯머신으로 돈 딸 생각은 하지 마라

머신 게임은 일반적으로 테이블 게임에 비해 하우스 에지가 훨씬 높기 때문에 머신 게임을 하다 보면 대부분 돈을 잃게 된다. 규모가 큰 잭팟에 당첨된다면 돈을 딸 수도 있지만, 이 잭팟이라는 것의 당첨 확률이 워낙 낮다 보니 잭팟을 노리고 머신을 하다가 패가망신하는 경우가 많다. 앞에서 소개한 것처럼 잭팟 금액이 매우 올라가 있을 때는 하우스 에지가 없는 상태에서 게임을 할 수 있지만 그럴수록 자리 경쟁이 치열하고, 시기적절하게 자리를 잡는다 해도 그날 잭팟이 터진다는 보장도 없다. 그러므로 머신 게임을 할 때는 돈을 딸 생각 보다는 오락실 게임을 하듯 돈을 쓰면서 즐긴다는 마음으로 게임을 하는 것이 좋다.

3) 페이스를 조절하라

머신 게임은 테이블 게임에 비해 하우스 에지가 높을 뿐 아니라 게임 속도도 훨씬 빠르고, 휴식 시간도 없다. 그렇기 때문에 슬롯머신을 아무 생각 없이 계속 하다가는 어마어마한 속도로 지갑 속의 돈이 바닥날 것이다. 따라서 슬롯머신을 할 때는 적당히 쉬어가면서 페이스 조절을 해야 한다. 슬롯머신을 하루 종일 하다 보면 1천만 원까지도 손실을 볼 수 있으니, 손실 금액이 일정 수준 이상으로 올라가면 게임을 그만둘 줄 아는 지혜도 필요하다.

4) 콤프 카드를 넣고 게임하라

강원랜드에서는 슬롯머신을 할 때 기계에 콤프 카드를 넣어두면 베팅 금액의 1퍼센트를 적립해준다. 2천 원 베팅을 1분에 10판씩 한다고 가정하면 시간당 1만 2천 원이라는 적지 않은 콤프가 쌓이게 된다. 현금이나 다름없는 돈이 들어오는 것이므로 슬롯머신을 할 때는 항상 콤프를 적립하는 것이 좋다. 콤프 카드를 넣은 상태에서 게임을 하면 당첨 확률이 낮아진다는 말도 있지만 이는 전혀 근거 없는 낭설이므로 신경 쓰지 않아도 된다.

5) 카지노에는 더 잘 터지는 기계도, 안 터지는 기계도 없다

슬롯머신의 결과는 RNG^{Random Number Generator}라는 컴퓨터 프로그램에 의해서 결정된다. RNG는 매초 수천 개의 숫자를 만들어내다가 게임 시작 버튼을 누르거나 레버를 당기는 순간 랜덤하게 게임 결과를 결정하며, 이 과정은 판마다 독립적으로 진행된다. 따라서 어떤 기계가 앞서 잘 터졌는지 아닌지는 이후의 게임 결과와 아무런 상관도 없다. 더 잘 터지는 기계를 찾기 위해서 자리를 옮기는 것은 아무 의미도 없다. 카지노에는 눈에 잘 띄는 통로 쪽 기계일수록 잘 터진다는 속설도 있지만 같은 종류의 기계는 위치와 상관없이 당첨 확률이 동일하다.

6) 슬롯머신 중에서는 비디오 포커 머신의 하우스 에지가 가장 낮다

비디오 포커 게임은 머신 게임이면서도 하우스 에지가 테이블 게임과 비슷하다. 강원랜드 비디오 포커 머신의 하우스 에지는 3퍼센트대로 다른 슬롯머신에 비해 훨씬 낮으며, 보너스 게임을 통해 최대 200만 원의 당첨금을 노려볼 수도 있다. 그러므로 자금이 빨리 바닥나지 않으면서 슬롯머신을 하고 싶은 사람들은 비디오 포커 게임을 해보는 것도 좋다.

나의 텍사스 홀덤
노하우

1 단계별 전략

1) 프리플롭 단계

프리플롭 단계는 2장의 홀 카드가 공개된 이후에 이루어지는 베팅의 첫 번째 단계다. 프리플롭 단계의 베팅은 커뮤니티 카드에 대한 정보가 전혀 없는 상태에서 진행된다는 점에서 이후의 베팅 단계와 다른 특수성이 있다. 어떤 사람들은 플롭 카드가 어떻게 나올지 모른다는 생각을 가지고 대부분의 핸드로 게임에 참여하는데, 이렇게 해서는 절대로 좋은 성적을 기대할 수 없다. 프리플롭 단계에서 최선의 베팅 전략은 같은 테이블에 있는 플레이어들에 비해 조금이라도 유리한 핸드를 가지고 게임에 참여하는 것이며, 대략 전체 핸드의 30퍼센트 정도가 이에 해당한다.

(1) 어떤 핸드로 콜을 할 것인가

2장의 포켓카드는 구성하는 숫자 및 수딧인지 아닌지에 따라 총 169가지 핸드로 구분된다. 일반적으로 가장 좋은 핸드는 2장의 에이스로 구성된 핸드로 흔히 '에어라인Airline'이라고 부르며, 다른 무늬의 2와 7, 2와 3 등은 가장 안 좋은 핸드에 속한다.

국내에는 169가지 홀덤 핸드의 순위를 1위부터 169위까지 나열한 핸드 순위표가 널리 알려져 있으며, 이 책의 독자 중에서도 많은 분이 이 순위표를 참고해 베팅을 할 것이다. 그런데 안타깝게도 그 표는 엉터리다. 그 이유는 간단하다. 텍사스 홀덤의 핸드 순위는 테이블 인원수에 따라 달라진다. 8명이 앉아 있는 테이블에는 8인 테이블에 맞는 순위표가 있고, 10명이 플레이하는 테이블에는 10인 테이블에 맞는 순위표가 있다. 그런데 앞서 언급한 그 표는 인원수를 전혀 고려하지 않은 표이기 때문에 엉터리일 수밖에 없는 것이다.

10인 텍사스 홀덤 테이블과 8인 테이블의 정확한 핸드 순위표는 이 책의 부록에 정리되어 있다. 강원랜드에서는 기본적으로 8명이 게임을 하기 때문에 8인 테이블의 핸드 순위표를 참고할 수 있지만, 실제로 게임을 할 때는 이 표 또한 큰 도움이 되지 않는다. 같은 테이블에서도 실제로 게임에 참여하는 플레이어가 몇 명인지에 따라 핸드의 가치가 크게 달라지기 때문이다. 예를 들어 78 수딧은 참여 인원수가 8명에 근접할 경우에는 아주 좋은 핸드지만, 서너 명 정도만 게임에 참여했을 때는 썩 좋은 핸드라고 볼 수 없다. 따라서 프리플롭 단계에서는 게임에 참여했거나 참여할 것으로 예상되는 플레이어의 수를 고려해서 베팅을 해야 한다.

8인 테이블에서 프리플롭 레이즈가 나오지 않았을 때 콜을 할만한 핸드

	페어 핸드	하이카드 2장	그 외 하이카드	수딧	하이카드 + 수딧	수딧 커넥터
8인	모든 페어 핸드	2장 모두 10이상 인 핸드	A9, K9, 109	2장 모두 7이상 인 수딧	A2~A6, K2~K6	67, 56, 45, 34, 23, 68
6인	44이상의 페어 핸드	2장 모두 10이상 인 핸드	A9, K9, Q9, 109, A8	2장 모두 7이상 인 수딧	A2~A6, K3~K6	67, 56, 68
4인	55이상의 페어 핸드	2장 모두 10이상 인 핸드	A9, K9, Q9, A8, A7	2장 모두 8이상 인 수딧	A2~A7, K5~K7	
3인	55이상의 페어 핸드	2장 모두 10이상 인 핸드	A5~A9, K9	2장 모두 9이상 인 수딧	A2~A8, K5~K8, Q8, J8	

게임 참여 인원수별로 프리플롭 단계에서 5천 원 콜을 할 만한 핸드는 위의 표에 정리되어 있다. 이 표는 8인 이하 텍사스 홀덤 테이블의 스타팅 핸드 순위표를 참고하여 만든 신뢰할만한 표다.

위 표에 나오는 모든 핸드로 항상 콜을 하는 것은 아니고, 테이블 상황에 따라서는 일부 핸드로 폴드를 하기도 한다. 타이트하게(적은 빈도수로) 플레이하는 기준은 1) 다른 플레이어들이 타이트하게 플레이할수록 2) 베팅 금액을 올리는 액션이 빈번하게 나올수록 3) 상대의 실력이 강할수록이다. 또한 애매한 핸드를 가지고 있을 경우에는 자리에 따라서 선택이 달라지기도 한다. UTG에 가까운 자리는 불리한 위치고 뒤에서 레이즈가 나올 가능성도 높기 때문에 애매한 핸드로 폴드하는 반면, 딜러 버튼에 가까운 위치에서는 더 자주 콜을 하게 된다.

한편 상대의 레이즈 또는 캡이 먼저 나왔을 경우에는 조금 더 좋은 핸드로 게임에 참여하는 것이 좋다. 2장 모두 J 이상인 핸드, 2장 모두 8 이상인 수딧, 8-8 이상의 페어 핸드가 최소 기준이 된다.

> ## Tip 게임 참여 인원이 불확실할 때
>
> 몇 명의 플레이어가 게임에 참여할지 확실하지 않을 때는 대략 내 뒤에 있는
> 플레이어 가운데 절반이 참여할 것으로 생각하면 되는데, 보통 4인 게임으로
> 진행되는 경우가 가장 많다.
> 수딧(같은 무늬)과 커넥터(연속된 숫자) 그리고 스몰 포켓 페어는 게임에 참여
> 하는 인원이 늘어날수록 위력이 강해진다. 그 이유는 플러시, 스트레이트, 트
> 리플과 같이 완성될 확률은 낮지만 일단 완성되면 강력한 족보를 노릴 수 있
> 기 때문이다. 반면 A, K 같은 하이카드를 포함하는 핸드는 인원수가 적을수록
> 더 좋은 핸드가 된다.

(2) 어떤 핸드로 레이즈 또는 캡을 할 것인가

프리플롭에서 핸드가 아주 좋을 경우에는 레이즈 또는 캡을 해야 한다. 어
떤 플레이어들은 일단 플롭이 어떻게 나오는지 보겠다는 생각으로 프리플
롭 단계에서 레이즈를 하지 않는데, 이는 대단히 잘못된 플레이다. 내 핸드
가 상대의 핸드에 비해 높은 기대치를 가지고 있을 경우에는 적극적으로 베
팅 금액을 올려야 홀덤에서 좋은 결과를 얻을 수 있다는 것을 명심하자.

프리플롭에서 레이즈를 할 만한 핸드로는 1)2장 모두 J이상인 핸드 또는
A10 2)8-8 이상의 페어 핸드 3)2장 모두 9 이상인 수딧, 이 3가지 경우다.
2장 모두 9 이상인 수딧의 경우 게임에 참여하는 인원수가 줄어들면 손해이
기 때문에 얼리 포지션에서는 일반적으로 레이즈를 하지 않으며, 상대가 폴

드하지 않을 것으로 예상되는 상황에서만 레이즈 하는 것이 좋다.

한편 이미 레이즈가 나온 상태에서 캡을 칠 때는 레이즈를 한 상대의 성향을 고려해야 한다. 일반적으로는 나에게 아주 좋은 핸드가 있을 때만 캡을 치는 것이 좋으며, 2장 모두 Q 이상인 핸드 및 J 포켓페어(AA, AK, AQ, KK, KQ, QQ, JJ)가 이에 해당한다. 하지만 상대가 매우 공격적으로 레이즈를 하는 플레이어거나 '안 봤다 레이즈'(카드를 보지 않고 레이즈 하는 플레이)가 나온 경우에는 레이즈 기준에 해당하는 모든 핸드로 캡을 치는 것도 가능하다.

2) 플롭 단계

플롭 단계는 텍사스 홀덤의 두 번째 베팅 단계다. 3장의 커뮤니티 카드가 공개된 상태에서 베팅이 이루어지기 때문에 어느 정도 유불리를 파악할 수 있지만, 한편으로는 아직 2장의 카드가 남아 있기 때문에 다양한 변수를 고려해야 하는 단계다.

(1) 플롭 카드의 분석

플롭 단계의 베팅 전략을 세우기 위해서는 우선 3장의 플롭 카드를 분석해야 한다. 가장 기본이 되는 것은 플롭 카드의 무늬를 확인하는 것인데, 플롭 카드 3장의 무늬가 모두 다른 경우를 레인보우(무지개)라고 부른다. 만약 보드에 같은 무늬가 2장 있다면 상대 가운데 플러시 드로(같은 무늬가 4장이어서 1장만 더 추가하면 플러시가 완성되는 핸드)를 가진 플레이어가 있을 수 있으므로 항상 이를 염두에 두고 베팅해야 한다. 플롭 카드 3장이 모두 같은 무늬일 경우에는 상대가 플러시 드로를 가지고 있을 확률이 훨씬 높아질 뿐만 아니라 이미 플러시가 메이드 되었을 가능성도 있다. 그렇기 때문에 나에게 같은 무늬의 카드가 없다면 핸드의 가치가 많이 떨어지게 된다.

다음으로는 3장의 플롭 카드가 비교적 몰려 있어서 스트레이트의 가능성이 높은 보드인지, 아니면 멀리 떨어져 있어서 스트레이트 가능성이 낮은 보드인지를 파악해야 한다. A-3-5, J-9-8처럼 3장의 카드가 5개 숫자 범위 안에(A는 숫자로 치면 1에 해당(물론 A는 14에 해당할 수도 있음)하는 카드이므로 A-3-5는 1~5의 범위에 있는 것이고, J는 11에 해당하므로 11~8의 범위 안에 있다는 뜻이다) 있을 경우에는 상대가 이미 스트레이트 메이드일 수 있는데, Q-J-10과 같이 플롭카드가 모두 연속되어 있을 때 스트레이트일 가능성이 가장 높다. 꼭 플롭 카드 3장이 몰려 있지 않더라도 인접한 카드 2장이 있으면 상대가 양차 내지는 빵꾸를 가지고 있을 수 있고, 턴이나 리버에서 메이드 될 수 있으므로 이를 눈여겨봐야 한다.

한편 플롭 카드 3장 가운데 페어가 있다면 상대방에게 같은 숫자 1장만 있어도 트리플이 된다. 이때 남아 있는 상대방의 숫자에 8을 곱하면 상대가 트리플을 가지고 있을 대략적인 확률을 알 수 있다. 플롭 단계에서 상대 1명이 아웃츠 2개 중 하나를 가지고 있을 확률은 8.4퍼센트[1-(45/47)×44/46)], 2명이면 16.5퍼센트[1-(45/47×44/46×43/45×42/44), 같은 방식으로 계산하면 3명일 때 24.1퍼센트가 된다. 1명일 때 8.4 퍼센트로 8을 조금 넘고, 인원수가 늘어날 경우 8.4에 인원수를 곱한 값보다 약간 작은 확률이 되기 때문에 대략적인 확률은 8에 인원수를 곱하면 된다. 예를 들어 보드에 K-K-J가 있고 다른 플레이어 3명이 남아 있다면, 그중에 K를 가진 사람이 있을 확률은 약 24퍼센트다(정확하게는 24.1퍼센트다).

또한 플롭 카드가 공개된 상황에서 플롭 카드와 포켓 카드를 합쳐서 3장 이상인 무늬가 있으면 플러시가 될 가능성이 있고, 인접한 카드 3장이 있으면 스트레이트가 될 가능성이 있다. 다음과 같은 상황을 생각해보자.

| 플롭 카드 | { | ♣10, ♠5, ♦4 |
| 내 핸드 | { | ♣A, ♣7 |

턴과 리버에서 클럽 2장이 연속해서 나오면 플러시가 완성되고, 무늬와 관계없이 8과 6, 6과 3, 또는 2와 3이 나오면 스트레이트가 만들어진다. 플롭 카드가 깔리는 순간 반드시 이러한 가능성을 확실하게 파악하고 기억해 두어야 한다.

(2) 어떤 핸드로 상대의 베팅에 콜을 할 것인가

플롭 단계는 프리플롭 단계와 마찬가지로 5천 원부터 베팅이 시작되기 때문에 턴 단계나 리버 단계에 비해 베팅 금액의 부담은 덜하다. 하지만 커뮤니티 카드가 절반 이상 공개되면서 어느 정도 판의 윤곽이 드러난 상태이므로, 승산이 적은 핸드로는 바로바로 폴드할 수 있어야 한다.

플롭 단계에서 세컨페어(보드의 두 번째 카드와 일치하는 페어) 이상의 족보가 완성되었거나 플러시 드로, 양차를 가지고 있는 경우에는 무조건 콜 또는 레이즈를 해야 하며, 스몰페어(보드의 세 번째 카드와 일치하는 페어), 투오버, 빵꾸를 가지고 있을 경우에는 팟 오즈가 일정 수준 이상일 때 콜을 하게

플롭 단계에서 콜을 하는 팟 오즈의 기준

	스몰페어	스몰 포켓페어	투오버	원오버	빵꾸 (홀카드 2장 포함)	빵꾸 (홀카드 1장 포함)	백도어 플러시 드로
보드가 모두 다른 무늬(레인보우)일 때	6:1	15:1	7:1	18:1	9:1	11:1	24:1
보드에 나에게 없는 같은 무늬 2장이 있을 때	7:1	17:1	8:1	21:1	11:1	13:1	24:1
보드에 나에게 없는 같은 무늬 3장이 있을 때	9:1	23:1	11:1	27:1	14:1	16:1	–

*남아 있는 인원수가 자신 포함 5명 이상이거나 한방 스트레이트 가능성이 있는 보드일 경우 팟오즈 기준에 10퍼센트를 가산한다.

된다. 또한 스몰 포켓페어(보드의 두 번째 카드보다 낮은 포켓페어)나 원오버(포켓카드 1장이 보드의 가장 높은 카드보다 높은 경우), 백도어 플러시 드로(같은 무늬가 3장인 핸드를 말하는데, 여기서는 보드의 1장과 수딧이 합쳐진 경우 또는 보드의 2장과 핸드의 A가 합쳐진 경우만 해당된다)를 가지고도 팟 오즈가 예외적으로 높은 경우에는 콜을 할 수 있다. 핸드별로 콜을 하는 팟 오즈의 기준은 위의 표에 나와 있는데, 오랜 연구 끝에 완성한 만큼 대단히 유용하다.

팟 오즈(정확히는 플롭 단계까지의 임플라이드 오즈)를 계산할 때는 내가 베팅한 이후에 추가될 것으로 예상되는 금액도 포함해야 한다. 예를 들어 프리플롭 단계에서 4명이 5천 원씩 2만 원을 베팅했고, 플롭에서 상대의 5천 원 벳에 내가 먼저 베팅할 차례라고 해보자. 현재까지 쌓여 있는 판돈은 총 2만 5천 원이고 콜을 하는데 필요한 금액은 5천 원이므로 현재까지의 팟 오즈는 5 대 1이다. 여기에 나보다 뒤에 있는 2명 중에서 평균 1명 정도가 콜을 한다고 보면 판돈으로 5천 원이 추가될 것을 예상할 수 있다. 그러므로 이 상황의 팟 오즈는 6 대 1이 되는데, 만약 뒤에 있는 플레이어 가운데 레이즈 성향이 매우 강한 플레이어가 있다면 대략 5 대 1 정도를 팟 오즈로 잡을 수 있다.

(3) 어떤 핸드로 베팅 금액을 올릴 것인가

플롭 카드가 뜬 이후에는 기본적으로 탑페어(보드의 가장 높은 카드와 일치하는 페어) 이상의 족보가 완성되었을 때 베팅 금액을 올리는 선택을 할 수 있다. 플롭 단계의 경우 남아 있는 인원수가 3명 이하(자신 포함)이거나, 인원수가 많더라도 앞에서 체크가 많이 나왔다면 세컨페어로 벳을 하는 것도 가능하다. 상대가 먼저 벳을 했을 경우에는 탑페어가 있을 때 레이즈를 할 수 있으며, 캡을 하려면 최소 탑페어에 좋은 키커가 있어야 한다.

또한 플롭 단계에서 플러시 드로 또는 홀카드 2장이 모두 포함된 양차를 가지고 있을 경우, 남아 있는 인원수가 4명 이상이라면 베팅 금액을 끝까지 올릴 수 있다. 그 이유는 플러시 드로나 양차를 가지고 리버까지 갔을 때 3분의 1 정도 확률로 강력한 족보가 완성되기 때문이다.

추가로 텍사스 홀덤에서 모두가 폴드하고 2명의 플레이어만 남은 채로

플롭 단계에서 베팅 금액을 올리는 핸드의 기준

액션 \ 남은 인원수	3인 이하	4인 이상
벳	세컨페어	탑페어, 플러시 드로, 양차
레이즈	탑페어	탑페어, 플러시 드로, 양차
캡	탑페어 + 키커	탑페어 + 키커, 플러시 드로, 양차

게임이 진행되는 상황을 헤즈업Heads-up이라고 한다. 헤즈업 상황에서는 다수의 플레이어가 남아 있을 때보다 상대에게 좋은 패가 있을 확률이 낮고, 자신이 레이즈를 하지 않는 이상 베팅 금액 또한 낮게 유지된다. 그렇기 때문에 이 상황에서의 플레이는 평소와 크게 달라지게 된다. 일반적으로 헤즈업 상황에서는 세컨페어 이하의 페어로도 벳을 할 수 있고, 에이스 하이가 있으면 팟 오즈에 상관없이 상대의 벳에 콜을 하게 된다.

3) 턴 단계

턴 단계는 네 번째 커뮤니티 카드인 턴 카드가 공개되면서 게임 흐름에 전환이 이루어지는 시기다. 턴 카드로 인해 상대에게 플러시 또는 스트레이트 가능성이 생길 수 있으므로 이를 잘 확인해두어야 한다. 또한 턴 단계부터 기본 베팅 금액이 1만 원으로 올라가기 때문에 신중한 베팅 전략이 필요하다.

(1) 언제 상대의 베팅에 대해 콜을 할 것인가

턴 단계는 플롭 단계에 비해 베팅 금액이 2배고, 리버 단계에 비하면 쌓여 있는 판돈이 적기 때문에 상대적으로 팟 오즈가 낮다. 그렇기 때문에 턴 단계에서는 플롭 단계나 리버 단계에 비해 높은 빈도로 폴드를 하게 된다. 턴 단계에서 폴드하지 않는 핸드는 세컨페어(보드에서 두 번째로 높은 카드와 일치하는 페어) 이상의 족보가 완성된 핸드, 그리고 플러시 드로 또는 양차가 있는 핸드다. 투오버, 빵꾸 또는 스몰페어(보드의 세 번째 또는 네 번째 카드와 일치하는 페어)를 가진 경우에는 팟 오즈를 고려해서 콜 또는 폴드를 선택하게 된다.

턴 단계에서 콜을 하는 팟 오즈의 기준

	3번째 페어, 4번째 페어	에이스를 포함하는 투오버	에이스 없는 투오버	빵꾸(홀카드 2장 포함)	빵꾸(홀카드 1장 포함)
일반적인 상황	7 : 1	10 : 1	12 : 1	11 : 1	13 : 1
보드에 나에게 없는 무늬가 3장 있을 때	10 : 1	15 : 1	17 : 1	15 : 1	18 : 1

* 보드에 스트레이트 또는 플러시 드로가 있으면 투페어 이상일 때만 콜 한다.

(2) 언제 베팅 금액을 올릴 것인가

턴 단계에서는 탑페어 이상의 족보가 완성되었을 때 선베팅을 하게 된다. 나에게 탑페어가 있고 보드에 스트레이트 드로 또는 플러시 드로가 떠 있는 상태가 아니라면 거의 필수적으로 벳을 해야 한다. 그래야만 플러시·스트레이트 드로 또는 낮은 원페어를 가지고 있는 플레이어들에게 추가적인 베팅을 강제할 수 있고, 승산이 낮은 패를 가진 플레이어들을 폴드시킴으로써 승률 자체도 높일 수 있다. 단, 예외적으로 보드에 페어가 있거나, 베팅과 상대의 성향을 고려했을 때 상대에게 탑페어 이상이 있을 것이 확실시되는 경우에는 일단 체크하고 나서 상대의 벳에 콜을 하는 작전도 가능하다.

한편 상대의 벳에 대해 레이즈를 하기 위해서는 일반적으로 투페어 이상의 족보가 필요하며, 공격적으로 칠 경우에는 키커를 동반한 탑페어로 레이즈를 하는 것도 가능하다. 또 상대가 레이즈를 했을 때 캡을 치려면 최소한 탑페어를 포함하는 투페어 이상의 족보가 있어야 한다. 턴 단계에서 상대가 캡을 했다면 일반적으로 트리플 정도의 핸드를 예상해볼 수 있다.

턴 단계에서 플러시 드로나 양차를 가지고 있을 때는 베팅 금액을 올리지

턴 단계에서 베팅 금액을 올리는 핸드의 기준

	일반적인 상황	보드에 페어가 있을 때	보드에 뺑꾸가 있을 때	보드에 양차가 있을 때	보드에 플러시 드로가 있을 때
벳	탑페어	탑페어	스트레이트	위쪽 스트레이트	상위 4개 플러시
레이즈	투페어	트리플	스트레이트	위쪽 스트레이트	상위 2개 플러시
캡	탑 투페어	트리플 + 키커	스트레이트	위쪽 스트레이트	넛츠 플러시

않고 상대의 베팅에 콜만 하면서 따라가는 것이 원칙이다. 플롭 단계와 달리 턴 단계에서는 카드를 1장만 더 볼 수 있기 때문에 원하는 족보가 메이드 될 가능성이 5분의 1도 되지 않고, 따라서 베팅 금액을 최대한 낮추는 것이 확률적으로 이득이다. 단, 이런 핸드를 가지고 먼저 벳을 하거나 상대의 벳에 레이즈를 하는 경우도 있기는 한데, 이것은 정석이라기보다는 세미 블러핑Semi Bluffing이라고 하는 일종의 뻥카를 치는 것이다.

세미 블러핑은 아직 완성되지 않은 드로 핸드(스트레이트 드로 또는 플러시 드로)를 가지고 베팅하는 플레이를 말한다. 내가 체크를 하면 뒤에서 내 패를 약하다고 보고 베팅이 들어올 가능성이 높으므로 그럴 바에는 차라리 내가 먼저 베팅해서 주도권을 가져가는 전략이다. 세미 블러핑의 장점은 내게 필요한 아웃츠가 뜬다면 베팅한 만큼 추가 이득을 얻을 수 있고, 아웃츠가 뜨지 않더라도 상대를 폴드시켜서 팟을 가져올 가능성을 노릴 수 있다. 또한 평소에 세미 블러핑을 하게 되면 나에게 정말로 좋은 패가 들어왔을 때 상대가 내 핸드를 쉽게 예상하지 못하게 만드는 추가적인 이득도 있다. 이렇듯 세미 블러핑 전략에는 장점이 많기 때문에 적지 않은 강원랜드 유저들이 이 전략을 사용하고 있다. 단, 세미 블러핑으로 베팅하는 금액은 확률적으로는 손해가 되는 베팅이므로 이 전략이 통하지 않았을 때는 손실이 불어나는 단점도 있다.

4) 리버 단계

이제 마지막 베팅 단계인 리버 단계의 전략에 대해 알아볼 차례다. 리버 단계에서는 다섯 번째 커뮤니티 카드가 공개되면서 상대가 좋은 족보를 가질 확률이 높아지고, 이전의 베팅 단계와 달리 드로 핸드를 가진 상대에게 베팅을 강제할 수 없다. 그렇기 때문에 리버 단계에서는 플롭 및 턴 단계에 비해 조금 더 좋은 핸드가 있을 때 벳이나 레이즈를 하게 된다. 한편 리버 단계에서 콜을 하는 데는 그다지 좋은 핸드가 필요하지 않은데, 그 이유는 플롭 단계와 턴 단계를 거치면서 팟 오즈가 높아진 상태이기 때문이다.

(1) 언제 상대의 베팅에 대해 콜을 할 것인가

리버는 베팅의 마지막 단계이기 때문에 대개의 경우 1만 원만 더 내면 쇼다운을 볼 수 있다. 또한 리버 단계가 되면 상대 입장에서도 이판사판이라는 심정으로 아무것도 없는 패로 베팅을 하기도 한다. 그러므로 기왕에 리버 단계까지 왔다면 웬만하면 쇼다운을 한다는 생각으로 플레이해야 한다. 리버 단계에서는 아무리 낮은 페어라도 원페어가 있으면 콜을 하는 것이 기본이며, 팟이 10만 원 이상 되거나 보드에 페어가 있으면 에이스 하이로도 들어가야 한다.

강원랜드의 많은 플레이어가 리버에서 벳을 한 상대에게 최소 탑페어가 있을 것이라고 보고 탑페어에게 지는 핸드로는 폴드하는데, 이는 텍사스 홀

리버 단계에서 콜을 하는 핸드의 기준

	팟 오즈가 낮은 경우	팟 오즈가 높은 경우
일반적인 상황	원페어	A하이
보드에 페어가 있을 때	A하이	K하이
보드에 빵꾸가 있을 때	3번째 페어	4번째 페어
보드에 플러시 드로나 양차가 있을 때	2번째 페어	3번째 페어
나보다 먼저 다른 플레이어 1명이 콜을 했을 때	2번째 페어	3번째 페어

덤판 강랜룰이라고 해도 될 정도로 잘못된 플레이다. 리버 단계에서 스몰페어의 산술적인 승률은 45퍼센트 정도고, 에이스 하이의 승률도 35퍼센트에 달한다. 판돈이 10만 원이라면 10번 중 1번만 이겨도 콜을 해야 하지만 스몰페어나 에이스 하이의 승률은 이보다 훨씬 높고, 실제로 나는 지금껏 이런 핸드로 콜을 해서 셀 수도 없을 만큼 많은 이익을 얻었다. 상대를 믿지 말고 확률을 믿어라. 상대는 언제든 당신을 속이기 위해 거짓말을 할 수 있다. 만약 당신이 원페어 또는 괜찮은 하이카드를 가지고도 리버에서 폴드한다면, 상대는 너무 쉽게 당신이 차지해야 할 팟을 빼앗아갈 것이다.

(2) 언제 베팅 금액을 올릴 것인가

리버 단계에서 선베팅을 하는 기준은 남아 있는 인원수에 따라 달라지는데, 기본은 플롭 및 턴 단계와 마찬가지로 탑페어가 있을 때 벳을 하는 것이다. 단, 남아 있는 플레이어가 5명 이상이거나, 남은 플레이어가 4명이고 보드에 같은 무늬 3장이 있을 경우에는 투페어 이상일 때만 벳을 한다. 헤즈업 상황일 경우에는 보드의 두 번째 카드와 일치하는 페어만 있어도 선베팅이 가능하다.

　강원랜드에는 리버에서 무조건 투페어 이상이 있어야 벳을 하거나 심지어 넛츠에 가깝지 않으면 체크만 하는 플레이어들이 있는데, 이는 명백히 손해인 플레이다. 리버 단계에서 탑페어의 승률은 남아 있는 플레이어가 3명일 때 70퍼센트 정도고, 4명일 때도 키커가 뒷받침되면 65퍼센트를 넘는다. 상대가 나보다 좋은 패를 가지고 있을 가능성도 있지만, 그보다는 나에게 지는 패를 가지고 콜을 할 가능성이 더 높기 때문에 베팅을 해야 하는

리버 단계에서 벳을 하는 핸드의 기준

보드 ＼ 인원수	2인	3인	4인	5인 이상
일반적인 상황	2번째 페어	탑페어	탑페어 + 키커	투페어
보드에 같은 무늬가 3장 있을 때	탑페어	탑페어 + 키커	투페어	투페어
보드에 페어가 있을 때	탑페어	탑페어 + 키커	트리플	트리플
보드에 빵꾸가 있을 때	탑페어 + 키커	스트레이트	스트레이트	스트레이트
보드에 양차가 있을 때	아래 스트레이트	위쪽 스트레이트	위쪽 스트레이트	위쪽 스트레이트
보드에 플러시 드로가 있을 때	모든 플러시	상위 4개 플러시	상위 3개 플러시	상위 2개 플러시

* 턴에서 상대가 레이즈 또는 캡을 한 경우는 제외한다. 이때는 상대의 예상되는 핸드보다 강한 핸드로만 벳을 할 수 있다.

리버 단계에서 레이즈를 하는 핸드의 기준

보드 ＼ 액션	일반적인 상황	보드에 연속된 숫자가 3개(3-4-5~Q-J-10) 또는 4개 있을 경우	보드에 같은 무늬가 3장 이상 있을 경우	보드에 페어가 있을 경우
레이즈	투페어	스트레이트	플러시	트리플
리레이즈	트리플	좋은 스트레이트	좋은 플러시	풀하우스
캡	스트레이트	넛츠 스트레이트	넛츠 플러시	좋은 풀하우스

것이다. 리버 단계에서 벳을 하는 핸드의 최소 기준과 리버 단계에서 레이즈를 하는 핸드의 기준은 243쪽 하단 표에 자세히 제시되어 있다.

2 텍사스 홀덤의 확률

드라마 〈올인〉에서 인하의 포커 스승인 존슨 교수가 "Poker, it's all about probability"라고 한 것처럼, 확률은 포커 게임의 전부라고 해도 과언이 아니다. 나에게 필요한 카드가 나올 확률 또는 상대가 특정 핸드를 가지고 있을 확률은 수학적으로 정해져 있으며, 이러한 확률을 알아야만 콜을 할지 폴드 할지, 또는 레이즈를 할지 결정할 수 있다.

플롭 단계에서 하트 4장 플러시 드로를 가지고 있다고 했을 때, 턴 단계에서 하트가 나와 플러시가 완성될 확률을 계산해보자. 나에게 보이지 않는 카드의 수는 47장이고 그중 하트는 9장이므로 하트가 나올 확률은 19.1퍼센트다(9/47(턴 단계에서 하트가 나올지를 판단할 때는 턴 카드가 공개되지 않은 상황이므로, 보이지 않는 카드는 포켓카드 2장과 플롭카드 3장을 제외한 47장이다)×100). 분모가 대략 50이기 때문에 필요한 아웃츠의 숫자에 2를 곱하면 대략적인 확률을 알 수 있다.

플롭 플러시 드로가 리버까지 플러시 될 확률을 계산할 때는 1에서 턴, 리버 단계까지 플러시 카드가 한 번도 뜨지 않을 확률을 빼주면 된다. 턴 카드가 공개되기 전에 나에게 보이지 않는 카드는 47장이고, 리버 카드가 공개되기 전에 나에게 보이지 않는 카드는 46장이다. 이를 대입해보면 34.97퍼센트[{1 - (38/47) × (37/46)} × 100]가 나온다.

마찬가지로 플롭 양차가 리버까지 스트레이트 될 확률은 31.45퍼센트[{1 - (39/47) × (38/46)} × 100]다. 이 경우 아웃츠의 숫자에 4를 곱하면(9×4 = 36, 8×4 = 32) 대략적인 확률을 알 수 있다. 턴 카드와 리버 카드 중 하나만 아웃츠가 나오면 되기 때문에 확률이 2배가 되는 것이다.

한편 포켓 페어가 아닌 핸드가 플롭에서 원페어 이상으로 페어가 맞을 확률은 32.42퍼센트로 3분의 1에 약간 못 미치고, 포켓 페어가 플롭에서 셋이 될 확률은 11.76퍼센트로 약 8.5분의 1이다. 플롭 카드는 3장이기 때문에 아웃츠의 숫자에 6을 곱하면(6×6 = 36, 2×6 = 12) 대략적인 확률을 구할 수 있다.

상대가 특정 핸드를 가지고 있을 확률도 마찬가지로 계산해주면 된다. 리버 단계에서 보드에 같은 무늬 3장이 있을 때 상대 1명이 플러시를 가지고 있을 확률은 10/45×9/44인 4.55퍼센트고, 보드에 같은 무늬 4장이 있을 때 상대 1명이 플러시를 가지고 있을 확률은 1-(36/45×35/44)인 36.36퍼센트다. 그 외에 꼭 알아둘 만한 텍사스 홀덤 주요 확률은 부록에 정리되어 있다.

3 뻥카 치는 법

약한 패를 가지고 강한 패를 가진 것처럼 베팅해서 상대를 폴드하게 만드는 기술을 뻥카(뻥카드의 줄임말)라고 한다. 지는 패를 가지고 게임에서 승리할 수 있게 해주는 뺑카는 포커 게임이 가진 묘미다. 리밋 홀덤은 기본적으로 노리밋 홀덤에 비해 뺑카를 치기 어려운 게임 방식이지만, 국내의 리밋 홀덤 플레이어들은 상대의 베팅을 필요 이상으로 쉽게 인정하는 성향을 가지고 있기 때문에 뺑카로 많은 이득을 얻을 수 있다. 내가 처음 강원랜드에서 홀덤을 할 때만 해도 다른 플레이어들은 시도 때도 없이 뺑카를 치고, 또 상대의 뺑카를 막기 위해 대부분의 상황에서 콜을 하는 나의 플레이를 이해하지 못했었다. 하지만 최근에는 강원랜드의 홀덤 플레이어들도 적극적으로 뺑카를 치고, 또 상대의 뺑카에 대비하는 모습을 보여주고 있다.

1) 뺑카의 기본

뺑카를 치기 위해서는 벳 또는 레이즈를 해서 베팅 금액을 올려야 하는데, 일반적으로 상대가 아무도 베팅하지 않은 상태에서 내가 먼저 선베팅을 함으로써 뺑카를 치게 된다. 상대의 벳에 대해 레이즈를 해서 뺑카를 치는 것도 가능은 하지만 위험부담이 더 높을 뿐 아니라 자기 패가 좋다고 벳을 한 상대가 폴드할 가능성은 상대적으로 적기 때문에 일반적으로 잘 사용되지 않는다.

뺑카를 치기 좋은 상황은 다른 플레이어들이 내 베팅을 잘 믿어서 자주 쇼다운을 보기 전에 폴드하는 경우다. 이런 상황에서는 뺑카가 잘 통할 뿐 아니라, 뺑카를 치지 않으면 마땅히 얻어야 할 이득을 취할 수 없기 때문에 뺑카를 치는 것은 선택이 아닌 필수다. 어떤 사람들은 뺑카가 통하지 않았을 때 입게 되는 손실을 지나치게 두려워해서 뺑카를 전혀 치지 않지만, 원래 다섯 번 중에 한 번만 성공해도 이득인 것이 뺑카다.

더구나 뺑카를 통해 직접적인 이득을 얻지 못하더라도 나에게 좋은 패가 들어왔을 때 상대가 폴드하지 못하게 만드는 효과가 있으므로, 장기적으로는 뺑카를 치는 것이 이득이 된다. 이렇듯 상대가 내 베팅을 믿을 때는 뺑카를 치다가, 상대가 내 베팅을 믿지 않고 콜을 하기 시작하면 진카로 전환하는 것이 뺑카를 잘 치는 요령이다.

2) 단계별 뺑카 전략

리밋 홀덤의 경우 프리플롭 단계에서는 레이즈를 한다고 해도 쉽게 죽지 않기 때문에 뺑카를 치는 것은 큰 의미가 없고, 일반적으로 플롭 단계와 턴 단계, 리버 단계에서 뺑카를 치게 된다. 이 3단계 중 어느 한 단계에서만 뺑카를 칠 수도 있고, 또는 2개 이상의 단계에서 연속해서 뺑카를 칠 수도 있다. 플롭부터 리버까지 계속 뺑카를 치는 것은 2만 5천 원을 투입해야 하기 때문에 위험부담이 크지만 그만큼 뺑카가 통할 확률도 올라가기 때문에 경우에 따라서는 좋은 선택이 될 수도 있다.

플롭 단계는 베팅 금액이 5천 원밖에 되지 않기 때문에 뺑카를 치는 부담이 적은 대신 상대도 쉽게 폴드하지 않는다. 그러므로 턴 단계까지 계속 뺑카를 칠 생각이거나 또는 보드에 하이 페어가 있어서 상대가 바로 폴드할 가능성이 높을 때 뺑카를 치게 된다. 턴 단계는 베팅 금액이 1만 원으로 올라가지만 그만큼 상대가 자주 폴드하기 때문에 뺑카를 치기 가장 좋은 단계다. 리버 단계의 경우 상대의 성향을 고려해서 뺑카를 쳐야 한다. 뺑카에 대비해 하이카드만 있어도 콜을 하는 플레이어를 상대로는 특수한 상황을 제외하면 뺑카를 칠 이유가 없지만, 스몰페어를 가지고도 쉽게 폴드하는 플레이어를 상대할 때는 뺑카를 치는 것이 좋은 선택이 된다.

3) 그 밖의 팁

텍사스 홀덤에는 뺑카를 치기 좋은 상황과 뺑카를 치지 말아야 할 상황이
있는데, 이런 상황들을 알아두면 도움이 된다.

(1) 남아 있는 인원수가 적을 때 뺑카를 쳐라

상대 플레이어가 4명 이상 남아 있을 경우 그중에 좋은 패를 가진 플레이어
가 있을 확률이 높기 때문에 뺑카가 잘 통하지 않는다. 그러므로 남아 있는
인원수가 자신을 포함해서 4명 이하일 때 뺑카를 치는 것이 좋다.

(2) 앞에서 체크가 이어진 후에 뺑카를 쳐라

앞에서 체크가 이어졌다는 것은 다른 플레이어들이 핸드에 자신감이 없다
는 뜻이며, 따라서 뺑카가 통할 가능성이 올라간다. 플롭 단계 또는 턴 단계
에서 다른 모든 플레이어들이 체크했을 때 뺑카를 쳐볼 수 있는데, 체크레
이즈를 하는 성향이 강한 플레이어들이 남아 있을 때는 뺑카를 치지 않고
그냥 체크아웃 하는 것도 좋다. 또한 플롭 단계와 턴 단계에서 연속으로 체
크아웃이 나왔을 경우 리버 단계에서 뺑카를 치는 것도 좋은 전략이다.

(3) 프리플롭에서 레이즈 또는 캡을 한 이후에 뺑카를 쳐라

프리플롭 단계에서 레이즈 또는 캡을 한 상황은 뺑카를 치기 아주 좋은 상
황이다. 설령 내가 가진 카드가 보드와 맞지 않았어도 플롭 단계부터 계속

베팅을 하게 되면, 상대 입장에서 나에게 탑페어가 맞았거나 또는 하이 포켓 페어를 가지고 있다고 보고 폴드할 가능성이 높다.

(4) 상대에게 위협이 되는 카드가 나왔을 때 뺑카를 쳐라

상대에게 위협이 되는 카드가 나왔을 때 뺑카를 치면 그만큼 성공할 확률이 올라간다. 보드에 페어가 떴을 경우 상대 입장에서는 트리플 가능성을 염두에 둘 수밖에 없으므로, 이런 상황에서 벳 또는 레이즈를 해서 뺑카를 치면 폴드할 가능성이 높다. 보드에 플러시 또는 스트레이트 가능성이 생겼을 때 뺑카를 치는 것도 좋은 방법이며, 새로운 탑 카드가 나왔을 때 뺑카를 치면 나에게 탑페어가 맞았다는 인상을 심어줄 수 있다.

(5) 리버 단계에서 어중간한 핸드로 뺑카 치지 마라

리버 단계에서는 자신의 핸드가 나쁘면 나쁠수록 적극적으로 뺑카를 쳐야한다. 그 이유는 상대가 나보다 좋은 패로 폴드할 가능성이 높기 때문이다. 스몰페어와 같이 어중간한 패로 뺑카를 치면 상대가 나보다 좋은 패로는 콜을 하고 지는 패로만 폴드할 것이기 때문에, 상대가 폴드 해도 얻는 이득이 없다. 그러므로 어중간한 패로 뺑카를 치는 것은 좋지 않다.

Tip 하이카드의 가치를 무시하지 말자

많은 홀덤 유저는 리버까지 온 상황에서 하이카드밖에 없으면 그 판을 먹을 가능성이 희박하다고 보고 쉽게 폴드해버린다. 그러나 앞에서 설명한 것처럼 리버 단계에서의 베팅은 자신의 패가 좋아서만 하는 것이 아니라 내 패가 너무 안 좋아서, 쇼다운을 하면 이길 가능성이 전혀 없어서 하기도 한다. 그렇기에 리버 단계에서는 에이스나 킹 정도만 있어도 충분히 콜을 할 수 있으며, 보드에 투페어가 떠 있고 배당이 높을 경우에는 10하이로 들어가는 경우(내가 가진 가장 높은 카드가 10인데 콜을 하는 경우)도 있다. 내 뒤에 남아 있는 플레이어가 많아서 적어도 1명은 원페어를 가지고 있을 것이 확실시되는 상황이라도 걱정할 필요는 없다. 상대의 베팅에 내가 콜을 하는 순간 원페어를 든 플레이어가 폴드할 가능성이 높아지기 때문에, 결과적으로는 상대의 뻥카에 내가 추가적인 뻥카로 응수함으로써 팟을 가져오게 되는 결과가 나올 수 있다.

<u>4</u> 텍사스 홀덤의 고수가 되는 Tip

1) 수딧은 생각보다 강하지 않다

일부 텍사스 홀덤 플레이어는 수딧만 들어오면 흥분해서 베팅에 참여하곤 한다. 물론 내가 가진 2장이 같은 무늬이면 승률이 올라가는 것은 사실이지만, 그렇다고 하이카드가 뒷받침되지 않는 상태에서 수딧만 보고 들어가는 것은 무리다. 수딧이 의미가 있으려면 보드에 정확히 3장의 같은 무늬가 떠야 하는데, 그 가능성은 5.77퍼센트에 불과하다. 그나마 원하는 대로 플러시가 된다고 해도 꼭 이긴다는 보장이 있는 것도 아니다.

2) 좋은 핸드로 게임에 참여하되, 참여한 판에서는 공격적으로 베팅하라

텍사스 홀덤에서는 블라인드일 때를 제외하면 아무런 소모값 없이 폴드할 수 있으므로, 애매한 패를 가지고 무리하게 게임에 참여할 필요가 없다. 대신 일단 돈을 내고 참여한 판에서는 가능한 공격적으로 베팅하는 것이 좋다. 텍사스 홀덤은 겁쟁이를 위한 게임이 아니다. 많은 사람이 팟을 차지할 기회가 왔을 때 조금만 먹어도 만족이라고 생각하고 체크를 하지만, 기대치가 플러스라고 생각될 때는 항상 베팅 금액을 올려서 최대한의 이득을 가져와야 한다. 또한 이렇게 공격적으로 베팅을 하면 나에게 정말로 좋은 패가 들어왔을 때 상대가 폴드하지 못하도록 하는 효과도 있다.

3) 캡을 치기 위해서는 그다지 좋은 핸드가 필요하지 않다

캡은 베팅 금액을 최고로 높이는 베팅이며, 그렇기 때문에 많은 홀덤 유저가 거의 넛츠에 가까운 패로만 캡을 치곤 한다. 하지만 역설적이게도 캡은 베팅 금액을 최대한도까지 끌어올리는 베팅이기 때문에 아주 강한 핸드일 필요가 없다. 상대가 나보다 강한 핸드를 가지고 있어도 레이즈를 맞지 않기 때문이다. 따라서 헤즈업 상황일 경우 상대의 레이즈에 대해 승률이 50퍼센트 정도(수수료를 고려하면 53퍼센트다)만 되어도 캡을 칠 수 있다. 반면 상대의 벳에 레이즈를 할 때는 승률이 3분의 2 정도가 되어야 한다.

4) 상대의 성향을 빠르게 파악하라

텍사스 홀덤의 모든 플레이어는 저마다 플레이하는 성향이 다르다. 어떤 플레이어는 플롭 단계에서부터 쉽게 폴드하는 반면, 플롭 단계에서는 절대 죽지 않는 플레이어도 있다. 또 어떤 플레이어는 턴까지는 마치 넛츠라도 들고 있는 것처럼 강하게 베팅하다가 리버 카드가 공개되면 순한 양처럼 고분고분 폴드한다. 그러므로 상대의 핸드가 공개될 때마다 이러한 성향을 빠르게 파악해두면 베팅할 때 큰 도움이 된다. 상대가 별것 없는 패로도 베팅하

251

는 플레이어라면 공격적으로 상대의 베팅에 레이즈를 하는 것이 좋고, 반대로 여간해서는 베팅을 하지 않는 플레이어가 베팅을 했을 경우에는 빠르게 폴드하는 것이 좋은 선택이 될 때가 많다.

5) 상대의 행동을 유심히 관찰하라

포커의 진정한 고수가 되기 위해서는 카드뿐 아니라 상대 플레이어의 행동과 심리도 읽을 수 있어야 한다. 뺑카를 칠 때 또는 아주 좋은 패가 들어왔을 때 특징적인 습관이나 표정이 드러나는 플레이어들이 있으며, 이를 잘캐치하면 마치 상대의 패를 들여다보는 것처럼 플레이하는 것도 가능하다. 이런 부분이 승부에 큰 영향을 미치게 된다.

6) 불운이 이어지더라도 평정심을 유지하라

텍사스 홀덤은 운이 작용하는 게임이기 때문에 제아무리 고수라 할지라도 잃는 날은 있다. 많은 플레이어가 게임이 잘 안 풀릴 때 무리를 하다가 손해를 보곤 하는데, 이런 때일 수록 평소와 같은 마음으로 게임에 임해야 한다. 불운이 이어질 때 최대한 평정심을 유지하면서 좋은 핸드가 올 때까지 버티는 것이 홀덤에서 꾸준히 좋은 성적을 내는 비결이다.

Tip **텍사스 홀덤의 자금 관리**

카지노에서 손실이 일정 금액 이상 발생할 경우 게임을 그만두기로 미리 정해둔 한계치를 로스컷Loss cut이라고 한다. 텍사스 홀덤의 경우 나와 같이 게임의 기대치 자체가 플러스인 플레이어에게는 로스컷이 필요 없지만, 일반인들의 경우에는 로스컷이 필요하다. 강원랜드에서는 아무리 운이 나빠도 텍사스 홀덤으로 하루에 100만 원 이상 잃기는 쉽지 않으니, 대략 그 절반인 50만 원을 로스컷으로 정해두면 좋다. 만약 50만 원 이상의 손실이 발생했다면 다른 플레이어들의 실력이 나보다 앞서 있거나 테이블이 나와 잘 맞지 않는 것이므로, 게임을 그만두고 휴식을 취하는 것이 좋다.

5 실전 핸드 분석

상황1. 다섯 번째 자리에서 스페이드A와 다이아몬드9를 받았다. 프리플롭에서 스몰 블라인드가 레이즈를 했고, 나를 포함한 5명이 콜했다. 플롭과 턴에서 스몰 블라인드가 계속 벳을 했고, 턴에서만 1명이 죽어서 5명이 남았다. 리버에서 스몰 블라인드가 다시 벳을 했고, 나의 앞에 있는 2명이 폴드했다.

보드 { [플롭] ♦2 ♣3 ♥5 → [턴] ♦8 → [리버] ♠10 }

나의 핸드 { ♠A ♦9 }

분석1. 나에게는 투오버가 있고, 또 좋지 않은 빵꾸이기는 하지만 빵꾸도 있기 때문에 플롭과 턴에서 콜을 했다. 결국 아무 것도 맞지는 않았지만, 일단 리버에서 에이스를 가지고 있는 상황이다. 스몰 블라인드는 하이 포켓 페어처럼 베팅을 했지만 에이스나 킹 하이카드만 가지고 뻥카를 쳤을 가능성도 충분히 있었다. 더구나 팟이 15만 원이나 쌓여 있는 상황이었기 때문에 나는 콜을 했고, 나머지 플레이어들은 모두 폴드했다. 그러자 스몰 블라인드는 쑥스러워하면서 자기의 패를 오픈했는데 A6 수딧이었다. 결국 나는 A하이를 가지고 빅 팟을 먹는 데 성공했다.

상황2. 내가 스몰 블라인드 자리에서 Q포켓을 가지고 프리플롭 레이즈를 했고, 4명이 콜을 했다. 플롭에 Q가 떠서 매우 좋은 상황이 되었고, 나의 벳에 1명이 폴드해서 4명이 남았다. 턴에서 내가 다시 벳을 하자 바로 뒤에 있던 빅 블라인드가 레이즈를 했고, 나머지 2명의 플레이어도 콜을 해서 나의 차례가 돌아왔다.

보드	[플롭] ♠Q ♣10 ♣7 → [턴] ♣2 → [리버] ♦6
나의 핸드	♦Q ♥Q

분석2. 이 핸드를 가지고 캡을 치지 않을 수는 없다. 상대의 플러시가 예상되는 상황이기는 하지만, 플러시가 아닐 가능성도 얼마든지 있다. 더구나 이미 3명이나 들어와 있는 상황이기에 승률이 4분의 1 정도만 되어도 캡을 칠 수 있는데, 리버에서 풀하우스가 될 수 있는 아웃츠도 10개나 있기 때문에 캡을 하는 것은 당연하다. 나의 캡에 나머지 3명의 플레이어들은 콜을 했고, 리버에서는 다이아6이 나왔다. 풀하우스가 되지 않았기 때문에 상대에게 질 확률이 올라갔고, 또 상대가 나보다 약한 패를 가지고 있더라도 내가

체크를 하면 나의 핸드가 약하다고 보고 벳을 해줄 가능성도 있었기 때문에 나는 체크를 했다. 그리고 빅 블라인드의 벳에 나머지 플레이어들이 폴드한 뒤 콜을 했다. 빅 블라인드의 핸드는 7트리플이었다. 나는 테이블 중앙에 나의 카드를 오픈하면서 승리를 선언한다.

상황3. 네 번째 자리에서 6포켓을 받아서 프리플롭 콜을 했고, 컷오프(딜러 버튼의 앞에 있는 플레이어)의 레이즈와 스몰 블라인드의 캡을 거쳐 총 5명의 플레이어가 플롭에 참가했다. 플롭에서 스몰 블라인드가 벳을 했는데, 팟 오즈가 높은 상황이었기 때문에 나는 콜을 하고 1명이 폴드했다. 턴에서 기다리던 6이 뜨면서 트리플이 되었고, 스몰 블라인드의 벳에 UTG가 콜을 하고 나의 차례가 되었다.

보드   {   [플롭] ♠A ♥J ♦4 → [턴] ♠6 → [리버] ♥4

나의 핸드   {   ♣6 ♥6

분석3. 나의 핸드는 레이즈를 하고도 남을 좋은 핸드지만 레이즈를 하게 되면 나의 뒤에 있는 2명의 플레이어가 폴드할 가능성이 높기 때문에 일단 콜만 했고, 나의 뒤에 있는 플레이어들도 모두 콜을 했다. 리버에서 하트4가 나와서 풀하우스가 되었는데, 스몰 블라인드의 벳에 UTG가 레이즈를 했다. UTG는 4트리플 또는 풀하우스가 된 것으로 보이지만 나의 핸드가 더 강하고, 스몰 블라인드의 핸드가 에어라인 또는 J페어일 수도 있지만 그보다는

A-J이거나 A만 있을 확률이 훨씬 높기 때문에 리레이즈를 선택했다. 스몰 블라인드와 UTG는 모두 콜을 했고, 내가 핸드를 보여주자 폴드했다. 결과적으로 나는 아주 큰 판을 가져올 수 있었다.

상황4. 빅 블라인드 위치에서 스페이드5, 스페이드6의 수딧 커넥터(같은 무늬의 연결된 숫자)를 받았다. 프리플롭에서 레이즈 없이 4명은 폴드하고 나를 포함한 4명이 남았다. 플롭에서 다이아몬드A, 스페이드Q, 다이아몬드8이 나온 뒤 체크아웃 되었고, 스페이드A가 나온 턴에서 스몰 블라인드가 벳을 했다. 나는 플러시 드로였기 때문에 콜을 했고 나머지 2명은 폴드했다. 리버에서는 하트2가 나왔다. 나는 플러시 드로에서 말라버린 상황인데, 스몰 블라인드가 다시 벳을 해왔다.

보드	[플롭] ◆A, ♠Q, ◆8 → [턴] ♠A → [리버] ♥2

나의 핸드	♠5, ♠6

분석4. 턴에서 나온 상대의 벳은 조금은 이상하다. 플롭에서의 체크는 기본적으로 A가 없음을 의미하는데, 턴에서 A가 나오자 다시 베팅을 했기 때문이다. 물론 A를 가지고 자신의 패를 속이기 위해서 체크한 것일 가능성도 있지만, 그보다는 Q을 가지고 쳤거나 또는 아무것도 없이 뻥카를 치고 있을 가능성이 높다. 그렇다면 지금 상황은 상대가 뻥카를 치고는 있지만 실상은 나보다 좋은 패를 가지고 있는 상황이다. 그리고 만약 이것이 사실이라면

이 판을 이길 수 있는 한 가지 방법이 있다. 뻥카를 치고 있는 상대에게 역으로 뻥카를 치는 것이다. 나의 자신 있는 레이즈에 상대는 곧바로 폴드했고, 나는 이길 수 없는 패로 팟을 가져오는 데 성공했다.

상황5. 이 핸드는 내가 폴드한 상태에서 지켜본 실전 핸드다. 프리플롭에서 UTG가 레이즈를 하자 딜러를 포함해 5명이 콜을 했고, 플롭에서 클럽5, 다이아몬드5, 스페이드8이 나왔다. UTG가 벳을 하자 2명이 콜하고 2명은 폴드, 턴에서 스페이드J가 나왔다. UTG가 다시 벳을 하자 1명은 폴드하고 딜러가 레이즈를 하자 UTG는 잠깐 고민하더니 콜을 했다. 리버에서 하트10이 나오고 UTG는 체크, 딜러가 벳을 하자 폴드를 했다.

보드 { [플롭] ♣5, ♦5, ♠8 → [턴] ♠J → [리버] ♥10 }

분석5. UTG는 하이 포켓 페어를 가지고 있는 것이 확실시되고, 딜러는 5를 가지고 있는 것으로 보이는 상황이다. UTG 입장에서는 턴에서 딜러가 레이즈 했을 때, 5가 있는 것이 확실하다고 생각했다면 폴드해야 한다. 리버에서 UTG의 아웃츠가 뜰 확률은 약 23분의 1인데 팟 금액이 23만 원에 훨씬 못 미치기 때문이다. 딜러가 뻥카를 치고 있거나 또는 J만 가지고 레이즈 했을 가능성도 있기 때문에 턴에서 콜을 하는 것은 충분히 가능한 선택인데, 만약 그랬다면 리버에서도 콜 해야 한다. 실전의 UTG는 턴에서 콜을 하고, 리버에서 아웃츠가 뜨지 않았다고 해서 폴드하는 이도 저도 아닌 플레이를 한 것이다. 이는 강원랜드의 홀덤 유저들이 흔히 범하는 실수 가운데 하나다.

강원랜드를
완전히 정복하며

나는 『강원랜드 완전정복』을 통해 독자 여러분에게 강원랜드를 소개하고, 강원랜드에 숨겨져 있는 진실을 낱낱이 파헤치고자 했다. 나는 도박을 전공하지는 않았지만 텍사스 홀덤을 통해 강원랜드에서 누구보다도 많은 평균 수익을 올리고 있으며, 강원랜드에서 할 수 있는 모든 게임에 대한 최선의 베팅 방법을 알고 있다. 이러한 지식을 공유함으로써 독자들이 강원랜드에서 손실을 보지 않고 최대한 즐겁게 게임을 즐길 수 있도록 돕고 싶었다. 여러분이 책을 통해 강원랜드를 상대로 대등하게 승부할 수 있는 방법이 무엇인지, 그리고 그동안 얼마나 큰 착각에 빠져 강원랜드를 이용해왔는지 알게 되었으리라 믿는다.

강원랜드에서 오랫동안 도박을 해온 분이라면, 지금껏 그토록 철석같이 믿었던 생각이 잘못되었다는 것을 쉽게 받아들이기 어려울 수도 있다. 그러나 이 책에 나온 모든 내용은 완벽하게 입증된 사실이니, 그것을 받아들이는 것은 여러분의 몫이겠다.

나는 여기에서 강원랜드의 어두운 면을 지적했지만 결코 강원랜드를 싫어하거나, 강원랜드를 깎아내리기 위한 목적으로 이 책을 쓴 것은 아니다. 오히려 나는 강원랜드가 텍사스 홀덤 테이블을 유지하고 있는 것에 대해 고맙게 생각하고, 강원랜드가 나의 인생에 있어 도움이 되었다고 생각하는 사람이다. 다만 우리 사회의 다른 분야와 마찬가지로, 강원랜드에서도 적폐 청산은 반드시 이루어져야 한다. 오랫동안 강원랜드 이용객들을 현혹시켜온 그릇된 소문의 적폐, 그런 소문에 빠진 이용객들을 등쳐먹으려는 사측의 적폐, 각종 비리와 부정 청탁의 적폐, 그리고 그 모든 것의 근원인 낙하산 인사의 적폐. 이러한 적폐들이 청산될 때 비로소 강원랜드는 우리 사회에 긍정적으로 기여하고 국민들의 사랑을 받는 기업으로 거듭날 수 있다고 굳게 믿는다.

내가 강원랜드를 처음 방문한 것은 본과 4학년이던 2011년의 일이다. 당시 여름휴가 차 친구들과 함께 강원랜드에 가는 것이 결정되고 나서 나는 도박 이론과 베팅 시스템에 대해 열심히 연구했다. 강원랜드에서 블랙잭의 하우스 에지가 가장 낮다는 것을 알고 있었기 때문에 카지노에 들어가자마자 블랙잭 테이블을 예약했다. 그런데 막상 블랙잭 테이블에 앉아 베이직 표에 나온 대로 베팅을 하려고 하니 옆에 있는 사람들이 자꾸만 시비를 걸었다. 나 역시 강랜룰에 대해 알고는 있었지만 그들의 간섭은 생각했던 것보다 훨씬 더 심해서 나의 전략이 성공하면 왜 그렇게 하느냐고 따지고, 실패하기라도 하면 바보 취급을 해댔다. 결국 그런 그들에게 넌더리가 난 나는 블랙잭을 그만두고 룰렛과 다이사이만 하다가 돌아왔다.

처음 가본 강원랜드에서 만족스럽지 못한 부분이 분명 있었지만, 기본적으로 그곳에서 하는 도박은 나의 성향에 잘 맞고 재미도 있었다. 그래서 그 뒤로도 종종 혼자 강원랜드를 방문해 바카라를 했다. 바카라 정도면 하우스에지도 나쁘지 않았고, 무엇보다 주변의 간섭이 적어 좋았다.

처음에는 커미션 바카라 테이블에서 뱅커에만 베팅을 했다. 그래서 별명이 뱅커맨이었다. 하지만 얼마 지나지 않아 한쪽에만 기계적으로 베팅하는 방식에 한계가 있다는 것을 깨달았고 바카라 게임의 결과를 가장 잘 예측할 수 있는, 앞서 소개한 시뮬레이션 방법을 생각해냈다. 그리고 이번에는 판돈을 높여 30만 원 테이블에서 베팅을 하기 시작했다. 셔플이 진행되는 동안 화장실에서 적어온 시뮬레이션 결과에 마틴게일 시스템으로 '3만 원 → 6만 원 → 12만 원 → 24만 원'을 베팅하는 방식이었다. 나는 이 방법으로 한동안 꽤 큰 성공을 거두어서 300만 원 정도를 땄고, 드디어 카지노를 상대로 이길 수 있는 방법을 찾아낸 것이 아닐까 하는 생각을 해보기도 했다.

그러던 어느 날, 나에게도 '그날'이 찾아왔다. 그날은 정말 운이 나빠도 너무 나빠서 베팅이 자주 빗나갔고, 특히나 가장 중요한 24만 원짜리 베팅에서 전부 졌다. 심지어 베팅이 12번 연속으로 틀려서 3번 연속 나가리가 되기도 했다. 결국 나는 몇 주에 걸쳐서 땄던 돈을 하루 사이에 모두 잃어버리고 말았다. 그리고 나서야 그때까지 그저 모두 운이 좋았을 뿐이었다는 사실을 깨달았다.

이후 몇 년간은 강원랜드에서 돈을 딸 생각은 모두 버리고 재미 삼아 게임을 했다. 그러다가 여전히 착각에서 벗어나지 못한 채 너무나 잘못된 생각을 가지고 베팅하는 강원랜드 사람들을 보면서 이 책을 써야겠다는 생각을 하게 되었다. 사람들에게 진실을 알려야 한다는 사명감이 생겼다. 이 책을 쓰기 위해 해외의 여러 자료를 보면서 도박에 대해 전문적으로 연구하고, 또 강원랜드에 뻔질나게 드나들면서 정보를 수집했다.

내가 텍사스 홀덤을 시작하게 된 것도 이 책을 쓰는 과정에서였다. 그때까지만 해도 나는 텍사스 홀덤이 무엇인지도 모르는 완전한 초보였지만, 인터넷으로 강원랜드의 텍사스 홀덤 테이블에 관한 글을 읽으면서 충분히 돈을 딸 수 있겠다는 생각을 하게 되었다. 강원랜드의 텍사스 홀덤 유저들은 확률에 따라 플레이하지 않기 때문에 확률적으로 최선의 플레이만 하게 되면 이길 수 있다는 것이 바로 내 생각이었다.

결과는 대성공이었다. 처음 3일 동안에는 3만 원을 따는데 그쳤지만 이후부터는 주말에만 출입하면서 14일 연속으로 돈을 따는 등 2017년 3월부터 10월까지 750만 원 이상을 벌어들였다. 이 기간 중 하루 평균 수익은 30만 원이 넘고, 100만 원 넘게 딴 날도 3번이나 된다. 경험이 부족해서 실수도 많았고, 졸며 어영부영 치면서 손해를 보기도 했는데도 말이다. 이렇게 갑자기 혜성처럼 나타난 내가 남들과 다른 특이한 방식으로 플레이를 하면서도 좋은 성적을 거두자 사람들은 내가 운이 좋다는 말을 했고, 시기한 일부 플레이어들은 대놓고 나를 도발하기도 했다. 나는 그런 그들이 싫어 텍사스 홀덤을 접었다. 그러다가 2018년 여름에 복귀했는데, 예전에 비해 테이블 분위기도 좋아지고 수준도 한층 올라가 만족하고 있다.

이 책을 쓰는 과정에서 어려운 점도 있었지만 즐거운 일이 더 많았고, 무엇보다도 독자들에게 도움이 되는 책을 쓸 수 있었다는 것에 만족한다. 끝으로 이 책을 출판하는 데 많은 도움을 주신 펌프킨 출판사 관계자분들 그리고 김성태 선생님께 진심으로 감사하다는 말씀을 전하고 싶다.

부록

부록1 | 강원랜드 내 모든 게임의 승률 및 하우스 에지

게임	베팅/규칙	하우스 에지(퍼센트)
룰렛	Inside, Outside	5.26
	Top Line	7.89
블랙잭	Basic Strategy	0.35
	인슈어런스	7.25
바카라	뱅커	1.06
	플레이어	1.24
	타이	14.36
	페어	10.36
다이사이	대소, 홀짝	2.78
	싱글 다이스	7.87
	도미노	16.67
	트리플	30.09
	애니 트리플	30.56
	페어 다이스	33.33
	Total Number	9.72~18.98
빅휠	Silver	11.11
	Gold	16.67
	Emerald	22.22
	Diamond	18.52
	Crystal	22.22
	Joker/Logo	24.07
카지노워	무승부 시 Go to war	2.33
	무승부 시 기권	3.70
	타이 벳	18.65
캐리비안스터드포커	최선의 전략	5.22
쓰리카드포커	최선의 전략	3.37
	페어 게임	2.32

4 Decks - Dealer Stands on Soft 17

딜러의 최종 점수 / 딜러의 업카드	17	18	19	20	21	블랙잭	버스트
Ace	0.126128	0.131003	0.129486	0.131553	0.0515646	0.313726	0.11654
2	0.138976	0.131762	0.131815	0.123948	0.120526	0	0.352973
3	0.130313	0.130946	0.123761	0.123345	0.116047	0	0.375588
4	0.130973	0.114163	0.120679	0.116286	0.115096	0	0.402803
5	0.119687	0.123483	0.116909	0.104694	0.106321	0	0.428905
6	0.166948	0.106454	0.107192	0.100705	0.0978785	0	0.420823
7	0.372345	0.138583	0.0773344	0.0788967	0.072987	0	0.259854
8	0.130857	0.362989	0.129445	0.0682898	0.0697914	0	0.238627
9	0.121886	0.103921	0.357391	0.12225	0.0611088	0	0.233442
10	0.114418	0.112879	0.114662	0.328879	0.0364661	0.0784314	0.214264
All	0.14583	0.138063	0.13482	0.175806	0.0736296	0.0482655	0.283585

부록3 ㅣ 바카라의 확률

바카라는 얼핏 단순해 보이는 게임이지만, 그 속에는 첫판에 나올 수 있는 경우의 수만 5천조 개에 달할 만큼 많은 경우의 수와 복잡한 확률이 내포되어 있다. 그리고 이러한 확률을 알아야만 비로소 바카라 게임을 완벽하게 이해할 수 있다.

1) 뱅커, 플레이어, 타이의 확률

커미션 바카라의 확률

결과	경우의 수	확률	페이	뱅커 베팅의 결과값	플레이어 베팅의 결과값	타이 베팅의 결과값
Banker Win	2,292,252,566,437,888	0.458597	0.95	0.435668	-0.458597	-0.458597
Player Win	2,230,518,282,592,256	0.446247	1	-0.446247	0.446247	-0.446247
Tie	475,627,426,473,216	0.095156	8	0	0	0.761248
총계	4,998,398,275,503,360	1		-0.010579	-0.012351	-0.143596

'뱅커 베팅의 결과값' 항목을 살펴보면 다음과 같다. 뱅커가 이기는 결과인 Banker Win이 나왔을 경우 뱅커에 1을 베팅한 사람은 0.458597의 확률에 대해 0.95의 페이를 받기 때문에 두 값을 곱한 0.435668을 얻게 된다. 반면 플레이어가 이기는 결과인 Player Win이 나왔을 경우에는 플레이어가 나올 확률 0.446247에 대해 베팅한 1을 고스란히 잃기 때문에 결과값이 -0.446247이 된다. 타이가 나왔을 경우에는 베팅금을 그대로 돌려받으므로 결과값이 0이다. 그 다음 3가지 결과값을 모두 더하면 -0.010579가 되며, 이를 퍼센티지로 변환한 1.0579퍼센트가 뱅커 베팅의 하우스 에지가 되는 것이다. 이 값을 소수점 둘째 자리까지 반올림한 1.06퍼센트를 뱅커 베팅의 하우스 에지로 소개한 바 있다.

같은 방법으로 플레이어와 타이 베팅의 하우스 에지도 구할 수 있다. 뱅커 베팅에는 5퍼센트의 커미션이 붙지만 그래도 뱅커의 하우스 에지 1.0579퍼센트는 플레이어의 하우스 에지 1.2351퍼센트보다 낮다. 한편 타이 베팅의 하우스 에지는 14.3596퍼센트다.

커미션 없는 바카라의 확률

결과	경우의 수	확률	페이	뱅커 베팅의 결과값	플레이어 베팅의 결과값	타이 베팅의 결과값
Banker Win	2,023,020,261,982,210	0.404734	1	0.404734	−0.404734	−0.404734
Banker 6 Win	269,232,304,455,680	0.053864	0.5	0.026932	−0.053864	−0.053864
Player Win	2,230,518,282,592,256	0.446247	1	−0.446247	0.446247	−0.446247
Tie	475,627,426,473,216	0.095156	8	0	0	0.761248
총계	4,998,398,275,503,360	1		−0.014581	−0.012351	−0.143596

커미션 없는 바카라에서는 뱅커 베팅의 하우스 에지가 1.4581퍼센트로 올라간다.

2) 타이를 배제한 뱅커와 플레이어의 확률

커미션 바카라의 확률

결과	경우의 수	확률	페이	뱅커 베팅의 결과값	플레이어 베팅의 결과값
Banker Win	2,292,252,566,437,888	0.506825	0.95	0.481484	−0.506825
Player Win	2,230,518,282,592,256	0.493175	1	−0.493175	0.493175
총계	4,522,770,849,030,144	1		−0.011691	−0.013650

뱅커의 승률이 50퍼센트를 넘는다는 것을 알 수 있다. 타이를 배제했을 때 뱅커 베팅의 하우스 에지는 1.1691퍼센트, 플레이어의 하우스 에지는 1.3650퍼센트다. 이를 소수점 둘째 자리로 반올림하면 각각 1.17퍼센트와 1.36퍼센트가 된다(플레이어 하우스 에지의 경우 정확하게는 1.36496…퍼센트기 때문에 소수점 둘째 자리로 반올림 했을 때 1.36퍼센트다).

커미션 없는 바카라의 확률

결과	경우의 수	확률	페이	뱅커 베팅의 결과값	플레이어 베팅의 결과값
Banker Win	2,023,020,261,982,210	0.447297	1	0.447297	−0.447297
Banker 6 Win	269,232,304,455,680	0.059528	0.5	0.029764	−0.059528
Player Win	2,230,518,282,592,256	0.493175	1	−0.493175	0.493175
총계	4,522,770,849,030,144	1		−0.016114	−0.013650

커미션 없는 바카라 테이블에서 타이를 배제할 때 뱅커와 플레이어의 하우스 에지는 각각 1.6114퍼센트와 1.3650퍼센트다. 소수점 둘째 자리로 반올림한 값은 1.61퍼센트와 1.36퍼센트다.

3) 페어 베팅의 확률

페어 베팅의 확률과 결과값

	경우의 수	확률	페이	결과값
페어	6,448	0.074699	11	0.821687
페어 아님	79,872	0.925301	−1	−0.925301
총계	86,320	1		−0.103614

페어 베팅의 하우스 에지는 10.36퍼센트다.

4) 게임 결과의 확률

8덱 바카라 게임의 결과

플레이어 \ 뱅커	0	1	2	3	4	5	6	7	8	9	Totals
0	0.005798	0.004860	0.004844	0.005393	0.009210	0.009237	0.009731	0.010820	0.017021	0.017076	0.093989
1	0.004929	0.004101	0.004095	0.004642	0.008121	0.008154	0.008124	0.009208	0.011559	0.011593	0.074527
2	0.004844	0.004024	0.004003	0.004555	0.007720	0.008582	0.008556	0.009112	0.011443	0.011478	0.074317
3	0.004751	0.003928	0.003914	0.004452	0.007632	0.009025	0.008999	0.009034	0.011379	0.011414	0.074527
4	0.004930	0.004108	0.004094	0.004106	0.007261	0.008359	0.009163	0.009198	0.011527	0.011562	0.074309
5	0.005047	0.004227	0.004212	0.004222	0.006867	0.007939	0.009290	0.009325	0.011670	0.011711	0.074511
6	0.011478	0.009797	0.009777	0.009803	0.010307	0.011389	0.019240	0.020183	0.015602	0.015649	0.133227
7	0.011674	0.009992	0.009961	0.009995	0.009970	0.011055	0.018988	0.020350	0.015816	0.015865	0.133666
8	0.017643	0.012114	0.012069	0.012942	0.012895	0.013470	0.014479	0.015587	0.010979	0.011060	0.133239
9	0.017680	0.012130	0.012084	0.012666	0.013446	0.013493	0.014505	0.015614	0.011037	0.011033	0.133687
Total	0.088775	0.069281	0.069054	0.072776	0.093429	0.100704	0.121076	0.128431	0.128033	0.128440	1.000000

(출처: wizardofodds.com)

바카라 게임 결과 플레이어와 뱅커는 각각 0점에서 9점 사이의 점수를 얻게 된다. 뱅커는 9가 나올 확률이 가장 높고 2가 나올 확률이 가장 적으며, 플레이어는 9가 가장 자주 나오고 4가 가장 적게 나온다.

5) 카드 장수의 확률

뱅커와 플레이어가 받는 카드 장수의 확률

Banker 카드	Player 카드	합계	경우의 수	확률
2	2	4	1,893,735,611,458,560	0.378868
2	3	5	928,334,664,929,280	0.185726
3	2	5	588,400,143,851,520	0.117718
3	3	6	1,587,927,855,264,000	0.317687
총계			4,998,398,275,503,360	1

　바카라 게임에서 플레이어와 뱅커는 각각 2장 또는 3장의 카드를 받게 되는데, 뱅커와 플레이어가 2장씩만 카드를 받을 확률이 약 38퍼센트로 제일 높다. 그다음으로는 뱅커와 플레이어 모두 3장씩 카드를 받을 확률이 32퍼센트 정도로 높다. 가장 확률이 낮은 것은 뱅커가 3장, 플레이어가 2장의 카드를 받는 경우로 확률이 12퍼센트밖에 되지 않는다.

부록4 | 텍사스 홀덤의 핸드 순위표

1) 플레이어가 10명인 텍사스 홀덤 테이블의 핸드 순위표

핸드	승률	평균 획득	기댓값	나올 확률	누적 확률
포켓 A페어	31.36%	9.91	2.1071	0.45%	0.45%
포켓 K페어	26.43%	9.87	1.6079	0.45%	0.9%
포켓 Q페어	22.66%	9.81	1.2224	0.45%	1.36%
A/K 수트	21.73%	9.52	1.0688	0.3%	1.66%
포켓 J페어	19.84%	9.74	0.9318	0.45%	2.11%
A/Q 수트	20.44%	9.41	0.9239	0.3%	2.41%
K/Q 수트	19.8%	9.41	0.8639	0.3%	2.71%
A/J 수트	19.51%	9.31	0.8159	0.3%	3.02%
K/J 수트	18.94%	9.31	0.7636	0.3%	3.32%
A/T 수트	18.87%	9.2	0.7353	0.3%	3.62%
Q/J 수트	18.55%	9.28	0.7217	0.3%	3.92%
A/K 오프수트	18.29%	9.41	0.7209	0.9%	4.83%
포켓 10페어	17.76%	9.65	0.7145	0.45%	5.28%
K/T 수트	18.34%	9.21	0.689	0.3%	5.58%
Q/T 수트	18.04%	9.19	0.6577	0.3%	5.88%
J/T 수트	18.07%	9.16	0.6552	0.3%	6.18%
포켓 9페어	16.05%	9.69	0.5559	0.45%	6.64%
A/Q 오프수트	16.78%	9.26	0.5539	0.9%	7.54%
A/9 수트	16.87%	9.12	0.5377	0.3%	7.84%
K/Q 오프수트	16.3%	9.26	0.5098	0.9%	8.75%
K/9 수트	16.22%	9.16	0.4854	0.3%	9.05%
T/9 수트	16.33%	9.09	0.485	0.3%	9.35%
A/8 수트	16.34%	9.03	0.4756	0.3%	9.65%
J/9 수트	15.96%	9.12	0.4561	0.3%	9.95%
Q/9 수트	15.89%	9.14	0.4527	0.3%	10.26%
포켓 8페어	14.96%	9.67	0.4471	0.45%	10.71%
A/5 수트	16.23%	8.9	0.4447	0.3%	11.01%

핸드	승률	평균 획득	기댓값	나올 확률	누적 확률
A/J 오프수트	15.7%	9.1	0.4291	0.9%	11.92%
A/7 수트	15.93%	8.96	0.4272	0.3%	12.22%
A/4 수트	15.88%	8.94	0.4205	0.3%	12.52%
A/3 수트	15.51%	9	0.3957	0.3%	12.82%
K/J 오프수트	15.3%	9.11	0.3944	0.9%	13.73%
A/6 수트	15.62%	8.91	0.3916	0.3%	14.03%
Q/J 오프수트	15.07%	9.08	0.3687	0.9%	14.93%
포켓 7페어	14.14%	9.65	0.3647	0.45%	15.38%
A/2 수트	15.02%	9.04	0.3579	0.3%	15.69%
K/8 수트	15.03%	9.03	0.3568	0.3%	15.99%
T/8 수트	15.05%	9	0.3556	0.3%	16.29%
9/8 수트	14.69%	9.11	0.3388	0.3%	16.59%
A/T 오프수트	14.93%	8.94	0.3353	0.9%	17.5%
J/8 수트	14.66%	9.03	0.3231	0.3%	17.8%
Q/8 수트	14.61%	9.04	0.3204	0.3%	18.1%
K/7 수트	14.64%	8.96	0.312	0.3%	18.4%
K/T 오프수트	14.6%	8.96	0.3086	0.9%	19.31%
J/T 오프수트	14.64%	8.92	0.3066	0.9%	20.21%
포켓 6페어	13.51%	9.64	0.3017	0.45%	20.66%
Q/T 오프수트	14.45%	8.94	0.2918	0.9%	21.57%
K/6 수트	14.35%	8.91	0.2787	0.3%	21.87%
8/7 수트	14.03%	9.08	0.2736	0.3%	22.17%
K/5 수트	14.09%	8.87	0.2494	0.3%	22.47%
9/7 수트	13.81%	9.04	0.2488	0.3%	22.78%
포켓 5페어	12.88%	9.61	0.2379	0.45%	23.23%
T/7 수트	13.82%	8.91	0.2315	0.3%	23.53%
K/4 수트	13.78%	8.92	0.2294	0.3%	23.83%
7/6 수트	13.54%	9.06	0.2262	0.3%	24.13%
포켓 4페어	12.56%	9.68	0.2155	0.45%	24.59%
K/3 수트	13.49%	8.99	0.212	0.3%	24.89%

핸드	승률	평균 획득	기댓값	나올 확률	누적 확률
Q/7 수트	13.57%	8.91	0.2091	0.3%	25.19%
J/7 수트	13.49%	8.92	0.2026	0.3%	25.49%
포켓 3페어	12.31%	9.75	0.2002	0.45%	25.94%
K/2 수트	13.21%	9.05	0.1955	0.3%	26.24%
포켓 2페어	12.15%	9.82	0.1933	0.45%	26.7%
8/6 수트	13.2%	9.01	0.1901	0.3%	27%
6/5 수트	13.14%	9.04	0.1887	0.3%	27.3%
Q/6 수트	13.28%	8.85	0.1754	0.3%	27.6%
5/4 수트	12.88%	9.04	0.165	0.3%	27.9%
Q/5 수트	13.05%	8.82	0.1509	0.3%	28.21%
7/5 수트	12.73%	8.99	0.1449	0.3%	28.51%
9/6 수트	12.74%	8.95	0.1409	0.3%	28.81%
T/9 오프수트	12.87%	8.8	0.1327	0.9%	29.71%
Q/4 수트	12.73%	8.88	0.1301	0.3%	30.02%
T/6 수트	12.72%	8.79	0.1189	0.3%	30.32%
A/9 오프수트	12.74%	8.77	0.118	0.9%	31.22%
Q/3 수트	12.44%	8.95	0.1131	0.3%	31.52%
6/4 수트	12.22%	9.06	0.1077	0.3%	31.83%
J/6 수트	12.56%	8.78	0.1026	0.3%	32.13%
Q/2 수트	12.17%	9.02	0.0978	0.3%	32.43%
J/9 오프수트	12.36%	8.81	0.0891	0.9%	33.33%
8/5 수트	12.16%	8.93	0.0856	0.3%	33.63%
5/3 수트	11.97%	9.06	0.0849	0.3%	33.94%
K/9 오프수트	12.27%	8.83	0.0836	0.9%	34.84%
J/5 수트	12.32%	8.74	0.0763	0.3%	35.14%
Q/9 오프수트	12.11%	8.82	0.0679	0.9%	36.05%
J/4 수트	12.01%	8.8	0.057	0.3%	36.35%
A/8 오프수트	12.16%	8.63	0.0494	0.9%	37.25%
7/4 수트	11.59%	8.99	0.0421	0.3%	37.56%
J/3 수트	11.74%	8.88	0.042	0.3%	37.86%

핸드	승률	평균 획득	기댓값	나올 확률	누적 확률
4/3 수트	11.36%	9.13	0.0369	0.3%	38.16%
9/5 수트	11.7%	8.85	0.0351	0.3%	38.46%
J/2 수트	11.47%	8.95	0.0266	0.3%	38.76%
T/5 수트	11.84%	8.65	0.0243	0.3%	39.06%
A/5 오프수트	12%	8.45	0.0133	0.9%	39.97%
6/3 수트	11.09%	9.07	0.0056	0.3%	40.27%
T/4 수트	11.53%	8.71	0.0042	0.3%	40.57%
A/7 오프수트	11.71%	8.51	−0.0033	0.9%	41.48%
T/8 오프수트	11.48%	8.63	−0.0087	0.9%	42.38%
T/3 수트	11.24%	8.78	−0.0125	0.3%	42.68%
A/4 오프수트	11.63%	8.49	−0.0126	0.9%	43.59%
9/8 오프수트	11.2%	8.79	−0.0158	0.9%	44.49%
8/4 수트	11.04%	8.9	−0.0168	0.3%	44.8%
5/2 수트	10.83%	9.07	−0.0176	0.3%	45.1%
T/2 수트	10.98%	8.86	−0.0274	0.3%	45.4%
A/3 오프수트	11.22%	8.55	−0.0402	0.9%	46.3%
4/2 수트	10.47%	9.16	−0.041	0.3%	46.61%
A/6 오프수트	11.35%	8.43	−0.044	0.9%	47.51%
9/4 수트	10.73%	8.8	−0.0567	0.3%	47.81%
J/8 오프수트	10.94%	8.63	−0.0567	0.9%	48.72%
K/8 오프수트	10.97%	8.6	−0.0569	0.9%	49.62%
7/3 수트	10.46%	8.98	−0.0603	0.3%	49.92%
9/3 수트	10.42%	8.87	−0.0756	0.3%	50.23%
8/7 오프수트	10.57%	8.72	−0.0777	0.9%	51.13%
Q/8 오프수트	10.7%	8.62	−0.0779	0.9%	52.04%
A/2 오프수트	10.7%	8.6	−0.0797	0.9%	52.94%
3/2 수트	9.9%	9.24	−0.0848	0.3%	53.24%
9/2 수트	10.15%	8.95	−0.0911	0.3%	53.54%
6/2 수트	9.96%	9.06	−0.0976	0.3%	53.85%
K/7 오프수트	10.54%	8.48	−0.1062	0.9%	54.75%

핸드	승률	평균 획득	기댓값	나올 확률	누적 확률
8/3 수트	10.07%	8.86	−0.1076	0.3%	55.05%
9/7 오프수트	10.24%	8.65	−0.1147	0.9%	55.96%
7/6 오프수트	10.1%	8.68	−0.1234	0.9%	56.86%
8/2 수트	9.78%	8.94	−0.1254	0.3%	57.16%
T/7 오프수트	10.17%	8.43	−0.1424	0.9%	58.07%
K/6 오프수트	10.19%	8.38	−0.1456	0.9%	58.97%
7/2 수트	9.53%	8.93	−0.1484	0.3%	59.28%
6/5 오프수트	9.73%	8.65	−0.1577	0.9%	60.18%
8/6 오프수트	9.67%	8.59	−0.1693	0.9%	61.09%
K/5 오프수트	9.93%	8.31	−0.1749	0.9%	61.99%
5/4 오프수트	9.49%	8.64	−0.1795	0.9%	62.9%
J/7 오프수트	9.66%	8.4	−0.1879	0.9%	63.8%
K/4 오프수트	9.58%	8.37	−0.1984	0.9%	64.71%
Q/7 오프수트	9.57%	8.36	−0.1997	0.9%	65.61%
7/5 오프수트	9.26%	8.55	−0.2086	0.9%	66.52%
K/3 오프수트	9.26%	8.45	−0.217	0.9%	67.42%
9/6 오프수트	9.09%	8.46	−0.2308	0.9%	68.33%
K/2 오프수트	8.97%	8.54	−0.2343	0.9%	69.23%
Q/6 오프수트	9.25%	8.26	−0.236	0.9%	70.14%
6/4 오프수트	8.75%	8.63	−0.2446	0.9%	71.04%
Q/5 오프수트	9%	8.19	−0.2631	0.9%	71.95%
T/6 오프수트	8.98%	8.19	−0.2645	0.9%	72.85%
5/3 오프수트	8.52%	8.62	−0.2651	0.9%	73.76%
8/5 오프수트	8.6%	8.4	−0.2784	0.9%	74.66%
Q/4 오프수트	8.67%	8.26	−0.2844	0.9%	75.57%
J/6 오프수트	8.65%	8.13	−0.2973	0.9%	76.47%
Q/3 오프수트	8.35%	8.35	−0.3028	0.9%	77.38%
4/3 오프수트	7.9%	8.69	−0.3133	0.9%	78.28%
7/4 오프수트	8.05%	8.47	−0.3177	0.9%	79.19%
Q/2 오프수트	8.06%	8.45	−0.3191	0.9%	80.09%

핸드	승률	평균 획득	기댓값	나올 확률	누적 확률
J/5 오프수트	8.41%	8.04	−0.3241	0.9%	81%
9/5 오프수트	7.99%	8.21	−0.3435	0.9%	81.9%
J/4 오프수트	8.07%	8.11	−0.3453	0.9%	82.81%
6/3 오프수트	7.56%	8.57	−0.352	0.9%	83.71%
J/3 오프수트	7.75%	8.2	−0.3638	0.9%	84.62%
T/5 오프수트	8.06%	7.89	−0.3641	0.9%	85.52%
5/2 오프수트	7.34%	8.56	−0.3714	0.9%	86.43%
J/2 오프수트	7.48%	8.31	−0.3791	0.9%	87.33%
T/4 오프수트	7.71%	7.95	−0.3877	0.9%	88.24%
8/4 오프수트	7.38%	8.27	−0.3898	0.9%	89.14%
4/2 오프수트	6.96%	8.68	−0.3963	0.9%	90.05%
T/3 오프수트	7.4%	8.04	−0.4054	0.9%	90.95%
T/2 오프수트	7.11%	8.14	−0.4211	0.9%	91.86%
7/3 오프수트	6.85%	8.36	−0.4273	0.9%	92.76%
9/4 오프수트	6.96%	8.03	−0.4408	0.9%	93.67%
3/2 오프수트	6.35%	8.77	−0.4427	0.9%	94.57%
6/2 오프수트	6.38%	8.46	−0.4601	0.9%	95.48%
9/3 오프수트	6.63%	8.12	−0.4615	0.9%	96.38%
9/2 오프수트	6.35%	8.23	−0.4772	0.9%	97.29%
8/3 오프수트	6.36%	8.09	−0.4852	0.9%	98.19%
8/2 오프수트	6.06%	8.19	−0.5039	0.9%	99.1%
7/2 오프수트	5.86%	8.17	−0.5211	0.9%	100%
합계		8.82	0	100%	

(출처: wizardofodds.com)

＊모든 플레이어가 게임에 참가한다고 가정했을 때의 핸드 순위.
＊평균 획득: 이길 때(찹 포함) 평균적으로 획득하는 금액.

2) 플레이어가 8명인 텍사스 홀덤 테이블의 핸드 순위표

핸드	승률	평균 획득	기댓값	나올 확률	누적 확률
포켓 A페어	39.05%	7.94	2.099	0.45%	0.45%
포켓 K페어	33.26%	7.92	1.6328	0.45%	0.9%
포켓 Q페어	28.71%	7.88	1.2628	0.45%	1.36%
A/K 수트	26%	7.67	0.9953	0.3%	1.66%
포켓 J페어	25.13%	7.84	0.9705	0.45%	2.11%
A/Q 수트	24.51%	7.6	0.8628	0.3%	2.41%
K/Q 수트	23.72%	7.61	0.8043	0.3%	2.71%
A/J 수트	23.41%	7.53	0.7616	0.3%	3.02%
포켓 10페어	22.32%	7.79	0.7395	0.45%	3.47%
A/K 오프수트	22.68%	7.61	0.7264	0.9%	4.37%
K/J 수트	22.66%	7.53	0.7073	0.3%	4.68%
A/T 수트	22.55%	7.45	0.6803	0.3%	4.98%
Q/J 수트	22.1%	7.52	0.6622	0.3%	5.28%
K/T 수트	21.87%	7.47	0.633	0.3%	5.58%
Q/T 수트	21.38%	7.45	0.5936	0.3%	5.88%
J/T 수트	21.26%	7.44	0.5813	0.3%	6.18%
A/Q 오프수트	20.98%	7.51	0.5765	0.9%	7.09%
포켓 9페어	19.89%	7.81	0.5527	0.45%	7.54%
K/Q 오프수트	20.31%	7.52	0.5281	0.9%	8.45%
A/9 수트	20.28%	7.39	0.4981	0.3%	8.75%
A/J 오프수트	19.7%	7.41	0.4607	0.9%	9.65%
K/9 수트	19.5%	7.42	0.4466	0.3%	9.95%
A/8 수트	19.66%	7.32	0.4386	0.3%	10.26%
K/J 오프수트	19.1%	7.43	0.4183	0.9%	11.16%
포켓 8페어	18.19%	7.79	0.4164	0.45%	11.61%
T/9 수트	19.18%	7.38	0.4162	0.3%	11.92%
Q/9 수트	19.03%	7.41	0.4107	0.3%	12.22%
J/9 수트	18.96%	7.4	0.4032	0.3%	12.52%

핸드	승률	평균 획득	기댓값	나올 확률	누적 확률
A/5 수트	19.29%	7.21	0.3914	0.3%	12.82%
A/7 수트	19.12%	7.26	0.3883	0.3%	13.12%
Q/J 오프수트	18.67%	7.41	0.3832	0.9%	14.03%
A/T 오프수트	18.74%	7.31	0.3705	0.9%	14.93%
A/4 수트	18.86%	7.23	0.3638	0.3%	15.23%
A/6 수트	18.62%	7.22	0.3448	0.3%	15.54%
A/3 수트	18.41%	7.26	0.336	0.3%	15.84%
K/T 오프수트	18.18%	7.33	0.3328	0.9%	16.74%
K/8 수트	18.05%	7.33	0.3234	0.3%	17.04%
포켓 7페어	16.85%	7.77	0.309	0.45%	17.5%
Q/T 오프수트	17.83%	7.32	0.3044	0.9%	18.4%
J/T 오프수트	17.86%	7.3	0.3041	0.9%	19.31%
A/2 수트	17.86%	7.28	0.2997	0.3%	19.61%
T/8 수트	17.68%	7.32	0.2949	0.3%	19.91%
Q/8 수트	17.51%	7.34	0.285	0.3%	20.21%
J/8 수트	17.44%	7.33	0.2792	0.3%	20.51%
K/7 수트	17.57%	7.27	0.2777	0.3%	20.81%
9/8 수트	17.31%	7.38	0.2768	0.3%	21.12%
K/6 수트	17.17%	7.23	0.2413	0.3%	21.42%
포켓 6페어	15.84%	7.75	0.2282	0.45%	21.87%
K/5 수트	16.83%	7.2	0.2117	0.3%	22.17%
8/7 수트	16.38%	7.35	0.2033	0.3%	22.47%
K/4 수트	16.44%	7.22	0.1869	0.3%	22.78%
9/7 수트	16.2%	7.33	0.1868	0.3%	23.08%
T/7 수트	16.3%	7.26	0.1827	0.3%	23.38%
Q/7 수트	16.22%	7.25	0.1756	0.3%	23.68%
A/9 오프수트	16.27%	7.2	0.1711	0.9%	24.59%
J/7 수트	16.07%	7.26	0.1662	0.3%	24.89%
K/3 수트	16.06%	7.26	0.1653	0.3%	25.19%
포켓 5페어	14.93%	7.73	0.1542	0.45%	25.64%

핸드	승률	평균 획득	기댓값	나올 확률	누적 확률
7/6 수트	15.66%	7.33	0.1481	0.3%	25.94%
K/2 수트	15.7%	7.29	0.1446	0.3%	26.24%
Q/6 수트	15.85%	7.2	0.1417	0.3%	26.55%
T/9 오프수트	15.71%	7.21	0.1332	0.9%	27.45%
K/9 오프수트	15.62%	7.24	0.1308	0.9%	28.36%
8/6 수트	15.37%	7.3	0.1223	0.3%	28.66%
Q/5 수트	15.56%	7.17	0.1158	0.3%	28.96%
포켓 4페어	14.31%	7.76	0.1103	0.45%	29.41%
J/9 오프수트	15.34%	7.22	0.1081	0.9%	30.32%
6/5 수트	15.12%	7.32	0.1067	0.3%	30.62%
Q/9 오프수트	15.27%	7.23	0.1044	0.9%	31.52%
A/8 오프수트	15.55%	7.1	0.1037	0.9%	32.43%
Q/4 수트	15.16%	7.2	0.0916	0.3%	32.73%
9/6 수트	14.99%	7.26	0.0891	0.3%	33.03%
5/4 수트	14.74%	7.32	0.0789	0.3%	33.33%
T/6 수트	15.03%	7.18	0.0785	0.3%	33.63%
포켓 3페어	13.83%	7.8	0.0782	0.45%	34.09%
7/5 수트	14.74%	7.29	0.0741	0.3%	34.39%
Q/3 수트	14.81%	7.24	0.0721	0.3%	34.69%
J/6 수트	14.92%	7.17	0.0691	0.3%	34.99%
포켓 2페어	13.49%	7.83	0.057	0.45%	35.44%
Q/2 수트	14.46%	7.28	0.0524	0.3%	35.75%
A/5 오프수트	15.1%	6.95	0.0489	0.9%	36.65%
A/7 오프수트	14.94%	7.01	0.0473	0.9%	37.56%
J/5 수트	14.66%	7.13	0.0454	0.3%	37.86%
6/4 수트	14.07%	7.33	0.0306	0.3%	38.16%
8/5 수트	14.22%	7.24	0.0303	0.3%	38.46%
J/4 수트	14.28%	7.16	0.0222	0.3%	38.76%
A/4 오프수트	14.63%	6.96	0.0184	0.9%	39.67%
5/3 수트	13.71%	7.33	0.0049	0.3%	39.97%

핸드	승률	평균 획득	기댓값	나올 확률	누적 확률
J/3 수트	13.92%	7.2	0.0023	0.3%	40.27%
A/6 오프수트	14.39%	6.95	0	0.9%	41.18%
T/8 오프수트	14.07%	7.11	−0.0002	0.9%	42.08%
K/8 오프수트	14.01%	7.09	−0.0059	0.9%	42.99%
9/5 수트	13.81%	7.19	−0.0066	0.3%	43.29%
T/5 수트	13.98%	7.09	−0.0092	0.3%	43.59%
A/3 오프수트	14.15%	6.99	−0.0111	0.9%	44.49%
9/8 오프수트	13.73%	7.18	−0.0137	0.9%	45.4%
J/2 수트	13.59%	7.24	−0.0154	0.3%	45.7%
7/4 수트	13.48%	7.28	−0.0187	0.3%	46%
J/8 오프수트	13.68%	7.11	−0.0278	0.9%	46.91%
T/4 수트	13.64%	7.11	−0.0304	0.3%	47.21%
Q/8 오프수트	13.6%	7.11	−0.0331	0.9%	48.11%
4/3 수트	13.09%	7.37	−0.0351	0.3%	48.42%
T/3 수트	13.3%	7.15	−0.049	0.3%	48.72%
A/2 오프수트	13.54%	7.01	−0.0507	0.9%	49.62%
K/7 오프수트	13.48%	7	−0.0557	0.9%	50.53%
6/3 수트	12.85%	7.33	−0.0587	0.3%	50.83%
8/4 수트	12.98%	7.22	−0.0626	0.3%	51.13%
T/2 수트	12.95%	7.19	−0.0682	0.3%	51.43%
5/2 수트	12.5%	7.33	−0.0839	0.3%	51.73%
8/7 오프수트	12.79%	7.13	−0.0877	0.9%	52.64%
9/4 수트	12.71%	7.16	−0.0908	0.3%	52.94%
K/6 오프수트	13.02%	6.94	−0.0972	0.9%	53.85%
4/2 수트	12.08%	7.38	−0.1079	0.3%	54.15%
7/3 수트	12.25%	7.27	−0.1101	0.3%	54.45%
9/3 수트	12.37%	7.19	−0.1108	0.3%	54.75%
9/7 오프수트	12.54%	7.09	−0.1114	0.9%	55.66%
T/7 오프수트	12.55%	6.98	−0.1238	0.9%	56.56%
9/2 수트	12.03%	7.24	−0.1287	0.3%	56.86%

핸드	승률	평균 획득	기댓값	나올 확률	누적 확률
K/5 오프수트	12.65%	6.88	−0.1298	0.9%	57.77%
7/6 오프수트	12.08%	7.09	−0.1433	0.9%	58.67%
8/3 수트	11.88%	7.19	−0.1452	0.3%	58.97%
3/2 수트	11.49%	7.43	−0.1454	0.3%	59.28%
6/2 수트	11.62%	7.32	−0.1492	0.3%	59.58%
Q/7 오프수트	12.22%	6.95	−0.1511	0.9%	60.48%
J/7 오프수트	12.18%	6.97	−0.1514	0.9%	61.39%
K/4 오프수트	12.21%	6.9	−0.1579	0.9%	62.29%
8/2 수트	11.57%	7.23	−0.163	0.3%	62.59%
8/6 오프수트	11.7%	7.04	−0.1767	0.9%	63.5%
K/3 오프수트	11.79%	6.94	−0.1818	0.9%	64.4%
6/5 오프수트	11.51%	7.07	−0.1865	0.9%	65.31%
Q/6 오프수트	11.81%	6.87	−0.189	0.9%	66.21%
7/2 수트	11.19%	7.24	−0.1897	0.3%	66.52%
K/2 오프수트	11.41%	6.98	−0.2035	0.9%	67.42%
5/4 오프수트	11.12%	7.06	−0.2149	0.9%	68.33%
9/6 오프수트	11.22%	6.97	−0.2182	0.9%	69.23%
Q/5 오프수트	11.46%	6.82	−0.2191	0.9%	70.14%
7/5 오프수트	11.07%	7	−0.2249	0.9%	71.04%
T/6 오프수트	11.18%	6.83	−0.2361	0.9%	71.95%
Q/4 오프수트	11.03%	6.84	−0.2454	0.9%	72.85%
J/6 오프수트	10.94%	6.8	−0.2562	0.9%	73.76%
6/4 오프수트	10.39%	7.05	−0.2677	0.9%	74.66%
Q/3 오프수트	10.63%	6.88	−0.2679	0.9%	75.57%
8/5 오프수트	10.47%	6.92	−0.2757	0.9%	76.47%
J/5 오프수트	10.64%	6.73	−0.2837	0.9%	77.38%
Q/2 오프수트	10.26%	6.93	−0.289	0.9%	78.28%
5/3 오프수트	10.04%	7.04	−0.2936	0.9%	79.19%
J/4 오프수트	10.22%	6.76	−0.3091	0.9%	80.09%
9/5 오프수트	9.97%	6.82	−0.3206	0.9%	81%

핸드	승률	평균 획득	기댓값	나올 확률	누적 확률
7/4 오프수트	9.73%	6.95	−0.3238	0.9%	81.9%
T/5 오프수트	10.06%	6.65	−0.3308	0.9%	82.81%
J/3 오프수트	9.83%	6.81	−0.3312	0.9%	83.71%
4/3 오프수트	9.38%	7.08	−0.336	0.9%	84.62%
J/2 오프수트	9.46%	6.86	−0.3512	0.9%	85.52%
T/4 오프수트	9.66%	6.67	−0.3554	0.9%	86.43%
6/3 오프수트	9.08%	7	−0.3642	0.9%	87.33%
8/4 오프수트	9.12%	6.84	−0.3766	0.9%	88.24%
T/3 오프수트	9.28%	6.72	−0.3767	0.9%	89.14%
5/2 오프수트	8.73%	7	−0.3892	0.9%	90.05%
T/2 오프수트	8.93%	6.76	−0.3962	0.9%	90.95%
9/4 오프수트	8.76%	6.71	−0.4126	0.9%	91.86%
4/2 오프수트	8.3%	7.06	−0.4138	0.9%	92.76%
7/3 오프수트	8.41%	6.88	−0.4219	0.9%	93.67%
9/3 오프수트	8.4%	6.74	−0.4338	0.9%	94.57%
9/2 오프수트	8.04%	6.8	−0.4531	0.9%	95.48%
3/2 오프수트	7.67%	7.12	−0.4543	0.9%	96.38%
6/2 오프수트	7.79%	6.94	−0.46	0.9%	97.29%
8/3 오프수트	7.96%	6.73	−0.4646	0.9%	98.19%
8/2 오프수트	7.61%	6.77	−0.4844	0.9%	99.1%
7/2 오프수트	7.28%	6.77	−0.5073	0.9%	100%
합계		7.2	0	100%	

(출처: wizardofodds.com)

＊모든 플레이어가 게임에 참가한다고 가정했을 때의 핸드 순위.

＊평균 획득: 이길 때(찹 포함) 평균적으로 획득하는 금액.